INGRID SUNDERMANN
Lehmke/Kirchweg 2
3114 WRESTEDT
Tel. 05825 - 661

D1694342

Zu diesem Buch

Im März 1964 fuhren drei ZEIT-Redakteure zehn Tage lang durch die DDR: Marion Gräfin Dönhoff, Rudolf Walter Leonhardt und Theo Sommer. Ihr aufsehenerregender Bericht – «Reise in ein fernes Land» – war die erste ausführliche Reportage über einen Staat, der sich hinter Mauer und Tretminen abgegrenzt hatte vom Westen. Für immer? Mehr als zwei Jahrzehnte später begaben sich sechs Mitglieder der ZEIT-Redaktion auf eine ähnliche Expedition.

Sie erlebten DDR-Wirklichkeit – zwar nicht die ganze Wirklichkeit, aber auch keine Potemkinsche Fassung. Sie begegneten einer DDR-Führung, die Gelassenheit gelernt und Selbstbewußtsein entwickelt hat: «Wir haben uns alle Dummheiten restlos abgestoßen.» Ihre Minderwertigkeitskomplexe sind aus vielerlei Gründen verflogen. Jetzt heißt es: «Gewiß, es ist kein Himmelreich, aber vieles ist geschafft.» Nicht mehr die marxistischen Sozialingenieure haben das Sagen, sondern die diplomierten Ingenieure: Die DDR ist eine einzige Großbaustelle, die Verwendung der «großen Platte» im Wohnungsbau scheint wichtiger als der Klassenkampf. Diktatur des Proletariats? «Wir leben in einer Knautschzone. Manchmal holt sich die Partei Beulen, manchmal der einzelne. Hauptsache, daß keine Personen zu Schaden kommen.»

Reise in ein fernes Land? So fern ist die DDR nicht mehr wie vor zwei Jahrzehnten. Auf seltsame Weise wirkt sie heute jedoch zugleich vertrauter und fremder. In einem Wort: Sie ist anders – und doch Deutschland.

Theo Sommer (Hg.)

REISE INS ANDERE DEUTSCHLAND

Mit einem Vorwort
von Helmut Schmidt

ROWOHLT

Veröffentlicht im Rowohlt Taschenbuch Verlag GmbH,
Reinbek bei Hamburg, September 1989
Copyright © 1986 by Rowohlt Verlag GmbH,
Reinbek bei Hamburg
Gesamtherstellung Clausen & Bosse, Leck
Printed in Germany
980-ISBN 3 499 18566 0

Inhalt

Vorwort von Helmut Schmidt	9
Einleitung	14
Am Staate mäkeln, doch ihn tragen – Von Theo Sommer	18
Der Fernsehdirektor – Von Nina Grunenberg	40
Als Touristen drüben – Von Rudolf Walter Leonhardt	43
Lust und Last der «Leiter» – Von Nina Grunenberg	47
Der FDJ-Funktionär – Von Gerhard Spörl	63
SED-Losungen	68
Besuch bei der Volksarmee – Von Theo Sommer	70
Mächtig stolz auf die eigene Leistung – Von Peter Christ	78
Die Valuta-Republik – Von Peter Christ	91
Darüber lacht die DDR	95
Der Kombinatsleiter – Von Marlies Menge	99
Latrinen-Losungen	103
Aufstieg durch Anpassung – Von Rudolf Walter Leonhardt	105
Die Museumsdirektorin – Von Theo Sommer	113

Als Kiebitz unter Abiturienten – Von Gerhard Spörl	117
Die Bauern als Mikroelektroniker Von Marion Gräfin Dönhoff	124
Der LPG-Vorsitzende – Von Marlies Menge	132
Privates gedeiht am besten – Von Marlies Menge	137
Im Land der Sorben – Von Theo Sommer	141
Ordnung muß herrschen im Land – Von Gerhard Spörl	144
Nach Tschernobyl – Von Peter Christ	159
Der Volkspädagoge – Von Nina Grunenberg	164
Das Erbe und die Erben – Von Rudolf Walter Leonhardt	169
«Kulturvoll» – Von Nina Grunenberg	178
Der Schauspieler – Von Rudolf Walter Leonhardt	180
Frauen von drüben – Von Marlies Menge	183
Beiderlei Deutsche – zweierlei Deutsche Von Marlies Menge	189
Der Buchenwald-Direktor – Von Marlies Menge	205
Es gibt wieder Mecklenburger Von Rudolf Walter Leonhardt	210
Deutschland: nichts Halbes und nichts Ganzes Von Theo Sommer	213
«Ich gehe stille Wege» – Von Ben Witter	228
Ein deutscher Kommunist, ein deutscher Realist Von Theo Sommer	235
«Miteinander leben, gut miteinander auskommen» Ein ZEIT-Gespräch mit Erich Honecker Von Marlies Menge und Theo Sommer	239
Deutsch-deutsches Diktionär	272

Vorwort

«Bundesrepublik hüben und Deutsche Demokratische Republik drüben werden auf einige Zeit Deutschlands Gegenwart bleiben.» Wenn Theo Sommer diesen Satz in diesem Buche unverändert wiederholt, den er erstmalig schon 1964 geschrieben hatte, so wird er damit heute viel weniger Widerspruch finden als damals; denn die Einsicht in die Wirklichkeit ist inzwischen sehr viel stärker geworden – jedenfalls in Ansehung der Teilung unseres Landes. Überhaupt sind wir Deutschen heute sehr viel mehr befähigt und willens, die Wirklichkeit der Auffassungen und Interessen unserer Nachbarn realistisch in Rechnung zu stellen, als wir dies vor fünfzig Jahren während der größenwahnsinnigen NS-Herrschaft gewesen sind – oder auch vor sechzig Jahren zur Zeit der Weimarer Republik und vor siebzig und achtzig Jahren während der großsprecherischen Ära des Wilhelminismus.

Gleichwohl: Hinter dem zitierten Diktum, aus nur einem Dutzend Wörtern bestehend, können sich die Nöte und die Bedrängnisse der deutschen Gegenwart nicht verbergen. Sie zu benennen ist einer der Zwecke dieses Buches. Hinter jenem Diktum liegt aber auch die tatsächlich verborgene deutsche Zukunft; sie ist hinter der «auf einige Zeit» bemessenen Gegenwart nicht zu erkennen.

Es gibt politisch denkende Menschen in Moskau oder Warschau, in Paris oder in Rom, die Besorgnisse haben vor der nicht erkennbaren deutschen Zukunft; sie möchten deshalb die Gegenwart, das heißt: die Teilung, lieber bis in unabsehbare Zukunft ausgedehnt wissen. Sie haben dafür Gründe, die in den letzten einhundertzwanzig Jahren deutscher Geschichte liegen. Diese Gründe sind durchaus verständlich, jedenfalls seit Hitler und Himmler und Frank.

Aber es gibt auch zwei Gegen-Gründe. Zum einen liegt die Wiederherstellung des kulturellen, auch des wirtschaftlichen Kontinuums Europa im dringenden Interesse der Nationen, die sich länger schon als seit einem Jahrtausend auf dem Boden unseres kleinen Kontinents im ständigen Austausch miteinander entwickelt haben. Denn anders müßten sie fast alle zwangsläufig und auf Dauer zu Klienten oder gar zu Trabanten der beiden Weltmächte absinken, die gegenwärtig in Europa Vormacht ausüben. Der Untergang Europas, etwas anders als von Spengler gedacht, würde unvermeidlich. Weder die Polen oder Ungarn noch die Skandinavier, Franzosen oder Italiener wollen solche Entwicklung in Kauf nehmen. Aber sie müssen dann erkennen: Die Teilung Europas kann nicht überbrückt oder überwölbt oder gar überwunden werden, wenn nicht im gleichen Prozeß auch die Mauer in Berlin und die Grenzsperren zwischen beiden deutschen Staaten überbrückt werden, die uns Deutschen das Leben schwermachen.

In jedem Falle aber – und hier liegt der zweite Gegen-Grund – wird die Hoffnung anderer vergeblich bleiben, die Deutschen auf unabsehbare Zeiten geteilt halten zu können, damit auf Dauer die uns innewohnende Kapazität durch einen Gegensatz zwischen beiden deutschen Staaten absorbiert werde oder damit die Dynamik der beiden deutschen Teile sich gegenseitig neutralisiere. Denn eine im eigenen Bewußtsein etablierte Kulturnation dauerhaft von außen zu zerschneiden, ist bisher in Europa nie gelungen. Sowohl der gemeinsame Versuch Rußlands, Österreichs und Preußens ist mißlungen, die Ende des 18. Jahrhunderts Polen zerschneiden und auslöschen wollten; auch der erneute Versuch Stalins und Hitlers im Jahre 1939 blieb ohne Erfolg. Ebenso ist Napoleons Versuch gescheitert, der die Niederlande, das westliche Rheinland und große Teile Norddeutschlands bis nach Lübeck seinem Reiche einverleibt hatte. Die geschichtliche Erfahrung Europas spricht dagegen, daß der seit Jalta und Potsdam unternommene Versuch gelingen wird. Allerdings: So wie die Polen weit über ein Jahrhundert warten mußten, so werden auch wir Deutschen lange warten müssen. Aber wir werden unsere Erwartung mit ähnlicher Intensität wachhalten, wie die Polen es getan haben.

Wir Deutschen, und ebenso die allermeisten anderen Völker Europas, werden eines Tages wieder zueinanderfinden. Dabei mag dann das gemeinsame Dach über nur lose miteinander verbundenen Gebäuden gespannt werden; das Dach mag auch sehr viel größere Flächen Europas decken müssen als nur die beiden deutschen Territorien.

Die gegenwärtige Selbst-Einkapselung der DDR ist für die Bürger der DDR sehr viel schwerer zu ertragen als für die Bürger der Bundesrepublik. Die ersteren leiden ja außerdem an der brutalen Form der über sie ausgeübten, ihnen oktroyierten Herrschaft. Auch Erich Honecker leidet darunter, daß er nicht in seine alte Heimat an der Saar reisen kann, solange dies in Moskau nicht ins taktische Kalkül paßt – noch viel mehr leiden die übrigen Bürger der DDR darunter, den Pferch nicht wenigstens vorübergehend verlassen und frei reisen zu dürfen.

Aber auch die Bürger der Bundesrepublik leiden. Zwar können einige Philosophen, Weise und Künstler – kraft ihrer Vernunft oder kraft ihrer Weltbürgerschaft – sich über die Nation erheben. Die millionenfache Mehrheit der europäischen Menschen jedoch hat natürlicherweise eine Lebensumwelt notwendig, innerhalb deren der Mensch sich geborgen, eingebunden und zu Hause fühlen kann. Dazu ist die Identifikation mit der eigenen Familie nötig, ebenso mit der eigenen Heimat; dazu gehören die religiöse, die berufliche oder politische oder sportliche, insgesamt die gesellschaftliche Einbettung der Person in die Gemeinschaft mit anderen; dazu gehört schließlich die Identifikation mit der eigenen Nation.

Die persönliche, bewußte Identifikation mit der eigenen Nation ist ganz selbstverständlich für die Franzosen oder Italiener, für Japaner oder Amerikaner. Sie ist in den meisten Fällen wegen der Übereinstimmung von Kulturnation und Staatsnation durchaus unproblematisch. Für die Deutschen dagegen ist heute die Identifikation mit der eigenen Nation schmerzhaft und schwierig – und zwar nicht nur wegen Auschwitz, sondern auch wegen der rücksichtslosen, brutalen Art der Teilung.

Diese Art der Teilung hat für viele zum Verlust der Selbstverständlichkeit geführt, in der andere Völker ihre nationale Identität empfinden. Der Verlust ist verstärkt worden durch gegenseitige Beschuldigungen, durch Lügen, Vorwürfe und Verletzungen. Auch, und besonders, sind seelische Verletzungen jenen spät geborenen jungen Deutschen zugefügt worden, die sich ihrer Verwundung und der schweren Beeinträchtigung ihres Geborgenheits-Bedürfnisses gar nicht bewußt sind. Der Mangel an Geborgenheit potenziert den jeder jungen Generation eigenen Hang zur Kritik und zum Protest. Er potenziert ganz allgemein die in den letzten Jahrhunderten ohnehin immer wieder hervorbrechende Neigung der Deutschen zur Unruhe und zu bodenlosem, wirklichkeitsabgewandtem Idealismus. Tatsächlich sind wir Deutschen ja insgesamt nicht ganz so bereit zur Akzeptanz der Realität, wie es heute in Ansehung von Mauer und Demarkationslinie den Anschein erweckt.

Unsere Aufgabe ist, Gelassenheit zu lernen und gleichzeitig zu lernen, Gelassenheit mit moralischer Integrität zu verbinden. Oder anders gesagt: Wir müssen lernen, mit der Teilung zu leben, zugleich am moralischen Imperativ zur Freiheit der Person festzuhalten, gleichwohl aber das Ziel einer Überbrückung der Grenzen oder eines gemeinsamen Daches nicht aus den Augen zu verlieren. Und wir müssen lernen, das Augenmaß für das Mögliche und das Machbare zu pflegen.

Zu dem für uns Möglichen gehört jedenfalls das Gespräch zwischen den Deutschen auf beiden Seiten. Gespräch bedeutet nicht nur, selbst zu sprechen, sondern es bedeutet auch, dem anderen zuzuhören, ihm Fragen zu stellen und ihm Antworten zu geben – auch dem Funktionär der SED und des Staates DDR.

Weil auch zukünftig wahr bleibt, was vor Jahren Erich Honecker und ich selbst mit gleichen Worten gesagt haben: «Von deutschem Boden darf nie wieder Krieg ausgehen!», deshalb müssen wir Deutschen auf beiden Seiten aufeinander hören. Wir müssen aufeinander zugehen und einander helfen. Unsere eigene freiheitliche politische Moral, unsere demokratische Moral, unser Wille zu deren Bewahrung und notfalls Verteidigung, unsere Loyalität zu Frankreich und zu unseren anderen Verbündeten werden nicht darunter leiden, wenn dieses Buch dazu beiträgt, daß zukünftig noch mehr Westdeutsche in der DDR Besuche machen. Wenn sie miteinander reden, dann helfen diese Besuche den Gastgebern und den Besuchern gleichermaßen.

Hamburg, September 1986

Helmut Schmidt

Einleitung

Im März 1964 fuhren drei ZEIT-Redakteure zehn Tage durch die DDR: Marion Gräfin Dönhoff, Rudolf Walter Leonhardt und Theo Sommer. Im Mai/Juni 1986 haben sich sechs Mitglieder der ZEIT-Redaktion auf eine ähnliche Expedition begeben. Die drei vom erstenmal waren wiederum dabei; dazu Peter Christ, Nina Grunenberg, Gerhard Spörl und die DDR-Korrespondentin des Blattes, Marlies Menge. Die Genehmigung hatte der DDR-Staatsratsvorsitzende Erich Honecker am Rande eines Interviews (s. S. 239 ff) erteilt: «Sie sind herzlich dazu eingeladen, zu jeder Zeit, da gibt es keinerlei Hindernisse. Sie werden die Republik vollkommen neu entdecken! Sie haben alle Freizügigkeit.»

Vor 22 Jahren besaß das Unternehmen Seltenheitswert. Die Berliner Mauer war noch keine drei Jahre alt; die von Chruschtschow angezettelte Berlinkrise lag knapp zwei Jahre zurück. Die DDR war unbekanntes, unzugängliches Gebiet. Nicht von ungefähr überschrieben die drei ZEIT-Leute ihre Artikelserie: «Reise in ein fernes Land». Als Buch hielt sich der Titel lange auf der Bestsellerliste. Es gab nichts anderes über den Staat, in dem die «Brüder und Schwestern» lebten, wie die Einwohner der DDR damals bei uns hießen – eines Staates, dessen richtige Bezeichnung viele Westdeutsche noch zwischen

Gänsefüßchen setzten, wenn sie nicht überhaupt lieber von der «Zone» sprachen.

In den mehr als zwei Jahrzehnten, die seit der ersten ZEIT-Expedition vergangen sind, ist die DDR zugänglicher geworden – dank der Entspannungspolitik der siebziger Jahre. Die deutschen Dinge haben sich nicht vom Fleck bewegt, wenn man Bewegung einzig und allein am nostalgischen Fernziel der nationalen Einheit mißt, aber sie haben sich unendlich gebessert, mißt man den Fortschritt daran, daß die Menschen im geteilten Deutschland wieder leichter zueinander kommen können. Wohl unterliegt das Reisen von Ost nach West noch immer schmerzlichen Beschränkungen, doch ist nicht zu leugnen, daß sich die Kontakte vervielfacht haben. Die DDR ist uns ein Stück näher gerückt.

Aber wie nahe wirklich? Und wie sieht es dort heute aus? Was hat sich in 22 Jahren verändert? Wie denken und fühlen die Menschen, unter denen sich ja, wie die Jahre dies nun einmal mit sich bringen, immer weniger Brüder und Schwestern befinden, dafür immer mehr Cousins und Cousinen, Neffen und Nichten auch? Was hat es mit dem «anderen deutschen Wirtschaftswunder» auf sich? Wie deutsch, wie kommunistisch, wie russisch ist die DDR? Hat dort die Ideologie triumphiert, die praktische Vernunft oder der platte Pragmatismus? Ist die deutsche Sprache diesseits und jenseits der Trennlinie noch dieselbe?

Diese Fragen trug das ZEIT-Team im Sinn, als es sich in der letzten Maiwoche auf den Weg machte. Es reiste auf eigene Kosten; die Organisation der Reise lag in den Händen des Ministeriums für Auswärtige Angelegenheiten. In zehn Tagen fuhr das Team einmal quer durch «die Republik»: nach Berlin, Hauptstadt der DDR, Rügen und Rostock, Erfurt und Eisenach, Wismar und Weimar, Eisenhüttenstadt und Lübbenau, Dresden und Jena. Teils führte die Reise über Autobahnen, teils über baumumsäumte Chausseen: durch Uckermark und Spreewald, zur Sächsischen Schweiz und zum Thüringischen Rennstieg, von der Mecklenburger Seenplatte zur Mark Brandenburg, von Preußen nach Sachsen.

Die Redakteure besuchten eine Reihe von Fabriken, darunter

eine Werft, ein Stahlkombinat, ein Druckmaschinenwerk, Carl Zeiss Jena. Sie gingen zweimal ins Theater, einmal in die Oper. Sie diskutierten mit einer Abiturklasse in Bad Doberan, mit Professoren an der Dresdner Kunstakademie, mit Soldaten des Artillerieregiments Lehnitz bei Oranienburg (zum erstenmal nahm ein westdeutscher Journalist an einem Gefechtsschießen der Nationalen Volksarmee teil). Sie debattierten ausführlich mit vier Mitgliedern des Politbüros (Axen, Felfe, Hager, Mittag), zwei Gebietsparteisekretären (Timm-Rostock, Modrow-Dresden) und mehreren Oberbürgermeistern (Dresden, Gera, Eisenhüttenstadt, Weimar). Sie redeten mit einem guten Dutzend Schriftstellern, ebenso vielen Schauspielern, einer Frauenforscherin, zwei Bischöfen, einer Reihe von ZK-Mitgliedern, dem Minister für Umweltschutz, Reichelt, dem Staatssekretär für Kirchenfragen beim ZK der SED, Klaus Gysi, und dem Wissenschaftler Manfred von Ardenne. Die Stadtarchitekten von Berlin und Gera erklärten ihnen ihre Projekte; in Stralsund, Rostock, Dresden und der DDR-Hauptstadt besichtigten die Reisenden Wiederaufbau- und Sanierungsviertel. Sooft es ging, trafen sie sich auch mit einfachen Leuten; bei dem randvollen Programm ging es freilich nicht oft genug.

Die Autoren machen sich nichts vor: Was sie gesehen haben, war ein Ausschnitt, bestenfalls ein Querschnitt. Aber sie hatten auch nicht den Eindruck, daß ihnen etwas vorgemacht wurde. Was sie zu sehen bekamen, war DDR-Wirklichkeit – nicht die ganze Wirklichkeit, doch jedenfalls keine Potemkinsche Fassade (auch die Valuta-DDR, in der sie sich weithin bewegten, ist ja, so demütigend und empörend sie wirkt, durchaus ostdeutsche Realität). Nicht alle nahmen an allen Programmpunkten teil; und jeder brach zuweilen ins Private aus, um sich mit Verwandten oder Freunden zu treffen, auch mit Zufallsbekanntschaften. Darunter waren Regimekritiker; Leute, die in die Bundesrepublik ausreisen wollen; viele auch, die das Regime tragen (und das SED-Abzeichen am Revers), obwohl sie gern an ihm herummäkeln. Dennoch läßt sich nicht daran deuteln: Was die ZEIT-Reisenden zu sehen bekamen, war im wesentlichen – nun: DDR von oben.

Sie erlebten eine DDR, deren Führung Gelassenheit gelernt und Selbstbewußtsein entwickelt hat: «Wir haben uns alle Dummheiten restlos abgestoßen.» Ihre Minderwertigkeitskomplexe sind aus vielerlei Gründen verflogen. Jetzt heißt es: «Gewiß, es ist kein Himmelreich, aber vieles ist geschafft.» Krude Agitation – 1964 an der Tagesordnung – gab es so gut wie gar nicht mehr: «Sie haben keine Ahnung, was ein Kommunist, der das 50 Jahre ist, im Laufe der Zeit alles glauben muß; da soll sich die Kirche mal nicht so dicke tun.» Das kommunistische Paradies? «Wir haben es nie versprochen. Wir haben doch keinen Schimmer, wie der Kommunismus aussehen wird.» Alles ist im Fluß. Und nicht mehr die marxistischen Sozialingenieure haben das Sagen, sondern die diplomierten Ingenieure: Die DDR ist eine einzige Großbaustelle, die Verwendung der «großen Platte» im Wohnungsbau ist wichtiger als der Klassenkampf. Diktatur des Proletariats? «Wir leben in einer Knautschzone. Manchmal holt sich die Partei Beulen, manchmal der einzelne. Hauptsache, daß keine Personen zu Schaden kommen.»

Reise in ein fernes Land? So fern ist uns die DDR nicht mehr wie vor zwei Jahrzehnten. Auf seltsame Weise wirkt sie heute jedoch zugleich vertrauter und fremder. In einem Wort: anders. Anders als die Bundesrepublik. Anders als wir sie gemeinhin sehen. Anders: und doch Deutschland.

In diesem Band ist die Serie zusammengefaßt, die neun Wochen lang in der ZEIT lief. Einige Kapitel sind etwas länger als in der Zeitungsfassung. Dazugestellt haben wir den Bericht von Ben Witter über einen Spaziergang mit dem Ostberliner Anwalt Wolfgang Vogel, den Wanderer und Mittler zwischen zwei Welten, und den Text des Interviews, das die ZEIT im Januar 1986 mit Erich Honecker führte. *Th. S.*

Am Staate mäkeln, doch ihn tragen

Leben in der Knautschzone:
Wie Obrigkeit und Volk in der DDR
miteinander zurechtkommen

Von Theo Sommer

DDR 1964: Das war eine Reise ins Grau. Trübsal allenthalben. Versponnen und zugleich verkommen die alten Städtchen und die Dörfer, nicht mehr gewachsen seit 1939. Abgeblätterte Häuserfassaden, beklebt mit penetranten Parolen. Die Auslagen in den Schaufenstern meist staubige Attrappen, vor den Geschäften lange Schlangen. Die Menschen ärmlich gekleidet, in tristem Einheitsschnitt ohne Schick und Farbe. Müde tröpfelte der Verkehr durch die Straßen. Ein spezifischer DDR-Geruch, halb Osten, halb Armeleute, hing in den Hotelkorridoren und Hörsälen, in Amtsstuben und Restaurants, zwischen den Häuserzeilen: eine Mischung aus Lysol, zu oft gebratenem Fett, schlechtem Tabak, miserablem Benzin.

Westkontakte? Das Regime konnte ihnen damals wenig abgewinnen. Die Berliner Mauer war gerade erst zweieinhalb Jahre alt; die Parole hieß Abgrenzung, nicht Öffnung. Die SED suchte sich aus der deutschen Geschichte herauszustehlen: «Deutschland ist nur noch der Name eines Hotels in Leipzig», erklärte uns das Politbüromitglied Albert Norden. Es lag noch nicht lange zurück, daß linientreue FDJ-Pimpfe über die Dächer turnten, um die «Ochsenköpfe» abzureißen: die Antennen, mit denen das West-Fernsehen zu empfangen war; die Parteimitglieder mußten einen Verpflichtungsschein unterschreiben, keine TV-

Programme der Bundesrepublik anzusehen; und für die Beurteilung der ideologischen Zuverlässigkeit eines Menschen war entscheidend, ob er um halb acht oder um acht die Fernsehnachrichten einschaltete: Ost oder West.

Und wo sich die Funktionäre im März 1964 schon aufs Gespräch mit uns einließen, taten sie dies durchweg im Gestus der Abwehr. Sie steckten, was die Gegenwart anbelangte, voller Minderwertigkeitskomplexe; so «agitierten» sie uns in einem fort auf höchst aggressive Weise. Was sie an Gewißheit und Gewißheiten zu bieten hatten, bezog sich ganz auf die Zukunft, die ja nach strammer marxistischer Lehre das kommunistische Paradies verheißt. Darüber redeten sie gern und viel, dem Heute standen sie mit leeren Händen gegenüber. Dem entsprach, was Walter Ulbricht seinen Bürgern zu bieten hatte: Appelle, die Ärmel aufzukrempeln und den Gürtel enger zu schnallen, gekoppelt mit den Vertröstungen auf den Endzustand des Kommunismus, der jedem für seine Mühe reichlichen Lohn bescheren werde.

Vor 22 Jahren entdeckten die drei ZEIT-Reisenden einige Ansätze zum Wandel: magere Anzeichen beginnenden Wohlstandes; Versuche einer neuen ökonomischen Politik, um Schluß zu machen mit Stalins Verwaltungswirtschaft und statt dessen die materielle Interessiertheit des einzelnen als Hebel des Fortschritts zu nutzen; eine bemessene Lockerung auf dem Felde der Kunst und der Literatur; die allmähliche Herausbildung eines separaten DDR-Staatsbewußtseins auch. Erste Anzeichen – aber der vorherrschende Eindruck war doch: Da bewegt sich wenig. Es herrschten Stagnation, Zaghaftigkeit, trübes Grau.

DDR 1986: Sie ist von alledem weltenweit entfernt. Es herrscht Bewegung statt Stagnation, die Zaghaftigkeit hat einer selbstbewußten Gelassenheit Platz gemacht, das Grau weicht überall freundlicheren Farben, die niederdrückende Trübsal ist verflogen. Keine Spur von Kontaktscheu mehr bei den Funktionären. Keine Aggressivität mehr im Gespräch, nicht einmal in der Kontroverse. Keine plumpe Agitation. So ähnlich wie der Rostocker SED-Bezirkssekretär Ernst Timm haben es viele gesagt: «Damals, ja, da haben wir euch agitiert. Die Zeit ist weitergegangen, vieles ist realer geworden. Es läßt sich besser miteinander reden, wenn man den anderen Standpunkt kennt, ohne den eigenen aufzugeben.»

Es gibt noch Plakate, Transparente und Propagandabanner, zumal nach dem XI. Parteitag der SED, aber es sind sehr viel weniger geworden. Manche sind so formuliert, daß sie den Regeln mindestens der bürgerlichen Grammatik ins Gesicht schlagen («Fest auf dem Kurs der Hauptaufgabe»). Bei anderen stimmt es mit der Logik nicht so ganz. «Bis zur Jahrtausendwende eine Welt ohne Atomwaffen» legt jedenfalls die Erkundigung nahe, ob eigentlich danach die Kernwaffenarsenale wieder aufgefüllt werden sollen. Doch müssen wir die Losungen wohl auch nicht zu ernst nehmen. Die DDR-Bürger lassen sie noch unbeeindruckter an sich abrieseln als der durchschnittliche Bundesbürger die Fernsehwerbespots. Und parteioffiziell wird der «Transparentismus» der Übereifrigen heute eher belächelt: «Transparenz brauchen wir, nicht Transparente.»

Vor allem wirkt das Land bunter, seine Menschen sind fröhlicher geworden (obwohl einer der jüngeren ZEIT-Reisenden, der die heutigen Zustände nicht aus eigener Anschauung mit den früheren vergleichen kann, rasch zu dem Urteil fand, die DDR mache einen «unfrohen» Eindruck). Zumal die Jungen sind von ihren Altersgenossen im Westen schwer zu unterscheiden; die Abiturklasse, die wir im mecklenburgischen Bad Doberan besuchten, hätte genauso gekleidet auch im Gymnasium von Bad Kissingen oder Bad Tölz sitzen können. Die Jugend trägt Levis, T-Shirts mit westlichem Aufdruck, viel Weiß. Ein erheblicher Teil stammt aus dem kapitalistischen Ausland – regulär importiert, von Verwandten mitgebracht oder im Intershop gegen – weiß-der-Herrgott-wie-ergatterte – Westmark erstanden. Vieles ist auch einfach nachgeschneidert (westdeutsche Schnittmusterhefte sind begehrte Mitbringsel). Die Frauen nähen selber oder haben noch, wie zu Großmutters Zeiten, ihre kleine Schneiderin. Einmal traf ich auf einen Chemiker, der phantastisch sitzende schwarze Lederhosen trug – nicht Sepplhosen, sondern Jeans. Er hatte sie sich für 80 Mark von einem Studenten schneidern lassen – «der reichste Student Ost-Berlins, aber sagen Sie's nicht weiter».

Wir wissen nicht, wer dieser Student ist, aber...

...wir wissen, daß er seine Talente vor allem nach Dienstschluß entwickelt. Bafög braucht er sicher nicht, im Gegenteil. Vielleicht hat er das Leben schon so weit studiert, daß er weiß, wie man mehr aus dem macht, wovon nicht mal sein Professor etwas weiß...

Pfandbrief und Kommunalobligation

Meistgekaufte deutsche Wertpapiere - hoher Zinsertrag - bei allen Banken und Sparkassen

Verbriefte  Sicherheit

Jedenfalls ist westliche Mode nicht mehr tabu – in der Kleidung nicht, noch bei den Frisuren. Das DDR-Fernsehen, das mehr Glitzer-Shows bringt als ARD und ZDF zusammen, strahlt Features über den Wandel der Mode aus. Auch die Konfektion ist besser geworden: nicht der letzte Schrei, aber lange nicht mehr das letzte von vorgestern. Die Forderung nach modischer Aktualität und Gestaltung hat sich sogar in die jüngste Parteitagsdirektive eingeschlichen.

Dann ist die DDR weniger düster, wenn die Nacht hereinbricht. Das Land jenseits der Elbe riecht auch anders: nicht mehr nach Lysol und billigem Fett, nach Machorka und stinkigem Benzin. Und aus dem tröpfelnden Motorverkehr von ehedem ist mittlerweile ein reißender Strom geworden – fast wie bei uns. Wer sich in Dresden für nachmittags um vier mit jemandem verabredet, tut gut daran, die Anfahrtszeit doppelt so lang zu veranschlagen wie normal; im Stoßverkehr ist kaum ein Vorankommen.

Vor 22 Jahren vertrieben sich die ZEIT-Redakteure die langen Fahrten damit, die Autos zu zählen, die ihnen binnen einer Stunde entgegenkamen. Heute wäre das ein hoffnungsloses Unterfangen. Im Jahre 1970 besaßen erst 16 von 100 Haushalten einen Wagen, 1985 waren es 46. Bis 1990 wird mit annähernder Vollmotorisierung gerechnet. Der Wagen ist auch des DDR-Bürgers liebstes Kind geworden. Er wird noch hingebungsvoller gepflegt als bei uns. Die Ideen von ehedem, den Besitz von Privatwagen gar nicht erst zuzulassen, sind nur noch eine unangenehme Erinnerung. Wie sich ein Professor in Dresden ausdrückte: «Wenn sie mir mein Auto wegnehmen würden, das würde ich überhaupt nicht verstehen. Ich würde sie für Chaoten halten.»

Noch müssen die DDR-Bürger auf ihren Trabbi, Wartburg, Schiguli, Skoda oder Dacia acht bis zehn Jahre warten, und Ersatzteile aufzutreiben bedarf verzweiflungsvoller Geduld und Findigkeit. Das wird wohl so bleiben, trotz des Parteitagsversprechens: «Die Produktion von Personenkraftwagen und Zweiradfahrzeugen wird weiter gesteigert.» Die Jungen müssen sich fürs erste noch mit dem Moped begnügen – und selbst da gibt es ja Wartezeiten. Wenn die Nationale Volksarmee ein Problem der Bundeswehr nicht hat, dann ist es die Bereitstellung von Parkplätzen in und an den Kasernen.

Indessen läßt sich nicht übersehen, daß der Wohlstand gewachsen ist. Die alte Ärmlichkeit ist zum guten Teil verschwunden, wiewohl vieles im Vergleich zum Westen noch armselig wirkt: die Schaufensterdekorationen, die Billigangebote der Konsumgüterindustrie, das fleckige Obst und das unansehnliche Gemüse in den Auslagen – wenn es offiziell überhaupt welches gibt. (Eine bezeichnende Reaktion auf das Reaktorunglück von Tschernobyl war der Satz: «Endlich gab's bei uns mal Spargel und Kopfsalat die Menge – die polnischen Erzeugnisse, die ihr in der Bundesrepublik aus Angst vor Verstrahlung zurückgewiesen habt und die dann bei uns abgesetzt wurden.») Aber in anderer Hinsicht ist der Fortschritt mit Händen greifbar.

Die Entwicklung hat sich drüben ganz ähnlich vollzogen wie hüben, wenn auch mit einigem Phasenverzug. Erst kam die Freßwelle. Deren Resultate lassen sich noch immer in den FDGB-Ferienzentren besichtigen – oder im hochmodernen, weitläufigen Freizeitzentrum an der Berliner Leninallee, Ecke Dimitroffstraße, wo sich schwergewichtige Zeitgenossen unter dem Motto «Mollis wollen schlanker werden» die überflüssigen Kilos auf Standfahrrädern abzustrampeln suchen. Im übrigen gilt auch in der DDR: Je höher der Rang, desto schlanker die Taille. Ganz oben wird täglich geschwommen oder gar gejoggt (Generaldirektor Döring vom Eisenhüttenkombinat Ost in Eisenhüttenstadt, eine Viertelstunde jeden Morgen: «Ich nenne es laufen. Ich will nicht nur mit englischen Begriffen hantieren.»)

Dann kam die Konsumwelle: Mode, Auto, Bauen, Reisen. Die Reisewelle freilich rollte bloß in DDR-typischer Einengung. Die offizielle Statistik führt für das Jahr 1985 zwölf Millionen Urlaubsreisen auf. Davon organisierten der Gewerkschafts-Feriendienst 1,9 Millionen, die Betriebe 3,1 Millionen, der Jugendreisedienst 1,2 Millionen und Kinderferienlager 1,2 Millionen. Auf «privat organisierte Reisen einschließlich privat organisierter Campingreisen und Auslandsreisen» begaben sich 5,6 Millionen DDR-Bürger. Sieht man genauer hin, schrumpft die Zahl der

Auslandsreisen auf 213 000 für Erwachsene, 296 000 für Jugendliche zusammen: nach Ost, West und ins neutrale Ausland, eingeschlossen die Dienstfahrten der «Reisekader», ausgenommen die anderthalb Millionen Rentnerreisen in die Bundesrepublik und die Reisen in dringenden Familienangelegenheiten (66 000 im Jahr 1985, 85 000 im ersten Halbjahr 1986). Zum Vergleich: 18 Millionen Westdeutsche reisen 1985 ins Ausland. Der DDR-Bürger stößt nach wie vor auf Schranken und Mauern: finanzielle Schranken und politische.

Es ist die Achillesferse des Systems. «Diese Frage des Reisens ist sehr vielschichtig», hatte Erich Honecker im ZEIT-Interview Ende Januar 1986 ausweichend bemerkt; auch die Devisenproblematik erwähnte er. Aber der Erwartungsdruck ist groß. Bei aller abstumpfenden Gewöhnung muß es einem jungen Menschen absurd vorkommen, daß er, der vom Fernsehturm aus weit nach West-Berlin hineinsehen kann, nicht dorthin darf. – «Das verbotene Zimmer», nennt es die Schriftstellerin Helga Schubert, die in einer Novelle gesteht: «Ich träume, daß ich in West-Berlin bin.» Andere träumen, daß sie in Mallorca oder der Toskana sind, in Chartres oder Athen. So folgsam sie auch sein mögen – eines Tages wird das Regime hier die Ventile öffnen müssen, wenn im Dampfkessel DDR nicht gefährlicher Überdruck entstehen soll.

Die privilegierten Stände geben sich neuerdings der Psychowelle hin. «Jeder gilt als unsensibel, der nicht seine Neurosen hat», sagt Helga Schubert, die es wissen muß, denn sie ist Psychotherapeutin. Unterdessen rollt die Konsumwelle weiter, als Lebensverwirklichung der kleinen Leute. Vor zwanzig Jahren besaßen von 100 Haushalten ganze 40 einen Fernsehapparat; Waschmaschinen und Kühlschränke gab es nur auf Vorbestellung und nach monatelangem Warten. Inzwischen kommen auf 100 Haushalte 93 Fernseher (darunter allerdings nur 39 Farbfernseher). Waschmaschinen stehen jetzt in 92 von 100 Haushalten, Kühlschränke in 99 Haushalten (knapp ein Drittel davon Gefrierschränke; «einfrosten» ist drüben gang und gäbe geworden).

Heutzutage gibt es ziemlich alles in der DDR, wenngleich

nicht immer und nicht überall – oder nur als «Bückware», die unter dem Ladentisch hervorgeholt wird. Da hat jeder seine Beziehungen, ob es nun um Wasserhähne geht, die ein Kneipenbesucher feilbietet, oder um frischen Spargel, den der Lastwagenfahrer für seine Freunde abzweigt («Na gut, eine Kiste Schwund mach' ich»). Jeder kennt wen – oder einen, der jemanden kennt. Adressen von Handwerkern werden ausgetauscht wie seltene Briefmarken; ein Oberbürgermeister empfahl uns die knusprige Ware eines privaten Dorfbäckers in zwanzig Kilometer Entfernung. Beziehungen müssen viele der Mängel wettmachen, die dem Verteilungsapparat bis heute anhaften. Das ist zeitraubend, nervtötend, unökonomisch, aber es liegt unausrottbar im System. Helfen könnte da nur sehr viel mehr Markt, als selbst die aufgeschlossensten Wirtschaftsreformer sich vorstellen mögen. So wird die Pointe der Scherzfrage noch lange ihre Gültigkeit behalten: «Was ist die schlimmste Strafe in der DDR?» Antwort: «Zwei Jahre ohne Beziehungen.»

«Die Wünsche sind schon weniger auf das Elementare gerichtet als vielmehr auf ein bescheidenes Quentchen Luxus, auf ein bißchen Exquisites; ein Stück französischer Seife oder eine bestimmte Marke amerikanischer Rasierklingen», beobachteten wir vor fast einem Vierteljahrhundert. Seitdem hat sich die Skala der Wünsche noch weiter verfeinert. Selbst die Intershops, die «Exquisit»-Geschäfte und «Delikat»-Läden können sie nicht alle erfüllen; ja, die Erfüllung weckt erst recht neue Begehrlichkeiten.

Oft genug, wenn man Menschen vor Geschäften Schlange stehen sieht, verrät dies nicht grundsätzlichen Mangel, sondern Sehnsucht nach Qualität. Die Leute stehen beim Privatbäcker an, der Brötchen aus blütenweißem Mehl der Güteklasse I feilhält, das Stück für 8 Pfennig; beim HO-Bäcker eine Ecke weiter drängelt sich niemand – dort gibt es nur die minderen Brötchen: Mehlgüteklasse II, Stückpreis 5 Pfennig.

In Weimar erzählte mir der Chef eines Funk- und Fernsehgeschäfts, daß die Leute sich früh morgens um vier Uhr bei ihm angestellt hätten.

«Was gab es denn?»

«Ich hatte fünf Farbfernseher des neuesten Modells für 6200 Mark das Exemplar. Sie sind weggegangen wie warme Semmeln.»

«Aber ich habe doch beim Spaziergang durch die Innenstadt gesehen, daß da in den Geschäften Farbfernseher in großer Zahl angeboten wurden, allerdings ein billigeres Modell, 4125 Mark.»

«Sicher. Die hätten sie auch gleich ohne Anstehen mitnehmen können. Den Leuten ist halt das Beste gerade gut genug.»

Die SED weiß das auch. So verlangt denn die Parteitags-Direktive zum Fünfjahresplan 1986–90 bessere Ausstattung, modernen Wohnkomfort, «hochmodische Sortimente». Das Regime kennt seine Schwächen und verspricht Besserung: «Die Direktive verpflichtet die Staats- und Wirtschaftsfunktionäre, die stabile Versorgung der Bevölkerung mit den Waren des täglichen Bedarfs, mit Erzeugnissen für die Kinder, mit Jugendmode und Sportbekleidung, mit Ersatz- und Zubehörteilen aller Art sowie mit den 1000 kleinen Dingen, die die Bürger im täglichen Leben benötigen, jederzeit zu gewährleisten.» Die Menschen hören's gern und warten ab, was daraus wird. Sogar ganz wohlgemut; auf anderen Gebieten haben sie ja erlebt, daß die Partei ihre Versprechen einlöst. Das gilt zumal für den Wohnungsbau.

Es gibt noch graue Dörfer, trostlose Stadtviertel. Aber sie setzen nicht länger die dominierenden Akzente. Überall haben die Ortschaften dicke Wachstumsringe angesetzt, sind große Wohnsiedlungen entstanden – anfangs in recht einfallsloser Architektur, neuerdings indes auch immer öfter in eindrucksvoller baulicher und städteplanerischer Gestaltung. Die DDR ist eine einzige Großbaustelle. Allenthalben wird rekonstruiert, modernisiert, saniert. Straßenzug um Straßenzug wird hergerichtet, Baulücke um Baulücke gefüllt, Stadtkern um Stadtkern erneuert. Die Zeit des besinnungslosen und bedenkenlosen Niederreißens ist lange her. Zwar hilft auch heute noch manchmal nur die Abrißbirne, doch wo es irgend geht, wird liebevoll restauriert – und nicht nur in Berlin, wo sich Parteiregime und Stadtregiment auf die 750. Wiederkehr des Gründungstages vorbereiten, nicht nur in der sächsischen Metropole Dresden – nein, genauso in Greifswald und Rostock, in Gera und Jena, in Eisenach und in Cottbus.

Architekten werden in der DDR nicht auf den Tafeln vor Baustellen aufgeführt, wo dem Passanten bekanntgemacht wird, wer am Bau wofür verantwortlich ist; sie gehören, wenn sie nicht eine staatliche oder städtische Funktion innehaben, einem Baukombinat an und müssen sich mit der Anonymität des Kollektivs bescheiden. Gerade deswegen sei eine kleine Verbeugung vor ihnen gestattet: Sie gehörten zu den eindrucksvollsten Gesprächspartnern auf unserer Reise.

Ost-Berlins Chefarchitekt heißt Dr. Roland Korn. Am Stadtmodell im Fernsehturm erklärte er die Aufbaupläne für das nächste Planjahrfünft: Neubau von 117 000 Wohnungen; Modernisierung von 47 000 Wohnungen («99 Prozent der Wohnungen werden dann eine komplette moderne Ausstattung haben»); Bau von 250 Einfamilienhäusern im Jahr, vor allem für kinderreiche Familien («Wir planen kleine Einfamilienhaus-Gebiete»). Rund 48 Prozent der Neubauwohnungen haben drei Zimmer (Wohnfläche ohne Verkehrswege und Toiletten: 62 Quadratmeter, die Küche ist dabei meist kein abgeschlossener Raum); 30 Prozent entfallen auf Ein- und Zweizimmerwohnungen. In einem Neubaugebiet wie Marzahn bei Berlin darf die Dreizimmerwohnung 90 000 Mark kosten – einschließlich der anteiligen Kosten für Straßen, Kanalisation, «gesellschaftliche Einrichtungen». Die Plattenbauweise überwiegt, doch kehrt auch die Ziegelbauweise wieder.

Korn ist stolz auf seinen Teil Berlins: «Wir entwickeln die Hauptstadt zu einer sozialistischen Metropole.» Der Stolz quillt über in schiere Freude, wenn Korn Fremden die Erneuerungsarbeiten in der Dimitroffstraße zeigt. Er verdichtet sich zu leiser Selbstironie, wenn der Chefarchitekt den Wiederaufbau des ehemaligen Gendarmenmarktes erläutert und dabei vor Schinkels Schauspielhaus kommentiert: «Schinkel war der größte Baumeister, bis wir kamen.»

«Schielen Sie denn nach dem, was westlich der Mauer geplant oder gebaut wird, damit sich das geteilte Berlin nicht auch noch städtebaulich spaltet?»

«Wer schielt nicht?» gab er zurück, setzte jedoch flugs hinzu: «Unsere Stadtplanung ist unabhängig. Wir haben ganz andere

Bezüge. Wir bauen Massenwohnungen, soziale Wohnungen für alle. Aus den Bedingungen werden dann Erscheinungen.»

Sieben Milliarden Mark stellt die DDR-Regierung jedes Jahr für Bauleistungen in Berlin zur Verfügung. Dafür bauen 40 000 Bauarbeiter in sechs Kombinaten, unterstützt von 20 000 FDJ-Angehörigen aus dem Rest der Republik, 33 000 Wohnungen im Jahr; davon wird die geplante Renovierung von hundert Bahnhöfen der S-Bahn, U-Bahn und Fernbahn bezahlt; aus diesem Topf werden auch umfangreiche Verkehrsbauten und große Investitionen auf dem Gebiet der Stadttechnik finanziert.

Ein Schaustück neuerer Architektur in Ost-Berlin ist der Wiederaufbau des Nikolai-Viertels gleich neben dem Roten Rathaus (das wegen seiner Backsteinfassade so schon im Kaiserreich hieß). Dort sind 800 Wohnungen, 20 Gaststätten, 33 Läden untergebracht; gruppiert um die wiederaufgebaute Nikolaikirche, deren Fundament aus dem Jahre 1230 stammt und das älteste aufrechtstehende Mauerwerk Berlins ist; ergänzt durch das wiedererstandene Ephraim-Palais. Der Mann, der das Ensemble erdacht und als verantwortlicher Architekt inzwischen fast zur Vollendung geführt hat, ist Dr. Günter Stahn, ein untersetzter Vierziger, der Maurer gelernt hat. Es läßt sich mit ihm trefflich über Postmodernismus streiten; er weiß, wie im Ausland gebaut wird, und er setzt sich über die eine oder andere Fragwürdigkeit des Vorhabens im Nikolai-Viertel mit entwaffnendem Freimut hinweg: «Wir wollen in diesem Viertel nicht die Übertragung von mehr Geschichte, als wir hier haben. Wir machen alles mit einem Schuß Ehrlichkeit.» Stahn hat mit der «großen Platte» gebaut und ist stolz darauf, daß er die industrielle Bauweise adaptieren konnte. Aber er hat sich dabei manches Ungewöhnliche einfallen lassen: vorgefertigte Giebel, Mansarden und sogar Arkaden. Daneben ließ er alte handwerkliche Fertigkeiten wiedererstehen: Gewölbemauern, Gitterschmieden, Pflasterverlegen. «Damit gewinnen wir einen städtebaulichen Maßstab zurück, der fast schon verloren war, und dies an einem Ort, der auf das mittelalterliche Berlin zurückweist.»

Auch hier gilt: «Aus den Bedingungen werden dann Erscheinungen.» Wie in Gera, der thüringischen Bezirksstadt, die in den letzten Kriegsmonaten noch ziemlich zerstört wurde. «Was stehen blieb, war mehr oder weniger verslumt», sagt Stadtarchitekt Hans Tiede. Oberbürgermeister Pohl fügt hinzu, ein Viertel bis knapp ein Drittel der Wohnungen befinde sich noch in privater Hand. «In den letzten Jahren sind für 55 bis 60 Prozent neue Wohnungen errichtet oder alte modernisiert worden.» Werner Ullrich, der Vorsitzende des Rates im Bezirk Gera, ergänzt: «Von den Dörfern haben mindestens drei Viertel ihr Wohnungsproblem gelöst. Jetzt konzentrieren wir uns auf die Städte. Im vergangenen Jahr sind im Bezirk 5000 Neubauwohnungen errichtet worden, davon 1200 in der Stadt Gera. Unter den 5000 waren 700 Eigenheime – privat, vererbbar auch, aber mit langfristigen Zuschüssen und der Zuweisung von Baumaterial seitens des Staates gebaut.» Von den 4300 neuen Wohnungen ist eine Hälfte genossenschaftliches Eigentum, ebenfalls vererbbar, wiewohl nur in direkter Linie, die andere Hälfte staatliches Eigentum.

Hand aufs Herz: Wer weiß bei uns schon, daß drüben auch privat gebaut wird? Die Zahlen, auf die wir in Gera stießen, bargen eine Neuigkeit. Zwei andere Ziffern allerdings erweckten Zweifel daran, daß das Wohnungsproblem jemals endgültig gelöst werden kann: Auf der Warteliste stehen – bei 57 000 Haushalten in der Stadt – 2000 Familien, die noch keine eigene Wohnung haben, dazu 6000, die eine bessere Wohnung suchen. Kein Zweifel: Mit den Erfüllungen wachsen auch die Wünsche.

«Setzt denn die Zuteilung einer Wohnung besondere gesellschaftliche Loyalität oder die Parteimitgliedschaft voraus?»

Oberbürgermeister Pohl – grauer Flanell, Weste, weißes Hemd, dezente Krawatte – blickte auf seine Uhr: «Auf die Frage habe ich seit einer Stunde gewartet. Ehrlich: Wenn einer ordentliche Arbeit tut im Betrieb, dann spielt alles andere keine Rolle.»

Die eigentliche Überraschung war der Anblick des wiederaufgebauten alten Stadtkerns. Da ist viel getan worden, viel Vernünftiges, das anderswo zum Vorbild genommen werden könnte. In die verfallenen Bürgerhäuser wurde jeweils über eine Million Mark gesteckt; es entstand ein ganz neuer Platz nahe dem Rathaus; die 13 Hektar der alten bewehrten Stadt, in denen das Durchschnittsalter vor einem Jahrzehnt bei 68 Jahren lag, zieht wieder junges Volk an. Und Stadtarchitekt Tiede, Ende Vierzig, Anfang Fünfzig, mit Mantel und Baskenmütze dem Regen trotzend, hat glänzende Augen vor Begeisterung, wenn er erzählt, wie alles lief. «Mit den Bürokraten allein», sagt er übrigens, «wäre gar nichts gelaufen. Das Ganze ging überhaupt nur, weil sich der Parteisekretär dahinterklemmte.»

Der Parteisekretär hat da wohl ganz im Sinne des Generalsekretärs gehandelt. Der Wohnungsbau ist Erich Honeckers ureigenstes Anliegen. Seit er 1971 Parteichef wurde, sind über zwei Millionen Wohnungen errichtet worden. Bis 1990 will er das Wohnungsproblem «gelöst» haben. Laut der Direktive des XI. Parteitags «ist die Bauproduktion der Volkswirtschaft bei überdurchschnittlich steigenden Baureparaturleistungen um 16 bis 18 Prozent zu steigern». Wie es der Berliner Chefarchitekt ausdrückte: «Kernstück des sozialpolitischen Programms der Partei der Arbeiterklasse ist der Wohnungsbau.»

Das erklärt, weshalb die DDR zu einer riesigen Großbaustelle geworden ist. Es erklärt, weshalb die Stimmung sich gebessert hat – das Verhältnis zwischen Volk und Obrigkeit entspannter ist als je zuvor: Die Bürger sehen, daß es vorangeht. Und es erklärt nicht zuletzt die Gelassenheit der heutigen Führungsschicht.

Es ist ein ganz neuer Schlag von Funktionär, der einem jetzt entgegentritt. Nicht mehr der Typ im Ledermantel, der in erster Linie ideologisch argumentierte, weil sich so die praktischen Mängel des Systems am ehesten verdecken lassen; Männer, die sich stark gaben aus Schwäche; Gesprächspartner, denen jeder Satz zur gestanzten Agitprop-Floskel geriet. Die Leute, die heute in Partei und Staat, Wirtschaft und Wissenschaft die Kommandohöhen besetzen, geben sich locker, umgänglich, offen. Ihre Rede ist flüssig und hat Gestalt; sie sprechen sauberes Deutsch, überhaupt nicht das lederne Parteichinesisch der Leitartikel im SED-Zentralorgan *Neues Deutschland*; sie räsonieren pragmatisch, nicht ideologisch. Zuweilen blitzt das ideologische Unterfutter auf, doch kehren sie es nicht demonstrativ heraus. Der Typ des Machers überwiegt; der Agitator ist die Ausnahme geworden.

Marxisten sind sie, wie andere anderwärts Katholiken sind oder Protestanten. Der Marxismus-Leninismus ist die Grundbedingung ihres Wirkens. Sie glauben daran; wiederum werden aus den Bedingungen Erscheinungen. Aber was allein zählt, ist die Praxis, das Erreichte, das Geleistete. In dem, was sie vollbracht haben, wurzelt ihre neue Selbstgewißheit. Sie wissen, daß ihr System Schwächen hat, doch bauen sie auf seine Stärken. Vor allem setzen sie auf ihr erwiesenes Vermögen, mit schwierigen Problemen fertig zu werden. «Gewiß, es ist kein Himmelreich», sagte uns die Soziologie-Professorin Herta Kuhrig, «aber vieles ist geschafft.» Die Führung traut sich zu, auch noch mehr zu schaffen.

Die neue Führungselite ist eine Leistungselite von Fachleuten. Sie qualifiziert sich ständig weiter wie alle anderen Bürger; die DDR ist ein einziges, riesiges Fortbildungsinstitut. Ihre Angehörigen unterscheiden sich von westdeutschen Politikern und Spitzenbeamten vor allem dadurch, daß sie viel mehr wie Technokraten reden. Jeder Parteisekretär ein Wohnungsbau-Experte, jeder Ratsvorsitzende ein Rationalisierungsfachmann. Nicht mehr die stalinistischen Sozialingenieure sind am Schalthebel, die den alten Adam in der Fabrik des neuen Menschen umkrempeln wollen, sondern die Diplomingenieure.

Kurt Hager, der Ideologiepapst des Politbüros, sprengte die vorherrschende Gußform, als er – ein fast heiterer alter Herr, der die Jahre der Rücksichtslosigkeit weit hinter sich weiß – mit der naiven Kraft des Gläubigen bekannte: «Ich gehöre zu den Vertretern einer Philosophie, die an die Veränderbarkeit des Menschen glauben. Es muß gehen.» Sein Ideal kleidet er bieder in Goethes Worte: «Edel sei der Mensch, hilfreich und gut.» Aber indem er das Rezept ausbuchstabierte, wie es gehen muß, schlug er auch gleich wieder den Bogen zu den Machern: «Durch die Tat, durch konstruktives Tun. Wenn man an die Veränderbarkeit glaubt, muß man sich auch einsetzen für eine Gesellschaft, in der die Veränderung möglich wird. Wir wollen Realisten bleiben und uns klar sein, daß wir sehr viel noch zu tun haben. Es geht nicht um allgemeine Ideale, sondern um konkrete Schritte.»

Also führen die diplomierten Ingenieure das Kommando, die

es dem Menschen in seiner Umwelt leichter, bequemer, heimeliger machen wollen. Sie reden mehr über die Vorzüge und Nachteile der industriellen Plattenbauweise als über den Klassenkampf. Sie kennen das Kostennormativ für die durchschnittliche Neubauwohnung (86 000 Mark). Sie gehen der Frage nach, warum die neue Tatra-Straßenbahn aus der Tschechoslowakei die Dresdner Brücke «Blaues Wunder» in den Grundfesten erschüttert hat. Sie kümmern sich um Rauchgas-Entschwefelung und Wohnraumzuteilung. Sie plagen sich, damit es den Leuten besser geht. Hinter der Parole «Einheit von Wirtschafts- und Sozialpolitik» steckt genau dies: Die Menschen sollen jetzt etwas von ihrer Hände Arbeit haben, nicht erst im kommunistischen Utopia. Der Überbau ist erstarrt, das Theoriedefizit müßte einem Marxisten eigentlich peinlich sein. Aber die DDR ist dadurch ein Gutteil menschlicher geworden.

«Wir haben manche Dummheit gemacht», gesteht das Politbüromitglied Hager ein. «Die Geschichte bewegt sich nicht geradlinig, sondern in Windungen – aber vorwärts.» Fast genauso drückte sich Klaus Gysi aus, der Staatssekretär für Kirchenfragen: «Wir haben eingesehen, daß der Versuch falsch war, die Dinge zu forcieren. Die «Vergeblichkeiten von Erwartung und Frist», über die der Dichter (und Kommunist) Stephan Hermlin einst schrieb, hat ihnen viele Revisionen aufgenötigt, viele Visionen zerstört. «Sie haben keine Ahnung», brach es im Gespräch aus Gysi heraus, «was ein Kommunist, der das 50 Jahre ist, im Laufe der Zeit alles glauben muß; da soll sich die Kirche mal nicht so dicke tun.»

Nein, sie vermitteln nicht den Eindruck, daß sie noch an Ewige Wahrheiten, an unverrückbare Ziele, an sichere Siege glaubten. Die Macht – daran lassen sie nicht rühren. «Wir haben die Macht und müssen tun, was wir für richtig halten», sagte unverblümt Klaus Wenzel, der Direktor des Warnemünder Hotels «Neptun», der neue Reeder des Traumschiffs «Arcona» (früher «Astor»). In der Oberschule Doberan hörten wir es am nächsten Morgen nicht anders: «Die entscheidende Frage ist die Machtfrage», dozierte die Lehrerin. Aber die Kommunisten in der DDR geben nicht mehr vor, das Endziel zu kennen. Sie wissen, wo sie in den Wald hineingegangen sind, doch sie wissen nicht, wo sie herauskommen werden.

Professor Otto Reinhold, der Direktor der Akademie für Gesellschaftswissenschaften beim Zentralkomitee der SED – massiv von Statur, behende im Geist –, bestreitet, daß Marx den Menschen jemals ein kommunistisches Paradies versprochen hat. Die Partei fühlt sich unterwegs. «Wir haben doch keinen Schimmer, wie der Kommunismus aussehen wird», bekennt Klaus Gysi. «Marxismus? Wir wissen nicht, was das ist», erläutert unabhängig von ihm Professor Manfred Wekwerth, Chef von Brechts Theater am Schiffbauerdamm, ZK-Mitglied und Präsident der Akademie der Künste. Er verweist auf den Begriff des Werdens in Marx' «Deutscher Ideologie» und zitiert beifällig einen Satz des Lukács-Schülers Istvan Hermann, Sozialismus sei nicht mehr, aber auch nicht weniger als eine Erweiterung der menschlichen Möglichkeitssphäre. «Wir machen ein großes Experiment», sagt Wenzel. «Das muß man laufen lassen.» Genauso klingt es bei Kurt Hager: «Das ist ein historischer Prozeß, der noch nicht abgeschlossen ist. Wie überhaupt alles, was man in der DDR beobachten kann, noch im Fluß ist.» Die SED-Leute treten ohne Verbissenheit auf, wenngleich niemand bezweifeln darf, daß die Partei Biß hat – und zubeißen wird, wann immer sie sich herausgefordert fühlt.

Und was sagt das Volk dazu?

Vor 22 Jahren schrieb ich: «Die Mehrzahl der Menschen verharrt nun einmal nicht auf unbedingte Zeit in Trotzpose und Widerstandshaltung; sie arrangiert sich mit ihrer Umwelt, wenn diese Umwelt unabänderlich zu sein scheint. Die Menschen in der DDR mögen auch nicht die Leistungen, die sie trotz aller äußeren und inneren Schwierigkeiten im Laufe der Zeit vollbracht haben, verlachen oder verspotten; schließlich sind es ihre eigenen Leistungen. Aus dem Schöpferstolz wird so eine gewisse innere Identifizierung, aus der Identifizierung am Ende das Sich-Abfinden.»

Heute trifft dies erst recht zu. Nicht, daß das Sich-Abfinden alle zu Kommunisten gemacht hätte. Albert Norden, Hagers verstorbener Vorgänger, hatte einmal zu Bischof Schönherr bemerkt: «Ihr habt drei Prozent, wir haben drei Prozent, um die dazwischen keilen wir uns.» Staatssekretär Gysi meinte das gleiche, als er jetzt beim Tischgespräch pointierte: «In der DDR sind die wirklichen Christen mit drei Millionen eine Randerscheinung auf der einen Seite. Die Marxisten sind mit zweieinhalb Millionen eine Randerscheinung auf der anderen Seite. Die meisten anderen glauben weder an Marx noch an Gott.»

Sie glauben an das, was sie sehen: die Aufbauleistung ringsum, ihren verbesserten Lebensstandard, die Geborgenheit auch, die ihnen ihr Staat bei allen Kümmerlichkeiten und Kümmernissen bietet, die menschliche Wärme, die sich zum Beispiel darin ausdrückt, daß keine ausländischen Taktstraßen bestellt werden, die das übliche, eher gemächliche Arbeitstempo beschleunigen. In den Worten des Bühnenschriftstellers Heiner Müller: «Bei uns heißt es leben *und* arbeiten, bei euch leben *oder* arbeiten. Wir wollen auch während der Arbeit leben.»

Die Menschen in der DDR haben, was manche, die in die Bundesrepublik ausreisen, bald schon bitterlich vermissen: Sicherheit. Viel Gängelung, Planung, Fremdbestimmung bis tief hinein in den Lebensentwurf des einzelnen – aber eben auch Zuwendung, Fürsorge, eine Biographie ohne Knick, solange sie nicht aufmüpfig werden. «Das mit Partei und Parteiauftrag», sagte mir ein Vetter, der das SED-Abzeichen im Knopfloch trug, «mußt du unverbissen sehen.» Die risikolose Gewißheit, die das System bietet, ist ihm wichtiger als die riskante Beweglichkeit, die dem Westen sein Gepräge gibt. Er gehört zu jenen vielen, die ihren Staat tragen, obwohl sie dauernd an ihm herummäkeln.

Und es ist drüben ja in der Tat ein soziales System entstanden, das unseres in mancher Hinsicht in den Schatten stellt. Arbeitslosigkeit gibt es nirgends. Im Gegenteil: Alle Manager jammern über Arbeitskräftemangel. Die Einführung von 85 000 bis 90 000 CAD/CAM-Arbeitsstationen – *Computer Aided Design* und *Computer Aided Manufacturing:* Konstruktion und Produktion mit Hilfe von Computern – und der Einsatz von 75 000 bis 80 000 Industrierobotern bis 1990 sollen jetzt Arbeitskräfte für andere Aufgaben freistellen, um den Personalengpaß zu überwinden.

Die Renten sind niedrig – mindestens 300 Mark, im Schnitt 500 Mark, aber Zweifel, ob die Renten sicher sind, gibt es nicht. Ein Platz im Altenheim kostet nicht mehr als 110, 120 Mark; der monatliche Sozialversicherungsbeitrag liegt bei höchstens 60 Mark. Niedrig sind auch die Mieten – 49 bis 69 Mark für eine Zweizimmerwohnung mit Fernheizung; durchschnittlich nicht mehr als vier Prozent vom Nettoeinkommen. Die Preise für Grundnahrungsmittel – Brot, Fleisch, Wurst, Butter, Milch, Nudeln, Kartoffeln – sind seit über einem Vierteljahrhundert nicht erhöht worden; das einfache Brötchen kostet immer noch 5 Pfennig. Auch die Preise für Heizung, Strom, öffentliche Verkehrsmittel sind stabil geblieben. Der Staat schießt dem Lebensunterhalt seiner Bürger jährlich 24 Milliarden Mark an Subventionen zu. «Wenn Sie bei uns in der Kaufhalle für 100 Mark einkaufen, dann legt die Regierung 30 Mark dazu», erklärte ein Gesprächspartner; 78 Mark gar behauptete ein anderer. Das muß man bei Lohnvergleichen berücksichtigen. Wenn ein Arbeiter bei Carl Zeiss Jena im Monat 900 Mark nach Hause bringt (Spitzenverdienst: über 2000 Mark), so ist das erheblich mehr, als 900 Mark in der Bundesrepublik wären.

Hinzu kommen vielfältige geldwerte Sozialleistungen: Krippenplätze für 73 Prozent aller Kinder unter drei Jahren, Kindergartenplätze für alle, die einen wünschen; Lehrlingswohnheime für jeden dritten Lehrling; kostenlose ärztliche Behandlung; verbilligte Urlaube. Das ist alles nicht sonder Fehl und Tadel; gerade die ärztliche Versorgung und die Versorgung mit Medikamenten lassen zu wünschen übrig. Aber es ist auch nicht wenig.

Und die Partei ist ja durchaus korrekturfähig. Früher wurden die «Privaten» verteufelt und bedrängt, jetzt werden sie geradezu gehätschelt. Von 33 000 Kneipen in der DDR sind 18 000 in privater Hand, erzählt der Hotelier Wenzel; es gibt 1000 private Augenoptiker im Lande, berichtet der Zeiss-Generaldirektor Biermann; er suche Gürtler und Goldschmiede, Bäcker und Kürschner, verkündet Oberbürgermeister Sager von Eisenhüttenstadt, ausdrücklich die Initiative eines jungen Mannes rühmend, der sich als Intarsienschneider im benachbarten Fürstenberg niedergelassen hat.

Die Genossenschaftsbauern haben ihre Schläge wieder verkleinert und nennen sich aufs neue «Bauern», nicht mehr hochtrabend «Agrotechniker» oder «Mechanisator». «Da haben wir gelernt», gesteht Hubert Berger, Leiter der LPG Solidarität im mecklenburgischen Gramzow. «Heute legen wir wieder auf Schollenverbundenheit Wert.» Das zuständige Politbüromitglied Werner Felfe stößt ins gleiche Horn: «Die Erde ist doch ein lebender Organismus. Wenn ich da mit Mechanisator komme...» Felfe legt auch ungeniert die Ziffern auf den Tisch, was die Bauern auf ihrem Privatland produzieren (ein Morgen Land pro Familie, dazu Tiere in beliebiger Zahl, nur die legale Herkunft des Futters muß nachgewiesen werden). Diese «individuelle Hauswirtschaft» liefert 10 bis 12 Prozent des Schlachtviehs, 2 Prozent der Milch, 11 Prozent vom Gemüse, 33 Prozent vom Obst, 100 Prozent des Kaninchenangebots. Privatinitiative lohnt sich wieder und wird belohnt.

Die Menschen drüben genießen denn, wo sie schon die große Freiheit nicht haben, die kleinen Freiheiten, die ihnen ihr Staat gewährt. Auch das war im Ansatz schon 1964 zu erkennen: «Sie leben ihren bescheidenen Interessen, Hoffnungen und Steckenpferden. Die private Sphäre dient wieder einmal als Zufluchtsstätte, in die man sich vor dem Zugriff der Politik rettet, die Intimsphäre desgleichen. Auch Bildung und Ausbildung bieten eine Zuflucht.» Das alles hat sich seitdem eher noch verstärkt. Günter Gaus, der erste Ständige Vertreter Bonns in der DDR, hat dafür den Begriff «Nischengesellschaft» geprägt. Die Nische – das ist in seiner Definition «der bevorzugte Platz der Menschen drüben, an dem sie Politiker, Planer, Propagandisten, das Kollektiv, das große Ziel, das kulturelle Erbe – an dem sie das alles einen guten Mann sein lassen ... und mit der Familie und unter Freunden die Topfblumen gießen, das Automobil waschen, Skat spielen, Gespräche führen, Feste feiern. Und überlegen, mit wessen Hilfe man Fehlendes besorgen, organisieren kann, damit die Nische noch wohnlicher wird.»

Es ist nicht anders als bei uns; warum sollte es auch. Und Gaus hat ganz recht: eine gewisse Staatsferne prägt das Leben in den Nischen schon, aber sie existieren innerhalb des Sozialismus, nicht außerhalb des Sozialismus. Es handelt sich nicht um Brutstätten der Opposition. Die Partei, die gesellschaftlichen Organisationen und die Betriebe tun sogar viel, um den Menschen das Nischendasein überhaupt erst zu ermöglichen. Philatelie, Zierfischzucht, Jagen und Angeln – überall gibt es Kreise und Zirkel, Klubs und Vereinigungen. Sport wird in jeglicher Variation getrieben. Mehr als 4 Millionen DDR-Bürger (ein Viertel der Bevölkerung!) machten 1985 das Sportabzeichen.

Die liebste Nische ist den Menschen drüben jedoch die eigene «Datsche». Das kann ein Schrebergarten sein mit Laube, eine alte Kate auf dem Lande oder eine Hütte im Forst. Das Wort «Datsche» ist aus dem Russischen übernommen, die Sache nicht. (In Thüringen hatten die kleinen Leute schon immer ihre «Tränke», ein Stückchen Garten, einen Streifen Wiese, ein Eckchen Wald.) Die Partei hat nichts dagegen. «Warum soll der Mensch nicht eine Datsche haben?» fragte Kurt Hager. «Ein bestimmtes Publikum bei Ihnen sieht darin etwas völlig Antisozialistisches. Ich sehe darin etwas Selbstverständliches.»

Was besagt dies alles für das Verhältnis zwischen der Obrigkeit und den Bürgern? Es ist entspannter, entkrampfter geworden. Das hat sicher mit der deutsch-deutschen Entspannung und Entkrampfung der frühen siebziger Jahre zu tun. Sie hat die DDR-Führung freier gemacht, sich auf das eigene Land zu konzentrieren und dem anderen deutschen Staat in der sozialistischen Welt eine kommode Nische einzurichten. Eine wirkliche Liberalisierung hat es nicht gegeben, wird es wohl auch so bald nicht geben. Aber Streckbett und Daumenschrauben sind auch nicht mehr an der Tagesordnung. Es ist alles lockerer geworden, weniger unbedingt, pastöser. Wie es ein Dramatiker formulierte: «Ein ganz wesentliches Strukturelement der DDR kommt aus Sachsen: das Verschwiemelte. Das ist ein Bereich, in dem man leben kann.»

Zum Beispiel in der Literatur. Viele Schriftsteller sind nach Westen gegangen, manche – wie Wolf Biermann – sind hinausgeworfen worden. Da haben die Verantwortlichen jetzt Gewissensbisse. Kurt Hager macht daraus kein Hehl: «Seit Biermann ist ein ähnlicher Fall nicht mehr geschehen. Allerdings haben uns noch einige andere verlassen. Man könnte sagen: Jeder ist seines Glückes Schmied. Darüber rege ich mich nicht auf. Es ist bedauerlich. Vielleicht haben wir auch nicht genug getan, um manchen das Leben zu erleichtern oder ihre Probleme zu verstehen.»

Inzwischen haben sich neue Talente entfaltet. «Hier gibt's viel», sagt ein Dramatiker. «Aber nicht viel wird publik. Was unter dreißig ist, das paßt nicht in die Linie des Ministeriums für Fortbildung.»

«Nein», sagt Schriftstellerin I. «So ist es nicht. Das setzte ja eine Konzeption voraus. Die haben aber keine.»

«Na ja», sagt der Dramatiker, «seit der Personenkult abgeschafft ist, geht es eben nach keinem ...»

Und dann reden sie über die Zensur.

«Es gibt hier keine Zensur», sagt der Dramatiker, «es gibt eine Knautschzone. Da werden Gutachten über Gutachten eingeholt, werden Entscheidungen ewig vertagt. Es gibt die Figur des unbekannten Lesers (das Denkmal ist wohl schon in Arbeit), dem man das noch nicht zumuten kann.»

«Jeder sagt: Ja, wenn's nach mir ginge», ergänzt Schriftstellerin II. «Die leiden immer richtig. Die sagen, die kriegen Ärger.»

«Die kriegen wirklich Ärger», wirft der Dramatiker ein.

«Wer macht denn den Ärger?» frage ich.

«Immer die nächsthöhere Stelle», antwortet Schriftstellerin II.

Und dann reden sie von labyrinthischer Bürokratie, wo keiner mehr weiß, wer zuständig ist. Sie versuchen, das Verschwiemelte zu definieren, die Knautschzone.

«Ich finde es gar nicht verschwiemelt», meint Schriftstellerin II. «Ich finde es sehr übersichtlich. Es lebt alles von den gestuften Privilegien der Menschen. Und weil jeder seine Stufe behalten will, funktioniert es. Das ist nicht die beste Möglichkeit des realen Sozialismus, aber es ist auch nicht kafkaesk.» Und wieder fällt der Satz: «Damit kann man leben.»

In der Knautschzone aber versucht jeder, so weit vorzustoßen, wie es geht. «Hauptsache, es kommen keine Personen zu Schaden. Manchmal holt sich die Partei Beulen, manchmal der einzelne. Wer, kann man vorher gar nicht immer wissen. Schauen Sie sich die Jungen an: Die machen ja lauter Dinge, die eigentlich verboten sind.» Dann ist die Rede von einem Mitglied der Jungen Gemeinde, das den Dienst an der Grenze verweigerte und dennoch studieren durfte.

«Nicht, daß Sie denken, daß es wirklich so ist», sagt Schriftstellerin I. «Es ist zwar so, aber es ist nicht so.»

Die Situation ist bezeichnend. Die versammelten Autoren haben alle ihre Privilegien. Manche dürfen nach Westen reisen. Sie mäkeln an ihrem Staat herum, aber sie tragen ihn. Helga Schubert zum Beispiel, die ihrer Novellensammlung «Das verbotene Zimmer» das Tschechow-Wort voranstellt: «Noah hatte drei Söhne, Sem, Ham und Japhet. Ham bemerkte nur, daß sein Vater ein Trunkenbold war, und übersah völlig Noahs Genialität, daß er die Arche gebaut und die Welt gerettet hatte. Die Schriftsteller sollen nicht Ham nacheifern.»

Sie wünschen sich mehr Offenheit. Die Regierung soll sich nicht benehmen wie ein eifersüchtiger Ehemann, der dauernd fragt: Verrätst du mich? Gehst du fremd? Doch wollen sie nicht destruktiv wirken. «Der Grundgedanke hier ist vernünftig. Gleichzeitig sehe ich, daß die Nichtgewaltenteilung das paranoide Denken erzeugt.» Helga Schubert brachte es auf den Punkt: «Mein Wunsch ist, daß die Leute, die die Macht haben, weniger Angst haben vor Neuerungen, vor Veränderung. Da muß auch ich etwas weniger tun, was denen Angst macht, ohne daß ich kusche. Ich muß davon ausgehen, daß sie auch konstruktive Elemente in sich tragen.»

Leben in der DDR – das heißt Leben in der Knautschzone. Es heißt auch: Leben unter Erich Honecker. Die Bürger des anderen deutschen Staates bringen ihm fast so etwas wie stille Verehrung entgegen; in Gesprächen schlägt sie immer wieder durch. Wohl vermeidet er sorgsam jeden Personenkult. Es heißt nie: «seit Erich Honeckers Amtsantritt»; es heißt stets: «seit dem VIII. Parteitag». Doch läuft das auf dasselbe hinaus. Die meisten Neuerungen gehen auf das Jahr 1971 zurück, in dem Honecker die Nachfolge Walter Ulbrichts antrat. Realismus statt Utopie, Vertrauen auf die Macht des Faktischen; bessere Befriedigung der materiellen Bedürfnisse; weniger Angst, mehr Angebot; Intensivierung der Produktion; Ankurbelung des Dienstleistungssektors; Umweltschutz; neue Freiräume für Kunst und Künstler; sogar die Einführung von Sexualberatungsstellen – alles wird Honecker gutgeschrieben und zugute gehalten. «Honi» nennt ihn keiner, das ist westlicher Sprachgebrauch und wird als genierlich empfunden. Er heißt «der Chef», «der Erste» oder einfach Erich. «Erich währt am längsten», heißt ein kabarettistisches Lied im jüngsten Programm der Berliner «Distel». Der Titel verrät etwas von der heimlichen Zuneigung derer, die seinem Regiment unterstehen.

Sie haben es ja nicht leicht. Ständig fällt ihr Blick nach Westen, zu uns in der Bundesrepublik. Manche macht der Vergleich aufbrausen. Den Hotelier Wenzel etwa, der barsch polterte: «Wir haben nie eine Chance. Laufen wir zu schnell, sagt ihr: Die treiben ihre Leute an. Laufen wir zu langsam, sagt ihr: Die schlampen.» Andere stürzt der Vergleich in die Verzweiflung, wie jene Autorin, die klagte: «Beide sind wir auf den gleichen Startschuß losgelaufen, aber die anderen sind immer eher da. Ich denke, die laufen auf einer Aschenbahn, wir laufen im Morast. Und die gemeinsame Sprache verschärft alles noch, weil sie das Verstehen erlaubt...»

Im Vergleich mit dem materiellen Lebensstandard der Bundesrepublik zieht die DDR den kürzeren, kein Zweifel. Sie liegt noch immer zurück. Aber der Abstand beträgt nicht mehr zwölf, fünfzehn Jahre, wie 1964, als das erste ZEIT-Team sich auf die Reise in ein fernes Land begab. Vielleicht bemißt er sich heute nur noch auf sechs, acht Jahre. Und wichtiger für die DDR-Bürger ist ohnehin, wie sie bei dem Vergleich ihrer Lage heute mit ihrer Lage damals abschneiden. Da ist die Bilanz eindeutig positiv. Drüben hat sich ein zweites deutsches Wunder vollzogen – ein gedämpftes, gebremstes Wunder, aber dennoch. Und für die siebzehn Millionen Deutschen in der DDR liegt Hoffnung in Honeckers Wort: «Das Erreichte ist noch lange nicht das Erreichbare.»

Der Fernsehdirektor

Von Nina Grunenberg

Vor 22 Jahren schrieb Marion Dönhoff: «An jener Schranke, die Berlin in zwei ungleiche Hälften teilt, erwarten uns ein Wagen des *Forum* und ein Mitarbeiter dieser Zeitschrift, die der ‹Freien Deutschen Jugend› gehört. Unser Begleiter, Dr. Kurt Ottersberg, 36 Jahre alt, ist hauptamtlich Dozent der Humboldt-Universität. Er ist mehrfach in der Bundesrepublik gewesen und ertrug unsere, dem kommunistischen Gläubigen ganz ungewohnt, frivole Ironie mit großer Fassung. Drüben stellt man sich nämlich nicht in Frage und man spottet auch nicht, dazu sind die Zeiten zu ernst und die Aufgaben zu groß ...»

Frage an den Begleiter – 22 Jahre später: «Erinnern Sie sich noch an damals?» Kurt Ottersberg, ein mittelgroßer, agiler Mann in Beamtengrau, das Haupthaar schon ein bißchen schütter, die Sprache thüringisch gefärbt, brach unvermittelt in großes Gelächter aus – ohne Scheu und mit soviel Ironie, daß die harmlose Frage plötzlich naiv zu klingen schien. «Wie arrogant ihr damals wart», sagte er ohne Umschweife, verfiel in Nachdenken und setzte schließlich hinzu: «Und wie arm wir waren.»

Vor 22 Jahren hatte Ottersberg keinen Anzug, in dem er die Gäste von drüben hätte begrüßen können, erzählte er. Er mußte erst zur FDJ gehen, damit die ihm einen besorgte. Gehabte Sorgen: Ihn heute nach der Zahl seiner Anzüge im Schrank zu fragen ist müßig. Ihm ist anzusehen, daß er solche Probleme nicht mehr hat.

Er traf uns diesmal nicht am Grenzübergang, sondern in der «Bibliothek» des Palast-Hotels in Ost-Berlin, einem viereckigen, fensterlosen Raum im Herrenzimmer-Stil, der von Tokio bis Los Angeles in keinem internationalen Kongreßzentrum anders ausfallen würde: das Séparée für den Prominenten-Treff. Ottersberg, der zur Erinnerung an die Tage von damals zu unserer Begrüßung gekommen war, hatte am Abend selber noch ein Essen zu geben – im gleichen Zimmer, am gleichen Tisch – und hielt sich bei der «Edelfisch-Variation» als Vorspeise und dem Haxenfleisch als Hauptgang zurück. Als Direktor für Internationale Verbindungen im Fernsehen der DDR hat er zwar einen Job, der ihm offensichtlich so viel Befriedigung bringt, daß er sich selber noch um ihn beneiden könnte, aber über den Bewirtungs-Streß, der ihm als Pflicht auferlegt ist, singt er das gleiche halb-genierte Wohlstandsklagelied wie ein West-Manager in ähnlicher Position.

Seine Ernennung zum Direktor erhielt er 1964 – nachdem die erste ZEIT-Reisegruppe die DDR wieder verlassen hatte. Hat der Feuerstuhl, auf dem er damals gesessen haben muß, ihn denn so glatt nach oben befördert? Das war ein bißchen platt, und Ottersberg sagte nichts, aber er lachte wieder. So unvorbereitet war er in das damalige Abenteuer ja nicht gegangen. Der Apotheker-Sohn aus der Gegend von Jena ist gelernter Historiker und hatte in den fünfziger und sechziger Jahren vom *Forum* den Auftrag, die westdeutschen Studentenverbände und ihre Politik zu beobachten und über sie zu berichten.

Amüsiert, aber auch mit unverkennbarem Stolz über die eigene Leistung, erzählte er, mit welchen Schwierigkeiten er damals auf seinen Reisen quer durch die Bundesrepublik zu kämpfen hatte: Er wußte noch genau, wo er als Zuhörer nicht zugelassen worden war, wer ihn hinausgeworfen hatte und mit welcher List er trotzdem an sein Ziel gelangt war. Von Ulrike Meinhof über Rudolf Augstein bis zu Theodor Eschenburg lernte er in diesen Jahren alle kennen, die in der Bundesrepublik mitzureden hatten. Das müssen für ihn rauhe Zeiten gewesen sein, doch so, wie er in der «Bibliothek» auf sie zurückblickte, glich er eher einem Hecht, der sich an seine Jagdgründe im Karpfenteich der westdeutschen Gesellschaft erinnerte: hungrig unter Satten, schnell unter den Bequemen, gewieft unter den Naiven und ohne je in Gefahr zu sein, die Orientierung in Richtung Osten zu verlieren.

Das Reisen ist Kurt Ottersbergs Lust geblieben. Im DDR-Jargon ist er ein «Reisekader» und genießt damit ein Privileg, das nur wenige haben. Seine internationale Arbeit, die mit vielen Protokollfragen verbunden ist, führt ihn von Fernseh-Festival zu Festival – von der «Goldenen Harfe» in Dublin bis zur «Goldenen Rose» in Montreux. Als stellvertretender Vorsitzender der Fernseh-Internationale sieht er es als seine Aufgabe an, die kleinen Nationen gegen den Kultur-Imperialismus der großen anzustacheln. Das heißt vor allem: gegen die Amerikaner und die «anti-humanistische Färbung» ihrer Unterhaltungssendungen, die er in Montreux zu jurieren hatte. Dort war es ihm kürzlich gelungen, gemeinsam mit den Portugiesen einen amerikanischen Beitrag niederzustimmen: «Ja, ja, die Kleinen», sagte er, «auf die kommt es doch an.» Neben den «Kleinen» sieht er die «Öffentlich-rechtlichen» als seine natürlichen Verbündeten in der Fernsehwelt an. Mit ihnen zieht er gegen die «kommerziellen» Fernsehanstalten zu Felde, die glauben, daß Geld schon alles sei.

Die Begegnung mit dem alten Begleiter war nur kurz, aber eines war am Ende doch klar. Wer so friedlich und gelassen, so sympathisch und doch schlitzohrig, so unbefangen dem guten Leben zugewandt ist wie Kurt Ottersberg, der muß schon sehr solide in der politischen Ordnung der DDR abgesichert sein.

Als Touristen drüben

Von Rudolf Walter Leonhardt

Wir hatten uns immer wieder vorgenommen, die ZEIT-Reise von 1964 in der gleichen Besetzung zu wiederholen. Als Erich Honecker schließlich dem inzwischen zum Chefredakteur avancierten DDR-Reisenden Theo Sommer anläßlich eines Interviews sagte, der Reise stehe nichts im Wege, waren 22 Jahre vergangen. Die Besetzung konnte nicht mehr die gleiche sein, da sich Gräfin Dönhoff bei einem Unfall verletzt hatte. Und es wurde dann auch eine andere Reiseroute gewählt. Sie führte, zum Beispiel, nicht wie die erste nur in den Süden der DDR, sondern auch in den Norden. Trotzdem gibt es Berührungspunkte.

Damals habe ich in unser aller Namen versichert, daß «wir uns bei unserer Reise durch die DDR keinen Augenblick als Touristen gefühlt haben».

Diesmal habe ich mich als Tourist gefühlt, und zwar, was schlimmer ist, als privilegierter Tourist. Wobei, was die Sache wieder etwas besser macht, wir uns ganz nach DDR-Art unsere Privilegien durch Leistung verdienen mußten. Kein Tourist, der bei Sinnen ist, würde und sollte innerhalb von zehn Tagen sowohl Rostock wie Eisenach, sowohl Dresden wie Weimar, sowohl Güstrow wie Berlin auf amerikanische Europa-Abhakungstour zu «machen» versuchen. Dazu dann immer noch Gespräche, die nicht enden wollen, mit Bürgermeistern und Parteisekretären, mit Ministern und Professoren, mit Architekten und Intendanten.

Wir sind uns der Gefahr bewußt, die daraus für unseren Bericht entsteht, daß wir privilegierte Touristen waren, die beinahe mühelos Zugang zu den Spitzen von Staat und Gesellschaft der DDR fanden, die dabei natürlich auch «agitiert» worden sind, wie das in jenem anderen deutschen Staat heißt. Jeder von uns hat auf seine Weise dem gegenzusteuern versucht, ist aus dem ihr oder ihm unbehaglichen Zustand des privilegierten Touristen mit journalistischem Auftrag ausgebrochen, wann und wo immer es möglich war.

Wie sehr sich die Verhältnisse gewandelt haben, ergibt sich schon aus einem Vergleich unseres ersten Tages damals vor 22 Jahren mit dem ersten Tag diesmal. Mein Resümee damals: «Sechzehnmal an einem einzigen Tag kontrolliert zu werden... das ist den Normalbürgern westkapitalistischer Staaten einfach fünfzehnmal zuviel.»

Diesmal beschränkte sich die Kontrolle auf jenes eine Mal, das wir bei den meisten Reisen innerhalb Europas und bei jeder Reise nach Amerika in Kauf zu nehmen gewöhnt sind.

Einige von uns sind von Hamburg nach Tegel geflogen. Dort wartete eine Limousine der Interhotels, die uns in weniger als einer Stunde vom Flughafen Tegel zum Ostberliner Palast-Hotel brachte. Die eine Kontrolle fand an der Staatsgrenze statt. Sie dauerte, da wir, privilegiert, aus einer langen Autoschlange nach vorne gelotst wurden, nur wenige Minuten.

So etwas wie das Palast-Hotel gab es damals auch noch nicht. Unter den 32 «Interhotels der DDR», die in erster Linie Gästen offenstehen, die «Valuta» (auf westdeutsch: Devisen) bezahlen, halten fünf jedem internationalen Vergleich stand. Um den ersten Platz wetteifert das Berliner Palast-Hotel mit dem Dresdner Bellevue und dem Leipziger Merkur. (Da gibt es Konkurrenz, und das ist zwar kapitalistisch, aber gut, und zumindest bei Devisen-Ausländern auch in der DDR erlaubt.)

Wir schrieben damals: «Wenn die Regierenden in der DDR wirklich daran interessiert sind, auch Touristen ins Land zu holen – mancherlei Zeichen und mancherlei Gründe sprechen dafür –, dann müßte von den vielen tausend Plänen, die dort den Alltag beherrschen, ganz vornehin auch der gesetzt werden: mehr staatliche Hotels zu bauen oder solche Unternehmen für Eigentümer (und Personal!) attraktiver zu machen.»

«Wenn (das einmal geschehen ist)», so schrieb ich vor 22 Jahren, «würde ich jedem Touristen raten, nach Dresden zu fahren – wie immer man das Land, in dem Dresden liegt, dann nennen will.»

Dem ist heute nichts hinzuzufügen, außer allenfalls, daß Dresden zwar einerseits durchaus gemeint war und daß ich es auch heute an die erste Stelle setzen würde; daß es jedoch andererseits als ein *pars pro toto* zu lesen ist und zumindest für alle die Orte gelten soll, an denen es Interhotels der DDR gibt: Weimar, Rostock, Ostberlin, Erfurt, Potsdam, Oberhof, Gera, Leipzig, Suhl, Magdeburg, Halle und Karl-Marx-Stadt.

Er wird dort ein Land finden, das dem unseren ähnlicher geworden, das uns näher gerückt, das nicht mehr arm ist. Die Leute sind so gekleidet, daß sie in München oder Hamburg nicht auffallen würden; auch wenn vor allem die Damen unter ihnen sehr viel Mühe dafür aufwenden müssen. An Lebensmitteln herrscht für jemanden, der so gut wie ich auf Bananen verzichten kann, kein Mangel, solange der Verteilungsapparat funktioniert. Manchmal klemmt er, wie die Fahrstühle in den älteren Hotels, zum Beispiel im geliebten Weimarer «Elephant».

Einen riesigen Nachholbedarf gibt es noch im Wohnungsbau. Da bröckelt der Putz von baufälligen Fassaden; da fehlt es an Toiletten und Badezimmern; da finden sich viele noch zusammengepfercht in den Silos der sechziger Jahre, aus groben grauen Betonplatten zusammengeschustert, mit denen verglichen ein westdeutscher Wohnblock wie Hamburg-Mümmelmannsberg geradezu luxuriös wirkt. Aber das Problem ist erkannt: Wohnungsbau hat in allen Bezirken der DDR erste Priorität.

Ist uns die DDR vertrauter geworden? Nicht den Älteren unter uns, die sich 1964 doch noch ein bißchen wie im alten ungeteilten Deutschland fühlen, sich von Westdeutschlands amerikanischem Neon-Glitzerglanz erholen konnten. Es ist da in den letzten 22 Jahren, zumindest nach dem äußeren Eindruck, ein neuer Staat entstanden, mit einem neuen, einem eigenen Selbstbewußtsein. Das hat aus einem uns näher gerückten Land zugleich ein uns fremderes gemacht. Gerade dadurch, daß die prunkvollen Chef-Etagen der Bosse von Politik und Wirtschaft den gleichen Lederpolster-Etablissements in der Bundesrepublik zum Verwechseln ähnlich sehen, wirkt das, was sich dort abspielt, wie aus einer anderen Welt.

Lust und Last der «Leiter»

Die Führungsspitzen der DDR: Häuserbauen ist ihnen wichtiger als Fahnenhissen

Von Nina Grunenberg

Über Leben und Karriere von SED-Funktionären ist wenig bekannt. Zumal die «Führungskader» oder die «Leiterpersönlichkeiten», wie es im Partei-Esperanto drüben heißt, sind den Blicken des normalen Sterblichen entzogen. Irgendwann sind sie als Genosse in der «Organisation» verschwunden und tauchen als Mensch erst wieder auf, wenn sie in Friedrichsfelde, dem Ostberliner Friedhof für die Prominenz aus Partei und Staat, begraben werden. So entpersönlicht ist ihre Existenz, daß die einfache Frage nach ihrem Vornamen sie fast schon schockiert.

Als Selbstdarsteller fehlt den meisten die Erfahrung. Ihr Parteiauftrag verlangt es auch nicht – es sei denn, ein höherer Wille waltet. Aber in der DDR herrscht das «Chefprinzip» noch uneingeschränkt («Na klar doch, nu was denn sonst?»). Sich Gesprächen mit westlichen Journalisten zu versagen gab es keinen Grund mehr, als auch noch die zwei Standard-Fragen der DDR-Verantwortlichen: «Kostet es was? Schadet es was?» gelassenen Sinnes entschieden worden waren.

Schwierig wurde es wohl erst, als es galt, ein paar mutige Männer zu finden, die freiwillig bereit waren, sich mit den sechs ZEIT-Redakteuren über sich und ihre Arbeit zu unterhalten. (Die Frauen in der DDR haben es weit gebracht, aber in «Leiterpositionen» haben wir sie dort auch nicht getroffen.) Durchschnittliche Funktionärsseelen sind von Vorsicht und Mißtrauen mehr erfüllt als von dem immer wieder verlangten gesellschaftlichen Bewußtsein ihrer Verantwortung. Dieser Umstand mag eine besonders positive Auswahl begünstigt haben – und bescherte uns unverhoffte Überraschungen.

Zu Beginn war es oft mühsam, sich die einzelnen Gesprächspartner zu erobern. In ihren Büros saßen wir uns stets an den gleichen hellen Konferenztischen aus Holz gegenüber – auf der einen Langseite die Gäste, auf der anderen die Gastgeber –, ganz so, als handele es sich um das Treffen von Tarifparteien. Für jeden war klar, wo er hingehörte. Einige zeigten sich offen pikiert darüber, daß sie verpflichtet worden waren, uns ihre Zeit zu opfern. Aber das war bald vergessen, wenn sie sich dann trotzdem entschlossen, aus ihren ideologischen Rüstungen zu steigen, auf Schablonen möglichst zu verzichten, den deutsch-deutschen Krampf für die Dauer des Gesprächs zu vergessen und sogar Fragen nach ihrem persönlichen Lebensweg nicht als «kleinbürgerliche Geschmacklosigkeit» abzutun. Sie versuchten auch nicht, uns zu überzeugen. Der Zwang dazu hat nachgelassen. «Früher», sagte Ernst Timm, der Erste Bezirkssekretär von Rostock, «habe ich gewollt, daß alle anerkennen, daß wir das Beste machen. Aber inzwischen hat sich die Welt auch in der DDR weiterentwickelt.» Das gewachsene Selbstbewußtsein der Machthaber erlaubt ihm heute, friedlich festzustellen: «Es gibt eben Schranken der weltanschaulichen Position. Da sollte niemand versuchen, den anderen herüberzuziehen.»

Aus der Führungsgarnitur der SED nahm der menschliche Mecklenburger Ernst Timm («der Honecker von Rostock») auf unserer Siegerliste den Spitzenplatz ein. Aber auch der Bezirksratsvorsitzende in Gera, Werner Ullrich, beeindruckte uns. Was er – neben seinem Oberbürgermeister Horst Pohl – persönlich unter den Bedingungen der Planwirtschaft in seinem Bezirk aufgebaut und durchgesetzt hat, macht ihm so schnell niemand nach. Der lockere Pragmatismus von Bezirkssekretär Hans Modrow und seine fanatisch in ihre Stadt vernarrten Dresdner – das war ein Kapitel für sich. Sein frisch ins Amt gekommener

Oberbürgermeister Wolfgang Berghofer wird viel Kraft brauchen, um als Stadtvater von «Elbflorenz» Lorbeeren zu sammeln.

In Jena ließ uns Wolfgang Biermann, der bullige Generaldirektor von Carl Zeiss Jena, die Überlegenheit eines Spitzenkaders aus der Wirtschaft spüren, für den Leistung Priorität hat. Genossen wie er oder Klaus Wenzel, der Direktor des Hotels «Neptun» in Warnemünde, haben wenig Schwierigkeiten, sich der Gesinnung des «Klassenfeindes» zu bedienen, wenn es um die außenwirtschaftlichen Interessen der DDR geht. Ihre kommunistische Seele pflegen sie nur zu Hause – ohne dabei auf ihren Volvo oder Citroën zu verzichten.

Ich denke an den gestrengen Werner Noth, den Direktor der Wartburg-Stiftung, ein passionierter Jäger, der nach der Pensionierung mit seiner «alpenländisch-erzgebirgischen Dachsbracke» eine Rassezucht beginnen will. Oder an Gerd Schönfelder, den Intendanten der Dresdner Staatsoper, einen Gemütsmenschen, dem die Partei fürwahr schon überraschende Wege gewiesen hat: In seiner Jugend verfrachtete sie ihn für fünf Jahre nach China, als Fünfzigjährigen katapultierte sie ihn plötzlich auf den Intendanten-Sessel der Semper-Oper. Zu dieser Zeit war er Rektor der Dresdner Musikhochschule und hätte nichts dagegen gehabt, es auch zu bleiben. Seine erschrockenen Einwände wischte Kulturminister Hoffmann mit den Worten beiseite: «Weißt du, Gerd, das ist der Beschluß des Staatsratsvorsitzenden. Das ist wie Gottes Beschluß, dagegen gibt es kein Wenn und kein Aber.»

«Kadergespräche» dieser Art kann drüben jeder erfolgreiche Funktionär aus dem Schatzkästlein seiner Erfahrungen hervorholen. Zu Ernst Timm sagte Erich Honecker: «Sag' mal, Ernst, du wirst FDJ-Sekretär in Rostock», als er ihn 1953 von der FDJ-Zentrale aus in Marsch setzte. Timm erinnerte sich, daß Honecker noch sagte: «Herzliches Beileid, da oben ist die Welt mit Brettern vernagelt.» Als vager Hinweis auf kommendes Glück war dem jungen Funktionär, der beim Zentralrat der FDJ die Abteilung «Arbeiter- und Bauernjugend» führte, nur der Satz im Ohr hängengeblieben: «Im Norden brauchen wir Leute.»

Selbst Wolfgang Biermann steuerte ein Kadergespräch aus seinem Leben bei. Als sich 1975 bis in die Hauptstadt der DDR herumgesprochen hatte, «daß Zeiss besser sein könnte», hatte er nicht lange Zeit zum Überlegen. «Wir waren innerhalb von zehn Tagen in Jena.» Auch für seine Frau, die im ZK-Apparat arbeitete, war die Sache schwierig, aber sie ging mit. Sein Sohn folgte ihm – notgedrungen. Sobald er sein Abitur in der Tasche hatte, kehrte er nach Berlin zurück. Dort fühlte er sich zu Hause. Jetzt ist er Bauarbeiter.

Als Biermann vom Ratschluß der Partei ereilt wurde, hatte er sich schon einen Namen als «Theoretiker der Kombinatspolitik» gemacht und saß als einer von sechs Generaldirektoren der Wirtschaft im Zentralkomitee. Doch das half nicht. «Kadergespräche sind bei uns nicht lang. Da packt man seine Koffer und geht.» Der passende Parteiwitz für diese Methode der Kaderführung: «Was ist Meinungsaustausch? Sie gehen mit Ihrer Meinung hinein und kommen mit der des Chefs wieder heraus.»

Die Majestät der Partei manifestiert sich dem Besucher in dem riesigen Gebäude des Zentralkomitees am Ostberliner Marx-Engels-Platz. Es ist der Sitz des Politbüros der SED, des Machtzentrums der DDR (früher beherbergte es die Reichsbank). Die marmorne Eingangshalle hat die Dimensionen einer Walhalla und ist menschenleer (wie bürgernah dagegen das Bonner Bundeskanzleramt wirkt). Vor den gewaltigen Büsten der philosophischen Gründerväter des realen Sozialismus, die als einziger Schmuck auf hohen Sockeln thronen, schrumpft der Besucher auf Liliputformat. Solche Empfindungen müssen auch den Volksmund bewegt haben, als er die 22 Mitglieder des Politbüros in «Rat der Götter» umbenannte. Er residiert ein Stockwerk höher. Honeckers Amtsräume liegen hinter der unauffälligen Tür mit der Zimmernummer 2010.

Die Vorzimmerdame von Kurt Hager – Erich Honecker nennt ihn «unseren Chefideologen» – war eigens aus dem zweiten Stock heruntergekommen, um sich davon zu überzeugen, daß ich zehn Minuten vor der Zeit an Ort und Stelle war. Aber ihre Ängstlichkeit war kein Omen. Der alte Großinquisitor, dessen ideologische Militanz sich dem Gedächtnis eingeprägt hat, war friedfertig gestimmt und zitierte aus Conrad Ferdinand Meyers Gedicht «Homo sum»: «Ich bin kein ausgeklügelt Buch, ich bin ein Mensch mit seinem Widerspruch.» Er kennt seine Dichter – besonders die in der DDR. Als Hauptverantwortlicher der SED-Kulturpolitik seit mehr als zwei Jahrzehnten ist er für sie zuständig. Ihr Mangel an historischem Optimismus macht ihn zuweilen betroffen.

«Menschenskind», sagte er zu einem, dessen Buch er gelesen hatte. «Du kannst doch nicht als Pessimist durch die Welt gehen.»

Der Dichter darauf zu Hager: «Du verstehst das alles falsch. Das ist eine Komödie.»

Hager: «Ich konnte nicht lachen.»

Wir: «Ist es nicht zulässig, so zu schreiben, daß das Publikum nicht lacht?»

Hager: «Es ist zulässig, und es ist zugelassen.»

Kurt Hager gehört nach eigenem Bekunden «zu den Vertretern einer Philosophie, die an die Veränderbarkeit des Menschen glauben» – und zwar «durch die Tat». Auf unsere skeptische Frage, ob es für ihn die ideale sozialistische Persönlichkeit gebe, verblüffte er mit dem Goethe-Anspruch: «Edel sei der Mensch, hilfreich und gut.» Und setzte hinzu: «Das könnte es sein, aber das kann nur ein gesellschaftliches Ziel sein. Noch ist es nicht erreicht.»

Was läßt ihn glauben, daß das Ziel überhaupt erreichbar ist? «Es ist der Glaube an die Humanität, an das Humanitätsideal von Marx, Goethe, der deutschen Aufklärer», der Glaube, daß der Mensch sich zu einem Wesen entwickeln kann, das während seiner Lebenszeit etwas Nützliches tut. Auf den Einwand, daß die Realität der Weltgeschichte bislang eher die Unvernunft der Menschen beweise, antwortete Hager mit einem fast störrischen Zug um den Mund: «Es geht nicht? Ich bin der Auffassung, daß es gehen muß», auch wenn es immer wieder Rückschläge gibt – «zum Teil durch Ihre Gangsterfilme».

Kurt Hager, Schwabe, Jahrgang 1912, ist 1930 in die Kommunistische Partei eingetreten. Wie er den Kapitalismus erlebte, darüber könnte er Bücher schreiben, sagte er. Er wuchs als Kind eines Arbeiters auf, der 1915 im Ersten Weltkrieg fiel, und war «der einzige Arbeiterjunge in der Stuttgarter Oberrealschule», die er besuchte. Solche ungerechten Verhältnisse gibt es in der DDR nicht mehr, «das hat sich geändert».

«In der Bundesrepublik auch.»

«Das weiß ich nicht.» Es interessierte ihn auch nicht. Nach dem Zweiten Weltkrieg kam die Chance, für die er gekämpft hatte. In der DDR seien sie neue Wege gegangen. Die Geschichte bewege sich zwar nicht geradlinig, aber sie bewege sich vorwärts. Sonst wäre das Leben sinnlos. Aber wer ein solches Experiment wage, den Aufbau einer neuen Gesellschaft, der brauche historischen Optimismus. «Man muß um den Menschen ringen», sagte er, «vielleicht haben wir nicht genug getan.»

Es klang fast wie eine Antwort, als Hermann Axen uns wenige Tage später ironisch über den Tisch hinweg musterte und sagte: «Eins müßt ihr zugeben: Wir geben uns Mühe.» Es gab rosa Creme-Schnittchen zum Kaffee; sie verstärkten noch den Eindruck biedermeierlichen Behagens im Politbüro. Der Arbeitersohn aus Leipzig, Jahrgang 1916, gilt als Stratege der SED und ist der wichtigste außenpolitische Berater des Generalsekretärs. Er hat Auschwitz und Buchenwald überlebt und ist der einzige Jude, der in einer regierenden kommunistischen Partei eine führende Stellung bekleidet. An Verstandeskraft, politischer Erfahrung und taktischer Begabung überragt er die meisten – ein Mann, wie Klaus Bölling schrieb, «der in die intellektuelle Szene des Berlins der Zwanziger Jahre gepaßt hätte, gebildet, witzig, mit einer Neigung zum Zynismus, schlagfertig und jeden Satz unter Fortlassung allen Zierats so formulierend, daß er unangreifbar ist und doch nicht zur Funktionärsphrase gerät».

Mit Fehlern wird in der DDR nicht lange gehadert, solange nur aus ihnen gelernt werden kann. Dies zu betonen gehört mit zu jener demonstrativen Musterhaftigkeit, die den an Lässigkeit gewöhnten Westdeutschen an den SED-Kadern immer wieder auffällt. Auch Hermann Axen wird da seiner «Vorbild-Funktion» als hoher SED-Kader gerecht. Bereitwillig räumt er von sich aus ein, daß beim Aufbau der DDR Fehler gemacht worden seien. Aber mit den Erinnerungen daran scheint er leben zu können: «Nie gehörte es zu unseren Auffassungen, daß wir unfehlbar sind.»

Für die Angehörigen seiner Generation gibt es offenbar nur einen Fehler, den sie bedauern und bis heute mit sich herumtragen: die politische Niederlage von 1933 und die Spaltung der Arbeiterklasse. Axen hat daraus «eine der Hauptlehren meiner politischen Erfahrung» gezogen und versucht, danach zu handeln – etwa in den Gesprächen, die SED und SPD jetzt miteinander angefangen haben. Schon in der Emigration hatte er die Sozialdemokraten Rudolf Breitscheid und Willy Brandt kennengelernt. Daß Brandt ihn vierzig Jahre später bei einem ersten Treffen ohne Umstände duzte wie damals, hat ihn bewegt.

Mit Träumereien an deutschen Kaminen hat das wenig zu tun. Da sind die Politbüromitglieder unverdächtig. Aber weil sie überzeugt sind von ihrem geschichtlichen Auftrag, liegt ihnen die damals von ihnen verspielte Einheit der Arbeiterklasse heute am Herzen. Da kennen sie keine Berührungsängste: «Die verschwinden, wenn man trotz unterschiedlicher Auffassungen ehrlich, aufrecht und hart verhandelt und den echten Willen hat, etwas zu erreichen.» Die Wahrsprüche, mit denen solche Ausführungen jeweils pointiert werden, erinnern an die Überzeugungen, die in den Arbeiterbildungsvereinen hochgehalten wurden:

«Jeder ist seines Glückes Schmied.» – «Wir werden uns immer strebend bemühen.» – «Wer immer sich bemüht, kommt voran.» – «Das Erreichte ist noch nicht das Erreichbare.» – «Wo ein Wille ist, ist auch ein Weg.»

Man hätte – ging einem durch den Kopf, während sie ihre Monologe hielten – die alte Garde erleben müssen, als sie noch jünger war und kaltblütig ihre Grausamkeiten beging. Mit ihrem Leben und ihrem Werk sind Leute wie Hermann Axen und Kurt Hager heute Zeugen des Jahrhunderts, alt genug, um den Idealismus ihrer Jugend wieder neu zu entdecken. Je stärker wir Bundesdeutschen politisch den alten Adam hervorkehren, um so größer werden ihre Überlegenheitsgefühle. Wenn sie auf «das Neue» blicken, das sie geschaffen haben, nehmen sie den Rückstand beim Wettbewerb um das Wohlstandsleben in Kauf. Der

Vorsprung, den sie ihren Bürgern in der Entwicklung des gesellschaftlichen Bewußtseins verschafft zu haben glauben, läßt ihren Teil Deutschlands in ihren Augen als moralischen Sieger dastehen.

Der Eindruck, den sie vermitteln, wirkt in gewisser Weise wirklichkeitsfremd. Früher, als sie noch klobig, eisern und beleidigend vorgingen, als ihre Rede endgültig war und nichts offenließ, als sie ihre fintenreichen Junktims schmiedeten, solange irgendwo ein Eisen heiß war – da wirkten sie echter. Dabei mögen das von ihnen aus gesehen sehr wohl jene «chirurgischen Notwendigkeiten» gewesen sein, ohne die sich schon für Machiavelli kein Staatswesen denken ließ. Vorhaltungen aus dieser Richtung fertigte Hermann Axen einmal mit dem klassischen, an den Florentiner erinnernden Wort ab: «Ich orientiere meine Haltung an den Interessen der Deutschen Demokratischen Republik.»

Die Männer der alten Garde – sind es Idealisten, Ideologen, Machiavellisten? Die nachfolgende Generation der Fünfzig- bis Sechzigjährigen gehört jedenfalls auch in der DDR zum Schlage der Pragmatiker, denen moralische Siege allein nicht mehr genügen. Sie wollen ihren Staat auch ökonomisch schneller vorwärtsbringen – wie zum Beispiel der neunundfünfzigjährige Bezirkssekretär Ernst Timm, der Typ eines erdverbundenen Landesvaters, dem man Vertrauen entgegenbringen kann. Bei uns wäre er Ministerpräsident. Aber die DDR hat die fünf ehemaligen Länder 1952 abgeschafft und ihr Territorium in vierzehn Bezirke aufgeteilt. Mit dieser Verwaltungsreform wurde nicht nur eine stärkere Zentralisierung erreicht, sondern auch die Kontrolle des Staatsapparats durch die Partei vereinfacht. Die 14 Bezirkssekretäre treffen die politischen Entscheidungen, die danach die Bezirksregierungen durchzusetzen haben. Sie gehören zur Machtelite der DDR und stehen «im Rahmen der Kaderpolitik der SED» auf der höchsten Stufe des Nomenklatursystems.

«Gehören Sie zur Nomenklatura?»

«Wir sagen Nomenklatur», berichtigte Ernst Timm und fügte freundlich hinzu: «Ich weiß, im Westen kennt man den Begriff nur aus dem Titel des Buches (‹Nomenklatura› von Michael Voslensky). Aber wir bezeichnen damit eigentlich nur eine Liste jener Führungspositionen, deren Besetzung der Bestätigung durch die Partei bedarf.» Im Bezirk Rostock gibt es etwa tausend solcher Funktionen. Dazu gehören die Generaldirektoren in der Industrie, die Leiter im Staat und im Handel, die Chefposition beim Bezirkshotel «Neptun» in Warnemünde, aber auch der Rektor der Universität und sein erster Stellvertreter.

«Wo kann man mehr bewirken: im Parteiapparat oder im Staatsapparat?»

«An beiden Stellen kann man viel bewirken. Aber die Verantwortung in der Partei ist höher.»

«Dann ist also der Vorsitzende des Rats eine Dépendance des Gebietssekretariats?»

«Ja», sagte Timm unverblümt. «Und der Rat auch.»

«Welche Privilegien hat ein Führungskader?»

Timm: «Ich habe keine. Mein Privileg ist, daß ich für alles verantwortlich bin.» Über sein offenes Gesicht läuft ein Lächeln, als er hinzusetzte, in Berlin gebe es einen Maßschneider, der für Politbüromitglieder und Diplomaten arbeite. «Ich bin nicht Politbüromitglied. Ich kaufe meine Anzüge von der Stange.» Zum Beweis öffnete er das Jackett und zeigte auf das Etikett einer Firma aus seinem Bezirk. «Ich lebe nicht anders als andere, höchstens etwas unruhiger.» Schließlich fällt ihm als «fringe benefit» noch ein: Wenn er schwimmen geht (jeden zweiten Tag einen Kilometer), kann er das Hallenbad der Volksmarine außerhalb der offiziellen Öffnungszeiten benutzen, ein Privileg, das er schätzt. «Ich könnte auch sagen, ich tue das in Ausübung meiner dienstlichen Tätigkeit. Ich bin ja Mitglied im Militärrat.»

Reisekader ist er auch – «seit ewigen Zeiten»: Das Protokoll einer Hafenstadt verpflichtet. In Rostock ist die Welt schon lange nicht mehr mit Brettern vernagelt; der Bezirk will «Vorreiter für Offenheit» sein. Die Stadt hat Partnerschaften mit Antwerpen, Rijeka, Calais, Kopenhagen, Aarhus. Der Austausch klappt mit allen gut, erzählte Timm, nur mit der Bundesrepublik nicht. Kiel, Lübeck und Bremen hätten zwar wegen einer Städtepartnerschaft schon angefragt, «aber es muß erst mal soweit sein. Nur wegen der Umarmung machen wir das nicht. Man muß sich schon bei allen Fragen in die Augen sehen können.»

Ab und zu geht Timm auf die Jagd. Er liest gern, sein Lieblingsautor ist Hermann Kant, der Autor der «Aula». Zu seiner Dienstlektüre gehören neben der *Prawda* auch die *ZEIT* und die *Welt*. Er hat eine alte Kate in Warnemünde. Urlaub macht er, wenn es geht, im Ausland, jedenfalls außerhalb seines Bezirks. Er will dann Ruhe haben. Er kennt die Mongolei, die Sowjetunion, Nord-Korea, Bulgarien. Diesen Sommer fährt er mit dem Schiff nach Murmansk, um sich die Taiga anzusehen und Lachstreppen zu beobachten. «Mein größtes Hobby ist und bleibt: Leben.»

Die Karrieren der DDR-Führungskader seiner Generation haben oft auf den Antifa-Lehrgängen begonnen, für die sie als Achtzehn- oder Neunzehnjährige in den sowjetischen Kriegsgefangenenlagern ausgesucht und auf denen sie «umerzogen» wurden. Dort ist auch Ernst Timm zum Kommunisten geworden. «Wenn Sie meinen: Wo habe ich manches begriffen? Ja, in den viereinhalb Jahren Gefangenschaft.» Von Gorki bis Heinrich Heine las er damals alles, was es an deutschen Büchern in der Lagerbibliothek gab und was ihm half, «im Leben Standpunkte zu finden»; freiwillig machte er den Bibliotheksmeister. Nach seiner Rückkehr wurde er in der Freien Deutschen Jugend aktiv, der «Kaderschmiede» der SED, und kam 1952 in den Zentralrat der FDJ nach Berlin. Erich Honecker war sein Vorgesetzter.

«Haben die Beziehungen von damals gehalten?»

«Arbeiten verbindet», antwortet Timm wortkarg.

Im Jahre 1955 schickte ihn die Partei für drei Jahre auf die Parteihochschule «Karl Marx», damit er das unvermeidliche Diplom als Gesellschaftswissenschaftler erwarb und damit die Qualifikation für eine höhere Parteikarriere. Sehr gelegen habe ihm das nicht, erzählte er. Seine Sache war die praktische Arbeit: «Da fühle ich mich wohler.»

Als er 1953 nach Rostock kam, war der Hafen notdürftig betriebsfertig gemacht. «Wir haben da angefangen wie in allen anderen Produktionen auch, mit Schustern, Bäckern und Schreinern.» Die Fachleute fehlten. Der alte Bezirk habe insgesamt nur drei Betriebe mit je fünfhundert Beschäftigten gehabt. «Die Wirtschaftsstruktur war von Junkergütern, Bierbrauereien und Zulieferbetrieben für die Landwirtschaft geprägt.»

Heute bestimmten die Hafenwirtschaft, die Handelsflotte, der Schiffbau, die Hochseefischerei die Struktur. Allein in der Stadt Rostock habe er heute dreißig Betriebe mit je fünfhundert Beschäftigten, im Bezirk seien es fünfzig. Junge Leute kämen in den Bezirk. Der Wachstumstrend gehe nach Norden. Darauf ist er auch als Mecklenburger stolz: «Die DDR wird nicht mehr allein von den Sachsen geprägt.» Den Erfolg daran schreibt er der «Einheitlichkeit der Leitung» zu. Der «Schirm», unter dem sich für ihn alles abspielt, ist der Auftrag, «die Linie, die unser Parteitag beschließt, unter Beachtung der konkreten Bedingungen so durchzusetzen, daß etwas Vernünftiges dabei herauskommt».

Zufrieden ist Timm noch nicht. Wie alle DDR-Führungskader treibt auch ihn das Kardinalproblem der Arbeitsproduktivität um – ein Gebiet, auf dem die DDR den westlichen Ländern weit unterlegen ist. (Die Arbeitsproduktivität liegt in der DDR gegenwärtig um 30 Prozent niedriger als in der Bundesrepublik.) Fragen, die den Bezirkssekretär bewegen: Wie lassen sich «die schöpferischen Kräfte der Menschen auf ein Niveau heben, daß daraus Produktivität werden kann»? Wie kann man die 60 000 Hoch- und Fachschulkader im Bezirk Rostock «als geistige Kapazität» in die Leistung der Industrie einbringen? «Das geht nicht durch Appelle, durch kämpferische Brigaden und durch Hauruckverfahren. Das geht nur auf technisch-wissenschaftlichem Wege.»

Was er damit meine?

Er hoffe, daß es der Wissenschaft gelinge, die Leistung pro «Kraft» zu steigern, «ohne daß sich der Mensch kaputtmacht». Haben sie durch entsprechende Methoden der Bodenbearbeitung nicht auch in der Landwirtschaft Erträge erzielt, «wie sie noch niemals im Norden erreicht wurden»? Die Rhapsodie, die Ernst Timm an dieser Stelle auf den wissenschaftlich-technischen Fortschritt anstimmt, machte fast verlegen: Wer glaubt bei uns noch so vorbehaltlos an die Fähigkeit der Wissenschaft, die Welt zu ihrem Vorteil zu verändern?

Unter den Sozialwissenschaftlern der DDR ist unstrittig, so berichtet die DDR-Forscherin Katharina Belwe, daß «wissenschaftlich-technischer Fortschritt und Wirtschaftswachstum nicht automatisch zu sozialen Fortschritten» führen. Die Schwierigkeiten und Widersprüche, die die «Modernisierungskampagne» für die Gesellschaft mit sich bringt, mochten unsere politischen Gesprächspartner allerdings nicht sehen. Sie sind gewöhnt, daß «vieles in der Entwicklung des Sozialismus äußerst widerspruchsvoll» ist (Kurt Hager), aber das naive Kapitalistenauge ist dennoch irritiert.

Die Flexibilität, mit der sie einst eherne Gebote des Arbeiter-und-Bauern-Staates umgehen, um die Fährte des Fortschritts nicht zu verlieren, machte uns immer wieder perplex. So ist beispielsweise das Prinzip, daß 60 Prozent aller Studenten Arbeiter- und Bauernkinder sein müssen, in der Praxis längst durchlöchert. Wenn es notwendig ist, bestimmt die Partei, wer ein Arbeiterkind ist. Die Jungen, die sich nach dem Abitur freiwillig für drei Jahre zur Volksarmee melden (anstatt der vorgeschriebenen anderthalb Jahre), gelten alle als «Arbeiter» – gleichgültig, aus welchen Elternhäusern sie stammen. Wer nach dem Abitur «in die Produktion» geht und einen Facharbeiterbrief macht, gilt ebenfalls als neuer Mensch und darf auch dann studieren, wenn seine Eltern zu den «Intelligenzlern» zählen. Und studieren wollen gerade diese Kinder – «sie fürchten den Absturz in die herrschende Klasse», wie es ein hoher Funktionär sarkastisch formulierte. Um einer «Nivellierung nach unten» zu entgehen, wird ohne große Bedenken auf die Bildung einer «Leistungselite» hingewirkt – selbst wenn das die Politik der Annäherung von Arbeiterklasse und Intelligenz, die der Intelligenz ihre «sozial-exklusive Stellung» allmählich nehmen sollte, in Frage stellt.

Ob der permanenten Erziehungsarbeit der Partei Erfolg beschieden sein wird? Entspricht der Dynamik der Führungskader denn die Bereitschaft der Bevölkerung, mitzumachen? Da sind Zweifel erlaubt. Die Statik unten an der Basis fällt dem Besucher auf. Die Bürger der DDR haben gelernt, mit dem Gegensatz von offizieller politischer Linie und täglicher Erfahrung umzugehen: Sie lassen sich ihre Ruhe so schnell nicht mehr rauben, wohl auch nicht ihre Resignation. Mit ideologischer Durchdringung hat das wenig zu tun.

«Die Beweglichkeit, die neuerdings verlangt wird, ist vielen unheimlich», erzählte ein Dresdner. «Der Werkleiter, der plötzlich für den Gewinn verantwortlich sein soll, ist dann doch lieber nur sein Stellvertreter. Sie ziehen es vor, sich ängstlich zu ducken, sie wollen nicht irgendwo die Verantwortung übernehmen.» Manfred Wekwerth, der kluge Prinzipal des Theaters am Schiffbauerdamm in Ost-Berlin, unterstrich diese Erfahrung mit den lakonischen Worten: «Friedrich der Große konnte noch sagen, ich bin der erste Diener meines Staates. Aber hier in der DDR sind sie als Leiter der letzte Diener.»

Ein Beispiel für das Beharrungsvermögen, das die Bevölkerung in der DDR aufzubringen versteht, sind die Dresdner. Hans Modrow, der Erste Bezirkssekretär, könnte ein Lied davon singen. Die «motivierende Rolle der Partei» zu spielen ist in dieser Stadt ein besonders schwieriger Part. Modrow hat es mit dem Stolz und der Empfindlichkeit der Dresdner zu tun, denen ihre Stadt und deren Vergangenheit allemal wichtiger sind als die Pläne der Partei. Modernisierungskampagnen interessieren sie nur, sofern ihnen darin versprochen wird, daß ihre Wohnungen endlich renoviert und die Baudenkmäler ihrer Stadt wiederhergestellt werden. Seitdem die Semper-Oper in altem Glanz erstrahlt, sitzen die Dresdner jetzt dem Rat der Stadt und dem jugendlichen Oberbürgermeister Wolfgang Berghofer im Nacken, damit ihr Schloß schneller fertig wird. Wie rabiat sie werden können, wenn die Partei ihren Wünschen nicht Rechnung trägt, beweist die Geschichte des neu errichteten Luxus-Hotels Bellevue auf dem Neustädter Ufer, das seinen Gästen gegen Devisen den berühmten «Canaletto»-Blick auf die Dresdner Silhouette bietet. Warum sie den Bezirkssekretär Modrow «in ein ganz bescheidenes Licht» setzte, wie ein alter Dresdner befriedigt feststellte, ist eine Geschichte für sich:

Das barocke Mittelstück des Hotels war einst das Kriegsministerium Augusts des Starken. Seine Mauern hatten den Angriff auf Dresden wie durch ein Wunder überstanden. Aus Gründen, die im dunkeln liegen, wurde das historische Baudenkmal bei der Aufbauplanung übersehen. Erst bei einem Hotelwettbewerb entdeckte man die Ruine wieder und integrierte sie in die Bauplanung. Und dann kamen die Japaner: Sie oder die Schweden sind in der DDR immer am Zuge, wenn es Hotels zu bauen gilt. Aber: «Sie hatten natürlich keine Ahnung von einer europäischen Stadt. So war das. Was sie uns hinstellen wollten, war ein Hochhaus, ich sage Ihnen, das hätten sie auch als Puff nach Bangkok verkaufen können. Das Barockpalais war weg – einfach gesichtslos war das alles.»

Die Dresdner fingen an zu meckern, zu murren und schließlich laut zu protestieren – ohne Erfolg. «Aber der bürokratische Sozialismus hat auch seine Feinheiten», fuhr der Dresdner fort. Er persönlich schrieb an Regierungschef Willi Stoph.

«Was, gleich an den?»

«Das ist demokratischer Zentralismus.»

Er schrieb auch an das Politbüromitglied Günter Mittag. Der Kampf gegen die Hotelplanung wurde eine Bewegung in der Stadt – die erste Bürgerinitiative in der DDR, sagen Kenner. Aber die Dresdner Partei blieb stur: Plan war Plan. Irgend jemand erinnerte sich schließlich, daß er alte Beziehungen zur Sekretärin von Erich Honecker hatte. Das Hotelkonzept der Dresdner Technischen Universität war inzwischen mit dem ersten Preis ausgezeichnet worden, aber den Zuschlag erhielten die Japaner.

«Dem Hans Modrow ging es jetzt ziemlich schlecht. Aber, was soll ich sagen, fünf Minuten vor der Angst griff der Erich selber ein. Da waren die Sprenglöcher für das Palais schon gegraben. Das war teuer, aber heute sind alle glücklich darüber.»

Hans Modrow, ein schlanker, sportlicher Typ, Jahrgang 1928, sieht die Dinge nüchtern und realistisch. Von seiner Arbeit als Bezirkssekretär sagte er: «Wir sind keine Unternehmer, sondern Planer und führen aus, was Parteitagsbeschluß ist.» Zu beneiden ist er dennoch nicht. Seine Stadt ist mit intelligenten Leuten übersättigt, die gern gemächlich und betulich leben und sich mit den Beziehungen zu ihrem kulturellen Erbe zufrieden geben. Außer einer Fußgängerzone ist in Dresden städtebaulich seit fünfzehn

Jahren nichts Modernes mehr gewagt worden. «In der Stadt», so sagte es ein kritischer Architekt, «fehlt der Konsens zwischen Politik und Bürgern. Vielleicht fehlt den Politikern auch nur der Mut.» Aber ein Risiko geht nur jemand ein, der sicher ist. Herbert Ziegenhahn beispielsweise, Jahrgang 1921, gelernter Maurer und heute Bezirkssekretär von Gera, wird gelobt, weil er den Mut hatte, bei der Modernisierung der Stadt auch die Kanalisation zu erneuern.

«Wieso gehört dazu Mut?»

«Jeder normale Politiker setzt seine Denkmäler über die Erde. Dieser hat sie unter die Erde gelegt. Das ist nicht selbstverständlich, vor der Bevölkerung etwas zu vertreten, was man nicht sehen kann.» Dafür gilt Ziegenhahn mittlerweile auch als «König von Gera». Er hat gezeigt, daß er wie ein Unternehmer wirtschaften kann. Das ist ungewöhnlich in der Führungselite der DDR. Die meisten «Leiterpersönlichkeiten» machen den Eindruck, als hätten sie von Geld- und Finanzwirtschaft nicht viel Ahnung. Die Mittel, die sie brauchen, bekommen sie zentral zugewiesen. Einen Bezirkssekretär zu fragen, wieviel Prozent die Personalkosten in seinem Haushalt ausmachen, ist sinnlos: Er weiß es nicht. So wird in der DDR auch nicht gerechnet, es geht alles «zentral».

Selbst Wolfgang Biermann, der konkurrenzbewußte Boss von Zeiss Jena, tut die Frage, aus welchem Topf er die neuen sozialpolitischen Maßnahmen, die auf dem XI. Parteitag beschlossen wurden, in seinem Betrieb finanzieren will, mit den Worten ab: «Das rechnen wir gar nicht, das fällt so mit an.»

Auch Werner Noth, der Direktor der Wartburg-Stiftung, räumte gern ein, daß er sich bei der Renovierung der Wartburg um Geld nicht kümmern brauchte. Mußte er keine Lobby machen, um genügend Mittel herbeizuschaffen?

Noth: «Überhaupt nicht. Das ist anders als bei Ihnen. Ich kam erst, als alles beschlossen war und im Plan stand.»

«Sie wurden dann eingesetzt?»

Noth: «Ich wurde berufen.»

«Da haben Sie es einfacher als ein westdeutscher Museumsdirektor. Der ist immer auf der Suche nach Geld.»

Noth: «Im Verteilungskampf zu siegen ist bei uns nicht den einzelnen oder einer Gruppe überlassen.»

Es sind solche Momente, in denen man glauben könnte, daß es sich in der Planwirtschaft gesünder lebt. Aber auch besser?

Der FDJ-Funktionär

Von Gerhard Spörl

Die Sechzigjährigen sind die letzten Gesamtdeutschen – sagt ein Sechzigjähriger in mildem Ton. Ob sie heute in Hamburg oder Dresden leben, sie immerhin haben das alte Deutschland gekannt und mußten sich von ihm prägen lassen. Die Heimat, die Landschaft, frühe Bilder, doch auch die Jugend, um die ihre Generation betrogen wurde, und Krieg und Schuldgefühle und schließlich der schwere, späte Beginn des endlich eigenen Lebens: Da bleibt Gemeinsames unverloren über alles Trennende hinweg. Zu anderen Zeiten hätte man gesagt: Es eint sie ein Schicksalsgrund.

Die Biographien der Dreißigjährigen berühren sich kaum noch, abgesehen davon, daß sie sich in Konflikten mit sechzigjährigen gesamtdeutschen Vätern geformt haben. «Sind wir denn noch Gesamtdeutsche?» fragte ich den Altersgenossen Hans-Dieter Schütt, Jahrgang 1948, Chefredakteur des FDJ-Zentralorgans *Junge Welt*. «Ich bin kein Gesamtdeutscher, ich bin Kommunist!» wehrte Schütt ab, als wäre das ein Widerspruch. Dann, nachdenklicher: «Als Kind war ich schon öfter bei Verwandten in der Bundesrepublik, vor 1961.» Für ihn ist die DDR das bessere Deutschland, keine Frage. «Es wäre schön, wenn die DDR ein freundlicheres Land wäre. Brecht hat von der Freundlichkeit der Revolutionäre gesprochen – davon wünsche ich mir mehr.»

Schütt ist auf dem besten Wege, in der Nach-Honecker-Ära in die Parteielite aufzurücken. Die *Junge Welt* – Auflage: knapp eineinhalb Millionen – ist dafür ein prachtvolles Sprungbrett. Sie ist eine geachtete Tageszeitung, weil sie einerseits als «Zentralorgan der FDJ» zur parteifrommen Bewußtseinsbildung der Jugend beiträgt und sich andererseits Freiheiten herausnehmen darf, die im drögen Parteijournalismus Aufsehen erregen.

Seit zweieinhalb Jahren gebietet Schütt über siebzig zumeist junge Redakteure. Fünf Jahre lang bleibt man gewöhnlich auf diesem Posten. Seine Vorgänger rückten in lichte Höhen des Herrschaftssystems auf. Joachim Hermann ist heute ZK-Sekretär für Agitation und Propaganda (Agitprop), Dieter Langguth arbeitet in der ZK-Abteilung für Agitprop, Klaus Raddatz amtiert als Stellvertreter des Fernsehchefs, Dieter Herschek leitet die *Berliner Zeitung*. Im SED-Jargon, der sich noch immer an Krieg und Unfrieden orientiert, führt die FDJ den Ehrentitel «Helfer und Kampfreserve der Partei» – sie ist die Schmiede, in der sich die Nachwuchskader härten lassen müssen.

Die alten Kommunisten sehen ihre Enkel nicht ohne Skepsis wachsen. Die müssen in kleinen Pirouetten ihre historische Mission erlernen; sie aber haben schon im gleichen Alter für die Weltrevolution gelitten und gekämpft. Die Familie Schütt gehört auch nicht zum Arbeiteradel, dessen Ahnen etwa schon im Streik der Munitionsarbeiter 1917 ihre Existenz aufs Spiel setzten. Vater Schütt zog im Zweiten Weltkrieg als Soldat ins Vaterland der Arbeiter und Bauern. Nach dem Krieg trat er der KPD bei und wurde Lehrer – subjektiv nachgeholter Antifaschismus, auch ein Teil der DDR-Geschichte. Der Vater-Sohn-Konflikt im Hause Schütt drehte sich oft um die Einstellung zur Sowjetunion. «Mein Vater sah sie nach wie vor aus der Landser-Perspektive: weites Land, arm, rückständig, geknechtet. Für mich hat die Sowjetunion historische Verdienste erworben, weil sie Hitler niedergezwungen und den Krieg gewonnen hat. Sie ist aber kein Vorbild für uns, was Technik und Fortschritt anbelangt, wie die USA für euch.»

So folgerichtig Schütts Werdegang aussieht, so zufällig entwickelte er sich. In der Schule brachte ihn ein Klassenkamerad in

Schwierigkeiten. «Der wollte weg aus der DDR. Er erzählte mir davon. Ich dachte nicht, daß er es ernst meint. Er wurde an der Grenze geschnappt, und beim Verhör sagte er, der Schütt habe davon gewußt.» Schütt durfte dennoch sein Abitur machen.

«Hat Sie der Prager Frühling 1968 beeindruckt?» – «Nein, der hat keine Rolle für mich gespielt. Ich war nicht von Anfang an stark politisiert.» Er studierte Regie und wollte Regisseur werden. Statt dessen landete er 1973 bei der *Jungen Welt* als Kulturredakteur. Bald begnügte er sich nicht mehr mit dem Feuilleton, er schrieb auch Reportagen, Porträts. Dank der Pflege der alten journalistischen Formen machte die FDJ-Zeitung in den letzten Jahren von sich reden. Die DDR-Hierarchen sind ansonsten unendlich ferne, statuarische Wesen ohne persönliche Eigenschaften; in der Theorie verzehren sie sich vollkommen beim Aufbau des Sozialismus. Weil sie Vorbilder sein müssen, dürfen sie keine Privatpersonen sein. Kleine Skizzen aus dem Leben der mittleren Kader, wie sie die *Junge Welt* ab und zu veröffentlicht, sind deswegen fast eine Sensation.

Schließlich wagte sich der Kulturredakteur Schütt auch an politische Kommentare. Da endet freilich der Spielraum, den sich die *Junge Welt* erkämpft hat. Da ist sie nichts als der Appendix des *Neuen Deutschland*, dessen Politparolen sie getreulich nachdruckt. Schütt jedenfalls erwarb sich Meriten damit. Als ein neuer Chefredakteur gesucht wurde, fiel die Wahl auf ihn. Er ist, trotz aller Einschränkungen, Journalist genug, um eine unterhaltsame, lesbare Zeitung machen zu wollen: «Bei uns ist viel möglich. Die Chancen werden nur nicht immer genutzt. Wir müssen die Jugend umwerben, ansprechen. Dazu müssen wir uns auch Spannendes, Unterhaltsames, Abwechslungsreiches einfallen lassen.»

Jüngst ließ Schütt Schillers Jenaer Einführungsvorlesung «Was heißt und zu welchem Ende studiert man Universalgeschichte» aus dem Jahre 1789 nachdrucken. Ein intelligentes Stück DDR-Propaganda – für bürgerliche Humanisten jedoch eine greuliche Instrumentalisierung des ehrwürdigen Textes. Schillers «Brotgelehrter» verwandelt sich bei Schütt in den selbstgenügsamen Abweichler von der Ideologie der Gegenwart;

Schillers «philosophischer Kopf» wird bei ihm zum «Kämpfer für wissenschaftlich-technischen Fortschritt» und der Dichter selber zum Kronzeugen dafür, daß die DDR «eine Spitzenleistung der deutschen Geschichte ist».

Bei Schütt klingt an, wie die DDR-Obrigkeit über ihr Volk denkt: eine eher unfügsame Masse, die ständig kujoniert werden muß, damit dieser Staat Bestand haben kann. Die Kader: immer auf Trab; die Menschen: immer auf dem Rückzug in die Nischen. Solange die Verhältnisse so sind, solange muß, das ist die Logik, die SED per Diktatur über ihr Volk herrschen.

Die jungen Menschen für den Sozialismus zu gewinnen – das ist die Aufgabe der FDJ. Sie stellt mit ihren 2,3 Millionen Mitgliedern eine zentral gelenkte Macht im Staate dar; Vergleichbares gibt es in anderen sozialistischen Ländern kaum. Wer sein Abitur machen will, tut gut daran, in die FDJ-Schülergruppe einzutreten. Die FDJ redet an der Universität bei der Studienplanung mit, und sie besitzt Mitspracherecht bei Examensprüfungen. «FDJler müssen sich bekennen, wo sie auftreten. Sie müssen sich einmischen, damit es besser wird. Für sie muß gelten die Einheit von Wort und Tat. Sie haben Vorbildfunktion.»

Die FDJ rekrutiert Forscherkollektive in jedem Betrieb und 45 000 Jugendbrigaden in allen volkswirtschaftlichen Bereichen. Nach dem DDR-Jugendgesetz besitzt sie Mitbestimmungsrecht in jedem Betrieb, jedem Kombinat, jeder Institution. Überdies ist sie so etwas wie die Avantgarde für besonders schwierige Projekte: «In den Anfängen der DDR haben FDJ-Brigaden beispielsweise das Stahlwerk in Brandenburg gebaut; später waren sie dabei, als die Erdgas-Trasse in der Sowjetunion gelegt wurde, und heute bauen 20 000 FDJler Berlin als Jugendprojekt auf.»

Die DDR – ein FDJ-Staat? «So hören wir das auch manchmal», lacht Schütt dazu. «Aber denken Sie mal: Dreiviertel der heutigen Spitzenfunktionäre in Wirtschaft, Kunst und Wissenschaft, die nicht der Kriegsgeneration angehören, kommen aus der FDJ!»

Für einen Eiferer wirkt Schütt zu ernsthaft. Sein Enthusiasmus ist rastlos und ungebrochen, weil er keinerlei Bedürfnis nach großen Gesellschaftsreformen verspürt. Nicht der Prager Frühling und auch nicht die polnische Gewerkschaftsbewegung kommen für ihn als Leitbild in Betracht. Das ungewollte, unübersehbare Modell bleibt die Bundesrepublik – für ihn ein negatives Modell: «Die Bundesrepublik ist ein sauberes Land, in dem einsame Menschen leben. Die Bundesrepublik ist materiell reich und kulturell arm. Drogen, Arbeitslosigkeit, Aussteiger – das alles gibt es in der DDR nicht. Bei Ihnen können die Menschen nicht zwischen Wichtigem und Unwichtigem unterscheiden. Für alles gibt es viel zu viele Alternativen.»

Die Nach-Honecker-Generation erbt die alten Probleme unter neuen Auspizien. Am Ende wird sie daran gemessen werden, ob sie es schafft, den DDR-Deutschen die Vorzüge ihres Staates und die Nachteile des westlichen Deutschland bewußt zu machen. Sie begibt sich illusionslos und ohne Sentimentalität an die Arbeit. So läßt sich auch die Frage beantworten, wann der Sozialismus voll entwickelt ist und wann die Diktatur des Parteiapparates vielleicht endet: Sobald die DDR nicht mehr dazu gezwungen ist, sich an der Bundesrepublik zu messen.

SED-Losungen

Frieden ist nicht Sein, sondern Tun

*

Mein Arbeitsplan – Kampffeld für den Frieden

*

Was der Parteitag beschloß, wird verbunden sein mit dem Lande Lenins auf immer

*

Je stärker der Sozialismus, desto sicherer der Frieden

*

Die Lehre von Marx ist allmächtig, weil sie wahr ist

*

Die Beschlüsse des XI. Parteitags – die Richtschnur unseres Handelns

*

Mit der UdSSR im Bruderbund – alles für Sozialismus und Frieden

*

Täglich das Beste für die Republik und den Frieden

*

Unser Kampfziel: Betrieb der ausgezeichneten Qualitätsarbeit

*

Erfülltes Leben, glückliche Zukunft – das ist Sozialismus

*

Mit Parteitagselan ins Ferienspiel

Besuch bei der Volksarmee

Würden Deutsche auf Deutsche schießen?

Von Theo Sommer

Der Jeep der Nationalen Volksarmee wartet an der regennassen Autobahnabfahrt Lehnitz-Oranienburg, fünfzig Kilometer nördlich von Berlin. Ein strammer junger Offizier meldet sich als Lotse zur Kaserne des Rudolf-Gyptner-Regiments. Die Unterkünfte wirken wie neu und sind blankgewienert. Der Parkplatz gleich hinter dem Kasernentor steht leer. Vom Dienstbetrieb ist nichts zu sehen, er scheint sich anderswo abzuspielen.

Unsere Fahrzeugkolonne hält vor dem Klubgebäude des Lehnitzer Artillerieregiments. Fünf Obristen und Oberstleutnante empfangen mich in freundlicher Befangenheit; ein Gefühl, das ich durchaus teile. Sie wissen, daß ich einmal Leiter des Planungsstabes im Bundesministerium der Verteidigung war – ich weiß, daß ich der erste westdeutsche Journalist bin, den die Volksarmee ganz offiziell zu sich einlädt. Die Herren stellen sich vor, ehe wir ins Traditionszimmer hinaufgehen: Stellvertretender Divisionskommandeur; Parteisekretär, Leiter der Politabteilung; ein grauhaariger Haudegen, der von Anfang an – seit dreißig Jahren – dabei ist. Auch Oberst Jochen Michel ist gekommen, der Sprecher des Verteidigungsministeriums. Er hat seine Sekretärin mitgebracht, die das Gespräch mitstenographiert. Der Regimentskommandeur, ein schlanker, nachdenklicher Typ, heißt Aré-Lallement.

Wären da nicht die hellgrauen Uniformblusen, die Schulterstücke der Wehrmacht, die uns Westdeutschen sehr fremd geworden sind, die unvertrauten Orden und Ehrenzeichen, ich hätte mir leicht einbilden können, ich wäre bei der Bundeswehr in Neumünster oder Sigmaringen. Ich erkenne sie alle wieder: den knochenharten Troupier, den Schreibtischoffizier, den Intellektuellen, den Verantwortlichen für die Innere Führung, pardon: für die Politabteilung. Militär ist überall Militär, Soldaten sind Soldaten. Und Traditionszimmer sind Traditionszimmer: Fahnen und Wimpel; Modelle von Waffen und Kriegsgerät; Vitrinen mit Pokalen, Erinnerungsstücken, Urkunden, Fotos von Manövern und Verbündeten.

Nur daß es im Falle des Regiments in Lehnitz andere Verbündete sind: nicht Amerikaner, sondern Sowjets, nicht eine belgische Brigade, sondern das Warschauer Artillerieregiment. Und daß, natürlich, eine andere Tradition gepflegt wird. Scharnhorst und Gneisenau, gewiß, aber sonst nichts von Preußens Gloria, nichts aus der Zeit der Reichswehr, erst recht nichts aus Hitlers Wehrmacht. Orden aus dem Zweiten Weltkrieg? «Die haben wir noch nie getragen», sagt Oberstleutnant Hill, der Mann der ersten Stunde. «Auch nicht ohne Hakenkreuz?» – «Noch nie!»

Der Regimentskommandeur Aré-Lallement hat, zwischen Kaffeegeschirr und Gebäckteller, Notizen zur Traditionspflege in der Nationalen Volksarmee vor sich liegen. Sie ist eingebunden in die gesamte Erziehungsarbeit, sagt er: «Sie dient der Motivierung hinsichtlich des Klassenauftrages unserer Armee – es ist die Pflege der Tradition des Kampfes gegen Faschismus und Krieg. Die Vereidigung unserer jungen Soldaten findet halbjährlich in der nationalen Gedenkstätte Sachsenhausen statt, unter großer Beteiligung der Bevölkerung. Die Erinnerung an die Tatsache, daß dort hunderttausend Menschen von den Faschisten umgebracht worden sind, läßt manchen Armeeangehörigen die Waffe fester fassen.»

Proteste gegen öffentliche Vereidigungszeremonien gibt es in der DDR nicht. Auch keine Diskussionen über den Fahneneid:

«Ich schwöre, der Deutschen Demokratischen Republik, meinem Vaterland, allzeit treu zu dienen und sie auf Befehl

der Arbeiter-und-Bauern-Regierung gegen jeden Feind zu schützen. Ich schwöre: An der Seite der Sowjetarmee und der Armeen der mit uns verbündeten sozialistischen Länder als Soldat der Nationalen Volksarmee jederzeit bereit zu sein, den Sozialismus gegen alle Feinde zu verteidigen und mein Leben zur Erringung des Sieges einzusetzen.»

Der Eid geht noch weiter. Der Rekrut verspricht Tapferkeit, Disziplin, Gehorsam, Verschwiegenheit, Gewissenhaftigkeit, Ehrenhaftigkeit. Am Ende der Schwurformel, wo bei der Bundeswehr der Herrgott angerufen wird («so wahr mir Gott helfe»), unterwirft sich der DDR-Soldat dem, was im Sozialismus an die Stelle des Allerhöchsten getreten ist: «Sollte ich jemals diesen meinen feierlichen Treueeid verletzen, so möge mich die harte Strafe der Gesetze unserer Republik und die Verachtung des werktätigen Volkes treffen.»

«Wir sind Soldaten des Volkes», sagt Oberstleutnant Aré-Lallement. Er setzt hinzu: «An der Vereidigungszeremonie wird die progressive Zielstellung der NVA deutlich.» In der DDR heißt es meistens «Zielstellung», wo wir «Zielsetzung» sagen. Ich frage mich, ob das semantisch von Bedeutung ist: *Setzen* tut man sich Ziele selbst, *gestellt* werden sie einem, darin liegt der Unterschied zwischen Selbstverwirklichung und Fremdbestimmung. Ich frage mich auch, ob der drahtige Oberstleutnant Helga Schuberts Geschichte «Luft zum Leben» kennt, die Geschichte, wie ihr Sohn zur Volksarmee eingezogen und in Sachsenhausen vereidigt wurde:

«An einem Donnerstag um 12 Uhr, als er 19 geworden war, haben wir ihn zur Armee gebracht: sein Vater, seine Freundin und ich ... Zehn Tage später war seine Vereidigung: an einem Mahnmal. Alle im Stahlhelm mit bleichen Gesichtern. Der Weg zum Mahnmal ging über den Friedhof. Hin an den Gräbern vorbei, und auch zurück an den Gräbern vorbei. Die Frauen, die die Gräber harkten ... Wie hübsch er in der Uniform aussieht, sagte seine Freundin leise zu mir. Sie steht ihm am besten von allen hier, nicht? Er stand groß und schlank da. Mit ernsten grauen Augen. Sah seine Eltern an, sein Mädchen an der Hand, und sagte lächelnd: Ihr habt gar nicht gesehen, daß ich Ehrensoldat war. Ich mußte die Fahne nach vorn bringen. Haben wir ganz schön üben müssen. Ein deutscher Soldat, dachte ich. Ich habe ein Kind, das ein deutscher Soldat ist. Mein Vater, der war nur neun Jahre älter, als er starb als deutscher Soldat.»

Aré-Lallement, zwei goldene Sterne auf den geflochtenen Achselklappen, ernst und ein bißchen angestrengt die Miene, sagt: «Generell ist es eines unserer Ziele in der Traditionsarbeit, daß wir die Erinnerung an die Leiden der Menschen wachhalten.» So könnte es auch ein Bundeswehroffizier ausdrücken. «Dafür die Waffe zu tragen, daß sich das nicht wiederholt, ist unser wichtigster Auftrag.» Er erklärt mir, wer Rudolf Gyptner ist, nach dem das Regiment seit dem 1. März 1967 benannt ist: Sohn eines deutschen Altkommunisten, Widerstandskämpfer, mit 21 Jahren als Partisan in Polens Wäldern gefallen. Das Regiment hat, solange er lebte, mit dem Vater Fühlung gehabt, der im Frühjahr 1945 als Mitglied der Gruppe Ulbricht nach Berlin gekommen war; es ernannte ihn zum «Ehrenkanonier». Noch heute hält die Einheit Verbindung mit der Mutter. «Wir ehren unser revolutionäres Vorbild in Meetings und dadurch, daß wir alljährlich einen Rudolf-Gyptner-Gedenklauf durchführen.»

Die Volksarmee ist eine Bündnisarmee – wie die Bundeswehr. «Die gesamte Generalstabsausbildung findet in der Sowjetunion statt», erfahre ich am Rande. Die NVA übt viel mit den Verbündeten. Einer der Herren bekennt: «Der Stolz, den ich empfinde, wenn ich die jungen Menschen bei Übungen und Wettkämpfen mit dem Waffenpartner erlebe, erfüllt mir Herz und Seele.»

Wettkämpfe und Wettbewerbe spielen eine große Rolle im Alltag der Volksarmee. «Eine Kompanie ruft auf zum sozialistischen Wettbewerb. Die Leistung dieser Kompanie wird dann zum Maßstab.» Beurteilt werden der politisch-moralische Zustand, der Ausbildungsstand, die sportlichen Erfolge, die «Ableistung von Soldatenauszeichnungen», die Zahl der Schützenschnüre. «Es geht dabei um die Festigung des militärischen Kampfkollektivs. Die Sache wird ideell und materiell stimuliert.» Auf gut deutsch: Der Soldat hat etwas davon. Für ein Klassifizierungsabzeichen, das «besonders gute Beherrschung der Kampftechnik» belohnt, gibt es 300 bis 500 Mark extra, nicht bloß ein Stück Lametta für die Ordensschnalle.

Der Regen hat sich mittlerweile gelegt. Wir fahren hinaus auf den Schießplatz. Wäßriger Dunst liegt über dem weitläufigen Gelände: braune Heide, eingesäumt von märkischen Kiefern. Der Platz hat Tradition wie viele Standorte in der DDR. Jüterbog, Nauen, Strausberg, Zossen – rund um Berlin war das Militär schon immer zu Hause. Zwei Stunden Autofahrt weiter nördlich liegt Eggesin, wo viele der 174 000 Volksarmee-Soldaten ihre Grundausbildung durchlaufen, wenn sie für 18 Monate «zur Fahne» gehen (wie ihre westdeutschen Altersgenossen «zum Bund»). «Grab meiner Jugend» nennen die jungen Leute den vorpommerschen Übungsplatz, vertraute mir eine Berlinerin an, deren Sohn dort war. «Alles halb so wild», kommentiert lächelnd der stellvertretende Divisionskommandeur in Lehnitz.

Auf dem Schießplatz geht es nicht viel anders zu als bei der Bundeswehr. «Treffen mit dem ersten Schuß», ist die Devise. Gleich vornean steht ein Plakat: «Hohe Gefechtsbereitschaft – Produkt unserer Tätigkeit». In Bundeswehranzeigen hieß es lange: «Wir produzieren Sicherheit.»

Vier Geschütze sind in Stellung gegangen, Kaliber 122 mm; ich weiß nicht genau, ob Kanone oder Haubitze. Halblaute Kommandos. Gelbe und rote Warnflaggen; Stapel von Munitionskisten; Kanoniere im Laufschritt, verschwitzte Gesichter unter dem flachen Helm der Volksarmee – eine Kartusche wiegt 48 Kilo. Laden, Richten, Zünder einstellen, Schußdistanz 800 Meter, Feuern. Es knallt gewaltig. Schwaden von Pulverdampf treiben über die Heide. Der hünenhafte Übungsleiter, im Kampfanzug, braun gestricheltes Graugrün, auf dem mächtigen, kahlen Schädel ein Schiffchen, paßt auf wie ein Schießhund.

Gespräch am Rande. «Gibt es bei Ihren Soldaten Klagen über Gammeldienst?» – «Das ist nicht ihr Ausdruck, aber die Sache ist bekannt. Sie haben's lieber, wenn es rumst, als wenn sie Geräte reinigen müssen.»

Was sie von der Bundeswehr halten? «Wissen Sie», sagt Oberstleutnant Aré-Lallement, «wenn ich das Foto eines Bundeswehrsoldaten sehe, frage ich mich immer: ‹Was geht wohl unter dem Helm vor?›» – «Wissen Sie», sage ich, «das ist dieselbe Frage, die sich unsere Offiziere stellen, wenn sie das Foto eines Soldaten der Nationalen Volksarmee sehen ...»

Die Übung ist beendet. Die Kanoniere ziehen sich Drillichzeug an. Zwei Dutzend versammeln sich, vor Bergen von belegten Brötchen, im nahegelegenen Dienstgebäude zur Diskussion mit dem westdeutschen Journalisten, Soldaten, Gefreite, Unteroffiziere, der Batteriechef, alle wirken frisch, aufgeweckt, artikuliert, schlank, gut geschnittene Gesichter. Die Herren vom Stab sind auch dabei. Die Sekretärin des Ministeriumssprechers, der ab und zu in die Diskussion eingreift, schreibt emsig mit.

«Was ist denn national an der Nationalen Volksarmee?»

«Wir verstehen uns als ein Teil des Volkes», sagt einer.

«Da wird uns weiszumachen versucht, daß die deutsche Nation ein Ganzes wäre», setzt der Batteriechef hinzu. «Ich persönlich glaube das nicht. Da haben ganz andere Leute den Schlußstrich gezogen. Wir haben eine andere Kultur, andere Produktionsverhältnisse. Unsere Menschen haben eine ganz andere Lebensauffassung.»

«Diskutieren auch Sie», erkundige ich mich, «die Frage, die in der Bundeswehr oft diskutiert wird: Würden im Ernstfall Deutsche auf Deutsche schießen?»

Die Antwort gibt einer der Stabsoffiziere: «Die Bundesrepublik ist Partner in der NATO, wir sind Verbündete im Warschauer Vertrag. Bei einem Krieg treten zwei verschiedene Staaten, zwei verschiedene Gesellschaftsordnungen gegeneinander an. Unser Auftrag ist es, einen Krieg zu verhindern und, wenn er doch eintritt, ihn so schnell wie möglich zu beenden. Wenn die Bundeswehr eine Intervention machen würde, würden wir selbstverständlich zur Waffe greifen.»

Ein Gefreiter meldet sich: «Da werden in der BRD noch immer FDJ-Angehörige aus den Zügen geholt. Da werden Grenzen in Frage gestellt – wie beim Schlesiertreffen. Für welche Interessen kämpft der Bundeswehrsoldat eigentlich?»

Ein Oberst stößt nach: «Was unsere Genossen immer wieder bewegt» – in der Volksarmee nennt man einander Genosse –, «ist dies: Die Bundesrepublik Deutschland spielt eine außerordentliche Rolle in der NATO. Aber bei den Chemiewaffen macht sie den Vorreiter. Sie bekundet die Überzeugung, daß von deutschem Boden kein Krieg mehr ausgehen darf, aber sie unternimmt keine praktischen Schritte.»

Der alte Haudegen ergänzt die Klageliste: Die Bundesrepublik habe SDI bedingungslos zugestimmt; sie habe den amerikanischen «Staatsterrorismus» gegen Libyen unterstützt; wegen Tschernobyl habe sie aus fadenscheinigen Gründen eine Massenpsychose ausgelöst; es habe schon lange nicht mehr solch unverfrorene «Revanchistentreffen» gegeben wie in München und Essen; warum sage die Bundesregierung den Amerikanern nicht: Macht Schluß mit den Kernwaffentests. «Unsere Menschen verstehen das nicht.»

Ich versuche dagegenzuhalten: daß SDI bisher nur ein Forschungsvorhaben sei; daß wir den Bomben auf Libyen ja nicht eben Beifall geklatscht hätten, im Gegenteil; daß die Treffen der Landsmannschaften im wesentlichen, nun: Heimattreffen seien, bei denen alte Bekannte wieder einmal ein Glas miteinander leerten; schließlich, daß die Verängstigung wegen Tschernobyl ja wohl der sowjetischen Informationspolitik zuzuschreiben sei, nicht der Bundesregierung – überhaupt, warum solle sie eigentlich Atomangst schüren, wo sie doch für Kernkraft eintrete?

«Wer lenkt denn die Nachrichten?» warf ein Soldat ein. «Das ist schließlich die herrschende Klasse! Und das Fernsehen ist doch staatlich...»

«Es ist zum größten Teil öffentlich-rechtlich, zum kleineren Teil privat.»

Verständnislosigkeit malt sich auf den Gesichtern. Aber erklären Sie einmal einem Gefreiten, was eine öffentlich-rechtliche Anstalt ist...

Die belegten Brötchen sind noch unberührt. Alles wartet, bis der stellvertretende Divisionskommandeur zulangt, der jedoch wartet, bis der Gast zugreift. Im Eifer des Gesprächs habe ich es vergessen. Ich wette: Die Platten waren leergeputzt, kaum daß wir fünf Minuten aus dem Saal waren.

Auf dem Weg zum Auto will der stellvertretende Divisionskommandeur noch wissen, wie wir zu den Geraer Forderungen

Erich Honeckers stehen. Dann reden wir über Feindbilder, und ich frage nach der «Erziehung zum Haß», wie sie in der Volksarmee geübt wird. «Es gibt keine Erziehung zum Haß», werde ich belehrt.

Oberstleutnant Aré-Lallement kommt noch einmal auf die Frage zurück, ob Deutsche auf Deutsche schießen würden: «Wir haben nichts gegen den einzelnen Menschen in der BRD. Aber in dem Moment, in dem er zur Waffe greift, wird er zum Feind, egal, ob er der Onkel ist oder nicht. Wenn ich nicht auf ihn schieße, würde er doch auf meinen Waffengefährten neben mir schießen ...»

Es ist die offizielle Antwort, wie sie in ähnlicher Formulierung, wenngleich mit umgekehrten Vorzeichen, auch in der Bundeswehr gegeben wird. Im Auto zurück von Lehnitz nach Berlin, versunken in die Betrachtung zweier Klassifizierungsabzeichen und einer silbernen Schützenschnur, die mir der stellvertretende Divisionskommandeur zum Abschied verehrt hat, frage ich mich, ob diese offizielle Antwort eigentlich beschreibt, was wirklich passieren würde, wenn es je zum Schlimmsten käme.

Ganz sicher kann da wohl keiner sein – weder hüben noch drüben.

Mächtig stolz auf die eigene Leistung

Wie die DDR Anschluß an den technischen Fortschritt finden will

Von Peter Christ

Zehn Minuten vor der Zeit sind wir zur Stelle. Biermann sollte auf keinen Fall warten. Jetzt warten wir auf den Generaldirektor des VEB Carl Zeiss Jena. Mit uns übt sich das Topmanagement des Kombinats in Geduld, alles hochbezahlte Direktoren mit schrecklich wenig Zeit.

Um Punkt zwölf Uhr öffnet sich die Tür, und Professor Dr. Dr. h. c. Wolfgang Biermann schlendert in den Konferenzsaal, drückt den Besuchern aus dem Westen die Hand und nimmt stumm auf dem einzigen Stuhl an der Stirnseite der in U-Form aufgestellten Tische Platz: vor sich ein einsames Telefon, über sich ein Foto von Erich Honecker, neben sich die DDR-Flagge, ein rotes Banner und die FDJ-Fahne – das Ensemble der Macht.

Der Genosse Generaldirektor, dessen Selbstbewußtsein an Selbstgefälligkeit grenzt, zählt zur Elite roter Manager. Er leitet eines von 157 Kombinaten, die dem Ministerrat unterstehen und das Rückgrat der DDR-Wirtschaft bilden. Biermann ist auch einer der sechs Generaldirektoren, die dem Zentralkomitee der SED angehören; andere Industriemanager sind Mitglieder der Volkskammer, der Volksvertretung der DDR. Ohne absolute Loyalität zur Partei ist keine Spitzenkarriere möglich.

Seinen Direktoren schenkt Biermann keinen Blick. Eine Sekretärin reicht Visitenkarten des Generaldirektors auf einem Tablett, und er sagt, daß er sehr wohl den Stil gewisser westlicher Presseorgane kenne und folglich wisse, was ihn erwarte. Nur mühsam und unvollkommen seine Langeweile verbergend, setzt Biermann, buddhahaft auf seinem Stuhl thronend, zu einem langen Monolog an.

Das von ihm seit zehn Jahren geleitete Kombinat schildert er in leuchtenden Farben: 69000 Beschäftigte in 24 Betrieben, fast ein Viertel der Mitarbeiter hat ein Studium an Hoch- oder Fachschulen absolviert; das Kombinat bildet jedes Jahr drei- bis viertausend Lehrlinge aus; es verfügt über zwei Forschungszentren, eine Ingenieurschule für wissenschaftlichen Gerätebau und eine Fachschule für Augenoptiker.

Ohne sich unterbrechen zu lassen, erzählt Biermann, was seine Mitarbeiter herstellen: astronomische Geräte, Planetarien, Sonnenforschungsanlagen, Mikroskope jeder Größe, optische Geräte für Analyse- und Meßtechnik, medizinisches Gerät für Augen- und Frauenärzte sowie für Chirurgen; Kameras für Amateure (in der Bundesrepublik unter der Marke Practica geläufig), aber auch für die sowjetischen Raumschiffe; Feldstecher, Brillen – kurzum alles, was mit Optik und Glas zu tun hat.

Damit die Besucher nicht in Gefahr geraten, die Bedeutung des Volkseigenen Betriebes Carl Zeiss Jena zu unterschätzen, nennt Biermann noch den erwarteten Umsatz für 1986: fast fünf Milliarden Mark. Das Kombinat exportiert 60 bis 70 Prozent seiner Produktion; allerdings nur ein Fünftel auf die umkämpften kapitalistischen Märkte, vier Fünftel der Exporte gehen an die sozialistischen Partner im Rat für Gegenseitige Wirtschaftshilfe (RGW). «Wir können uns mit der Konkurrenz messen. Und Konkurrenz ist für uns immer das Beste auf dem Weltmarkt», behauptet Biermann.

Die DDR-Manager unterscheiden sich von ihren Kollegen in der Bundesrepublik nicht nur durch das Parteiabzeichen am Revers. Es ist vor allem der massiv zur Schau gestellte Optimismus, der Stolz auf die eigenen Leistungen, der an ihnen auffällt. Wo sich bundesdeutsche Vorstände und Geschäftsführer an die goldene Kaufmannsregel halten – «Lerne klagen, ohne zu leiden» –

und meistens über unzureichende Gewinne, hohe Personalkosten und den harten Wettbewerb stöhnen, läuft den Chefs der DDR-Betriebe und Kombinate der Mund von Erfolgsmeldungen über.

Nur einer der vier «Wirtschaftsleiter», den wir auf unserer Reise trafen, hielt sich zurück: Karl Döring, Generaldirektor des Eisenhüttenkombinats Ost (EKO) in Eisenhüttenstadt.

Vielleicht lag es daran, daß Döring erst wenige Monate zuvor vom Sessel des stellvertretenden Ministers für Erzbergbau, Metallurgie und Kali auf den Stuhl des Kombinatschefs gerückt war. Mit dem Eisen- und Stahlwerk unmittelbar an der polnischen Grenze hat er sich jedoch schon als Student in Moskau theoretisch beschäftigt. 1962 schrieb er dort seine Diplomarbeit auf russisch über ein Konverterstahlwerk in Eisenhüttenstadt. Erst 22 Jahre später nahm es Gestalt an. Der österreichische Staatskonzern Voest baute es für fünf Milliarden Mark. Siemens lieferte die Elektronik. Unter der Leitung Dörings, der in Ingenieurswissenschaften und Ökonomie promoviert hat, soll es auf volle Leistung gebracht werden; dann dürfte das EKO 2,2 Millionen Tonnen Stahl im Jahr erzeugen.

Die importierte Technologie ist auf dem neuesten Stand. Der TÜV in West-Berlin hat bestätigt, daß in Eisenhüttenstadt der sauberste Stahl Europas produziert wird. Ein Walzwerk fehlt noch. Der Parteitag der SED im April 1986 hat es dem Kombinat genehmigt. Es soll 1990 in Betrieb gehen. Die bundesdeutschen Konzerne Hoesch und Salzgitter haben dann als Weiterverarbeiter für den EKO-Stahl ausgedient.

Döring und Biermann können sicher sein, daß sie «einen guten Beitrag zur industriellen Entwicklung der DDR» (so die offizielle Würdigungsformel) leisten. Auch Oswald Müller ist davon überzeugt, daß die von ihm geleitete Mathias-Thesen-Werft zum Aufbau seines Staates beiträgt. Die Werft im Ostseestädtchen Wismar war nach dem Krieg aus dem Nichts aufgebaut worden. Wo früher nur wenige Boote repariert wurden, liegen heute mindestens ein halbes Dutzend großer Seeschiffe auf den Helligen und im Wasser.

«Wir werden mindestens bis zum Jahr 2000 Schiffe bauen.

Das weiß ich jetzt schon», sagt Müller. Dieser Satz überrascht den Besucher aus der Bundesrepublik, wo die Werften seit etwa einem Jahrzehnt in Agonie liegen. Die Frage ist nur, wann sie sterben.

In der DDR sind die Werften im VEB-Kombinat Schiffbau in Rostock zusammengeschlossen; dazu gehört auch die Mathias-Thesen-Werft. Die Branche scheint zu florieren: keine Entlassungen oder Kurzarbeit, im Gegenteil. Müller könnte mehr Leute gebrauchen als jene 7000, die unter ihm arbeiten. Doch der Arbeitsmarkt in Wismar ist leergefegt. Wird rationalisiert, dann werden die Arbeitskräfte nicht, wie bei uns, entlassen oder vorzeitig in Rente geschickt, sondern innerhalb des Kombinats versetzt. Das heißt dann: «Arbeitskräfte gewinnen».

Auch Norbert Dittmann, Oberingenieur und Betriebsdirektor des Druckmaschinenherstellers Planeta, erzählte uns von Personalnot. Obwohl der Betrieb rationalisiert, obwohl die Produktivität in einigen Abschnitten der Fertigung um 150 Prozent gesteigert worden ist, wird kein Arbeiter seinen Job verlieren. Dittmann muß Sorge haben, daß seine Leute gegen seinen Willen abwandern, sobald sich ihr Arbeitsfeld durch den Einsatz moderner Technik verändert, die Planeta übrigens zum großen Teil aus der Bundesrepublik importiert. Vor zwei Jahren wechselten zehn qualifizierte Dreher den Arbeitgeber. Sie wollten sich nicht den elektronisch gesteuerten Arbeitsabläufen anpassen. Dabei hatte der Betrieb ihnen Fortbildung angeboten.

Wie viele große Werke verfügt auch Planeta über eigene Ausbildungsstätten. In der Betriebsakademie lassen sich Mitarbeiter umschulen, sie werden mit moderner Computertechnik vertraut gemacht, sie können zum Ingenieur oder Ökonomen ausgebildet werden.

Die Betriebe in der DDR kümmern sich mehr um das Leben ihrer Mitarbeiter, als das in der Bundesrepublik üblich ist. Zeiss, Planeta und das Eisenhüttenkombinat EKO vergeben Wohnungen an Mitarbeiter, die zwar der Staat baut, über die aber das Unternehmen verfügt. Planeta unterhält sogar eine eigene Baukolonne, die den Kollegen komplette Rohbauten hinstellt. Große Betriebe haben eigene Krippen- und Kindergartenplätze.

Etliche Unternehmen schicken Mitarbeiter in Urlaub in die werkseigenen Ferienwohnungen. Der Freie Deutsche Gewerkschaftsbund (FDGB), die Einheitsgewerkschaft der DDR, vergibt Betten in Hotels und Ferienheimen, Mitgliedschaft und Wohlverhalten am Arbeitsplatz vorausgesetzt.

Planeta stellt den 5500 Mitarbeitern auf dem Werksgelände eine Poliklinik zur Verfügung, in der eine Internistin, eine Frauenärztin, zwei Zahnärzte, ein Chirurg und ein Physiotherapeut nahezu sämtliche ambulanten medizinischen Hilfen anbieten. Der Betrieb zahlt die technischen Einrichtungen; das Personal untersteht dem staatlichen Gesundheitswesen, womit seine Unabhängigkeit von der Werksleitung gesichert werden soll.

Viele andere Betriebe bieten ähnliche Leistungen wie Planeta. Die Arbeiterinnen und Arbeiter der Mathias-Thesen-Werft in Wismar reiten und segeln für einen symbolischen Monatsbeitrag von zwanzig Pfennig. Große Betriebe beherrschen sogar die Kommunen, in denen sie angesiedelt sind.

Die Hälfte der Stadtverordneten in Eisenhüttenstadt arbeitet im Kombinat – verständlich, daß sie betriebliche Belange im Auge behalten, wo kommunalpolitische Entscheidungen anstehen. Das mächtige EKO schließt überdies mit der Gemeinde alljährlich einen Kommunalvertrag, in dem es sich zur Finanzierung öffentlicher Leistungen verpflichtet. Die Stadt sorgt dafür, daß den EKO-Werkern Wohnungen, Kinderkrippen- und Kindergartenplätze zur Verfügung stehen.

Wollen wir Gewerkschaftern, Betriebsleitern, Kombinatsdirektoren, Oberbürgermeistern und Parteisekretären glauben, so läuft diese umfassende Zusammenarbeit ganz friedlich ab: ohne kapitalistisches Feilschen, ohne Neidhammelei. An diesem Bild von der trauten sozialistischen Lebensgemeinschaft malen alle Beteiligten mit, auch die Spitzen von Staat und Partei. Sie rühmen Leistungen, feiern Erfolge und verteilen Auszeichnungen.

Planeta erhielt am 1. Mai 1986 den Karl-Marx-Orden, die höchste Ehre, die einem DDR-Bürger oder Betrieb zuteil wird. Daneben gibt es noch Ehrentitel, die für unsere Ohren fremd klingen: «Betrieb der ausgezeichneten Qualität», «Held der Arbeit», «Verdienter Metallarbeiter» oder schlicht «Verdienter Meister».

Nächst dem Frieden liegt der Partei- und Staatsführung scheinbar nichts so sehr am Herzen wie das Wohlergehen der Wirtschaft. Und wenn man Erich Honecker glaubt, dem Vorsitzenden von Partei und Staatsrat, wächst die Wirtschaft, und sie blüht und gedeiht. Die offiziellen Zahlen: Von 1981 bis 1985 wuchs die Wirtschaftsleistung (DDR-Sprachgebrauch: Nettoprodukt) um fast 25 Prozent; die Bundesrepublik legte beim Bruttosozialprodukt magere fünf Prozent zu. Bis 1990 soll es in der DDR mit unvermindertem Tempo weitergehen.

In der Bundesrepublik klagen Unternehmer und Politiker über die drückenden Soziallasten – die DDR beschwört die Einheit von Wirtschafts- und Sozialpolitik und feiert die neueste Errungenschaft, das Babyjahr für Mütter. Jede Frau darf nach der Geburt ihres ersten Kindes ein Jahr zu Hause bleiben. Der Betrieb zahlt in dieser Zeit die Hälfte ihres Lohnes. Wir haben keinen Manager gefunden, der über die Kosten dieser sozialen Tat lamentierte.

Wie macht die DDR das? Gelten für den anderen deutschen Staat andere ökonomische Gesetze als für die Bundesrepublik, die sich seit beinahe zehn Jahren mit der Bewältigung der schwersten wirtschaftlichen Strukturkrise der Nachkriegszeit plagt? Warum kann die DDR sogar in Krisenbranchen – Schiffbau, Stahlindustrie – expandieren?

Unsere Gastgeber in der DDR haben keinen Türken gebaut. Sie haben uns durch ihre Spitzenbetriebe geführt, das ist üblich. Bei näherem Hinsehen können jedoch die vier Vorzeigebetriebe, die wir gesehen haben, über eines nicht hinwegtäuschen: Die DDR hinkt dem kapitalistischen Westen weit hinterher; sie ist überdies in Gefahr, noch weiter zurückzufallen.

Gerade Musterbetriebe wie die Mathias-Thesen-Werft in Wismar, wie das Eisenhüttenkombinat Ost in Eisenhüttenstadt, wie Planeta im sächsischen Radebeul und Carl Zeiss in Jena offenbaren die Misere der DDR-Wirtschaft. Der Werftdirektor weiß heute schon, welche Schiffe er 1990 bauen wird. Er verhandelt bereits jetzt mit der Sowjetunion darüber, welche Schiffe 1995 geliefert werden. Die Sicherheit mag für den Betrieb erfreulich sein, weil solche Aufträge die Beschäftigung für ein Jahrzehnt gewährleisten. Die Werft erliegt jedoch der Gefahr, standardisierte Massenware herzustellen und technisch zurückzufallen, da es an Herausforderungen fehlt. Sie hat 34 identische Fang- und Gefrierschiffe, 29 Frachter eines Typs und 27 nahezu baugleiche Kühl- und Transportschiffe auf Kiel gelegt. Über achtzig Prozent des Exports der Großwerft geht in die Sowjetunion, die mit den deutschen Schiffen ihre riesige Fischereiflotte ausbaut.

Japan, die Bundesrepublik, Großbritannien und Frankreich haben sich aus diesem Schiffbau längst zurückgezogen. Sie überlassen den Schwellenländern – Taiwan, Korea und Singapur – das Feld, die mit konkurrenzlos niedrigen Produktionskosten in der technisch wenig anspruchsvollen Konfektionsfertigung rechnen. Die DDR hält bei diesem Wettbewerb mit und muß mit geringen Erträgen bezahlen. Denn die Sowjetunion achtet bei der Bezahlung für die DDR-Schiffe auf Weltmarktpreise.

Ähnlich verhält sich die DDR in der Stahlindustrie. Sie investiert in Anlagen, die im hochindustrialisierten Westeuropa nur noch mit staatlichen Subventionen überleben können. Dazu muß sie dann auch noch teure technische Hilfe aus dem Westen holen. Der Fortschritt an Know-how bleibt gering. Dieses Verhalten ist volkswirtschaftlich nicht sinnvoll, weil sich die DDR wieder auf Märkte begibt, wo Entwicklungs- und Schwellenländer die Preise drücken.

Selbst Betriebe wie Planeta und Carl Zeiss, die anspruchsvolle Produkte herstellen, sind in Gefahr, den Anschluß an das technische Weltniveau zu verlieren. Planetas Druckmaschinen werden auch von Experten in der Bundesrepublik über den grünen Klee gelobt. Sie sind zuverlässig und mechanisch erstklassig. Aber für moderne Maschinen, die in den Westen geliefert werden, kauft der Volkseigene Betrieb die Elektrik in der Bundesrepublik und die elektronische Steuerung in Japan. Zum Teil wird den Maschinen das elektronische Hirn erst im Westen eingepflanzt, weil es aus militärischen Gründen nicht in die DDR exportiert werden darf. Von der Herstellung wichtiger Komponenten, die den Wert, die Qualität und den Preis einer Maschine bestimmen, ist Planeta also abgekoppelt. Erhebliche Teile des Verkaufserlöses fließen ins Ausland und mindern das Volkseinkommen der DDR.

Verglichen mit dem bundesrepublikanischen Pendant Zeiss in Oberkochen ist Zeiss Jena auch nicht an der Spitze der technischen Entwicklung. Die Württemberger liefern zum Beispiel hochentwickeltes optisches Gerät für die Herstellung von sogenannten Megabit-Chips. Der Ostblock ist noch gar nicht in der Lage, elektronische Speicher von dieser Qualität herzustellen, die in der Bundesrepublik, Japan und in den Vereinigten Staaten in Serie gefertigt werden.

Wichtigste Ursache für diese technologische Lücke ist der mangelnde Wettbewerb im eigenen Land und im gesamten RGW. Beispiel Mathias-Thesen-Werft: Der Betrieb in Wismar hat im RGW das Monopol für Fischereiversorgungsschiffe mit einer Tragfähigkeit von 10 000 Tonnen. Demnächst läuft das 48. Boot dieser Kategorie vom Stapel. Woher soll der Ansporn für Innovationen kommen? Beispiel Planeta: Nur der Betrieb in Radebeul baut im RGW großformatige Bogenoffset-Maschinen. Da läuft der Verkauf wie von selbst. Beispiel Carl Zeiss Jena: In der DDR ist das Kombinat ohne Konkurrenz, im RGW für einige Produkte Monopolist.

Welch bequemes Leben Betriebe führen können, denen kein Konkurrent im Nacken sitzt, beweist das Kombinat Robotron, das unter anderem Personalcomputer baut. Die Robotron-Computer kosten zwischen 17 000 und 20 000 Mark (Ost); auf dem Weltmarkt sind sie für rund 1000 Mark (West) zu haben. Weil es nur diesen einen Hersteller in der DDR gibt, kann Robotron seine Produktion trotz des horrenden Preises absetzen. Die Nachfrage übersteigt das Angebot sogar bei weitem. Diesen Nachfrageüberhang nutzt Robotron, um seinen Exportplan zu erfüllen, denn eigentlich sind die Computer im Westen unverkäuflich. DDR-Kunden, die normalerweise keine Aussicht haben, einen der Rechner zu bekommen, können ihn jedoch abseits der offiziellen Kanäle gegen Westgeld kaufen. Beiden Geschäftspartnern ist geholfen: Der Käufer erhält endlich den Computer, Robotron erfüllt den Exportplan.

Der Begriff Wettbewerb taucht im DDR-Wörterbuch der Ökonomie nur mit dem Adjektiv sozialistisch auf und wird so definiert: «Umfassender Ausdruck der freiwilligen, bewußten und schöpferischen Masseninitiative der Werktätigen zur Durchsetzung des wissenschaftlich-technischen Fortschritts, zur Erhöhung der Effektivität der Produktion, zur Steigerung der Arbeitsproduktivität, zur Verbesserung der Arbeits- und Lebensbedingungen ...»

Konkurrenz fehlt in der DDR nahezu völlig, seit die Kombinate als Mittel des Fortschritts entdeckt worden sind. Diese sozialistischen Konzerne umfassen oft ganze Branchen, in denen sie den Wettbewerb ersticken. Aber ohne echten Wettbewerb kann es keine grundlegenden Innovationen geben, und mit diesen Strukturen ist eine technologische Erneuerung nicht zu schaffen. Risiken werden in der DDR nicht belohnt. Maßstab für Erfolg oder Mißerfolg ist der Grad der Planerfüllung, nicht das Mühen um neue Produkte oder Techniken. Warum soll dann ein Betriebsdirektor oder Laborchef es wagen, knappe Ressourcen, über deren Verbleib er Rechenschaft abgeben muß, in ungewisse Forschungs- und Entwicklungsprojekte zu investieren?

Über den «wissenschaftlich-technischen Fortschritt» reden die Partei-Oberen mit nie erlahmender Ausdauer. Ihnen gehen Akronyme wie CAD/CAM (Computer Aided Design/Computer Aided Manufacturing) locker von den Lippen; den bundesdeutschen Ministern dürften sie kaum geläufig sein. CAD/CAM ist zum Synonym für technischen Fortschritt geworden. Seit Günter Mittag, im Politbüro der SED für Wirtschaft verantwortlich, 1985 auf der Hannover-Messe über die hilfreichen Rechner stolperte, genießen sie in der DDR höchste Priorität. Wenige Monate nach seiner Messevisite ließ Mittag in der DDR eine Ausstellung von CAD/CAM-Computern heimischer Herkunft ausrichten; sie stand freilich nur Personen offen, die mit vertraulichen Verschlußsachen umgehen dürfen.

Das Resultat war entmutigend. Dennoch schaffte es der Staat, bis heute 11 200 CAD/CAM-Stationen zu installieren. Hinter dieser erstaunlich hohen Zahl verbirgt sich ein einfaches Geheimnis: sozialistische Namensgebung. Simple Arbeitsplätze mit Bildschirm wurden gleichsam über Nacht als CAD/CAM-Geräte bezeichnet.

Wie es tatsächlich um den wissenschaftlich-technischen Fortschritt bestellt ist, illustriert die Episode des 64-Kilobit-Chips. 1981 teilte der zuständige Minister mit, daß die DDR gemeinsam mit der Sowjetunion an der Entwicklung dieses elektronischen Bausteins arbeite. 1984 sollte der Chip auf den Markt kommen. Im April 1986 wurde schließlich mitgeteilt, daß der technische Durchbruch gelungen sei und der Chip tatsächlich produziert werde.

Wie verheerend für die Wirtschaft der DDR diese durchaus üblichen Verzögerungen bei der Entwicklung und Produktion neuer Techniken sind, zeigt die Entwicklung des Preises für den 64-Kilobit-Chip. Als ihn die Japaner auf den Markt brachten, bekamen sie für jeden Chip 125 Dollar. Als die DDR damit herauskam, kostete er nur noch 30 Cent und war auf den Wühltischen von Elektronikläden zu haben.

Die DDR ist in den vergangenen Jahren technisch vermutlich weiter zurückgefallen. Heute liegt sie etwa vier bis sieben Jahre hinter der Entwicklung der führenden westlichen Industriestaaten zurück – beim Tempo des technischen Wandels ein immenser Abstand, der nur bei Konzentration aller Kräfte auf die modernen Schlüsseltechnologien aufzuholen ist. Es wäre angebracht, die Investitionen zu erhöhen, mehr Geld für Forschung und Entwicklung auszugeben, weil für technischen Fortschritt große Vorleistungen erbracht werden müssen. In der DDR geschieht das Gegenteil.

Im Jahre 1970 lag die sogenannte Akkumulationsrate – frei übersetzt: der Anteil der Investitionen am Bruttosozialprodukt – bei 23 Prozent. Im vergangenen Jahr investierte die DDR nur noch fünfzehn Prozent ihres Bruttosozialprodukts, etwa fünf Prozentpunkte weniger als die Bundesrepublik. Wie das andere Deutschland es schaffen will, den Anschluß an das technische und damit ökonomische Niveau des Westens zu erreichen, bleibt rätselhaft. Schon heute muß sie für ihren relativen Rückstand büßen. Die Industrie arbeitet mit veralteten Maschinen. Öffentliche Einrichtungen – das Straßennetz, die Reichsbahn und das Telefonsystem – erreichen nicht annähernd den Stand hochindustrialisierter Staaten. Der schwerfällige Staats- und Planungsapparat potenziert diese Schwächen.

Das Deutsche Institut für Wirtschaftsforschung in West-Berlin veranschlagt für die DDR-Wirtschaft (im Vergleich zur Bundesrepublik) einen Produktivitätsabstand von rund 50 Prozent. Jeder DDR-Arbeitnehmer produziert also pro Stunde nur halb soviel an Waren und Dienstleistungen wie sein Kollege im Westen. Außerdem geht es in den Fabrikhallen und Büros im anderen Deutschland gemächlicher zu als bei uns.

Immer wieder hörten wir diese Geschichte: Die DDR importiert ein Fließband aus der Bundesrepublik. Es wird im volkseigenen Betrieb installiert. Aber die Arbeiter weigern sich, die hohe Geschwindigkeit einzuhalten. Die Betriebsleitung gibt klein bei.

Klaus-Dieter Gattnar, Stellvertreter des Generaldirektors bei Carl Zeiss, steuerte eine andere Episode bei: Eine französische Maschine soll in Lizenz gebaut werden, um in der DDR-Produktion eingesetzt zu werden. Der Plan wird verworfen. Die Arbeiter sind dem Tempo nicht gewachsen. «Es ist etwas gemütlicher bei uns», meint Gattnar dazu.

Der Versuch, die laxere Arbeitsmoral ins Positive zu wenden, wird nicht von allen Offiziellen unterstützt. Klaus Gysi, heute Staatssekretär für Kirchenfragen, kommentierte den unzureichenden Arbeitseifer seiner Landsleute bissig: «Es ist ja nicht so, daß die Deutschen vor Tüchtigkeit zerfließen. Schlamperei kann man sich ganz schnell angewöhnen.»

Offensichtlich kann nicht einmal ein autoritärer sozialistischer Staat seine Arbeiter zur Leistung zwingen. Vermutlich scheut die DDR-Führung zuviel Druck. Der 17. Juni 1953, als Bauarbeiter wegen zu hoher Arbeitsnormen den Aufstand wagten, ist ebenso unvergessen wie die Arbeiterunruhen in Polen.

Daß die Staats- und Parteiführung gern Milde walten läßt, wenn es mit der Arbeit und der Planerfüllung nicht klappt, zeigt gelegentlich Erich Honecker selbst. In der Manier eines Landesfürsten erläßt er schon mal ganzen Betrieben, deren Produktion zu langsam läuft, die «Planschulden» – gleichsam ein Geschenk der Gesellschaft an den Betrieb. Für die Großzügigkeit ihres Staatsratsvorsitzenden, für die Gemütlichkeit in den Betrieben und die Unzulänglichkeiten der Planungsbürokratie zahlt das ganze Land mit einer Einbuße an Lebensstandard.

Gewiß, fast alle Produkte, die zum Leben unerläßlich sind, gibt es reichlich. Brot, Milch und Kartoffeln sind billig. Ein Brötchen kostet fünf Pfennig, ein Kilo Schweinefleisch etwa zehn Mark. Die Mieten liegen selten über hundert Mark im Monat; dieser Betrag reicht in der Bundesrepublik nicht aus, um die Kosten für Heizung und Warmwasserversorgung zu decken. Strom kostet acht Pfennig pro Kilowattstunde, bei uns fast das Dreifache. Die öffentlichen Verkehrsmittel sind spottbillig. Diese politischen Preise subventioniert der Staat mit rund 25 Milliarden Mark pro Jahr.

Der große unsubventionierte Rest ist teuer. Im Kaufhaus Konsum am Ostberliner Alexanderplatz kosten Salatgurken vier bis fünf Mark; das Kilo Tomaten bekommt man für 6,80 Mark; für Schokoladenriegel, die bei uns siebzig oder achtzig Pfennig kosten, müssen DDR-Bürger 2,90 Mark zahlen; ein wenig vertrauenerweckender algerischer Rotwein ist für elf Mark zu haben, und Strumpfhosen durchschnittlicher Qualität gibt es für zwanzig Mark.

Diese Preise müssen in Relation zu den niedrigen Löhnen und Gehältern gesehen werden. Facharbeiter verdienen selten mehr als 1000 Mark netto im Monat, viele Bürger haben nur 700 bis 800 Mark in der Lohntüte. Selbst die Direktoren der Betriebe und Kombinate müssen sich bescheiden. Sie verdienen höchstens dreimal mehr als ein Facharbeiter. Bei diesen Einkommen wird der Kauf einer Waschmaschine (etwa 2700 Mark), eines elektrischen Grills (800 Mark) oder eines Farbfernsehers (4000 Mark) zur Investitionsentscheidung.

Das Deutsche Institut für Wirtschaftsforschung schätzt, daß DDR-Bürger nur über halb soviel Kaufkraft verfügen wie wir. Sie arbeiten noch bis zu 45 Stunden pro Woche (nur für Frauen mit mindestens zwei Kindern gilt die 40-Stunden-Woche), und viele von ihnen haben nicht mehr als achtzehn Tage Urlaub im Jahr.

Die Aussichten, daß die DDR-Wirtschaft in absehbarer Zeit den Rückstand zum Westen aufholen kann, sind schlecht. Das Gegenteil ist wahrscheinlich. Die Industrie des Landes ist in Gefahr, den Anschluß an das Weltniveau zu verlieren. In der Elektronik, einer Schlüsseltechnologie für die nächsten Jahrzehnte, hinkt sie schon weit hinterher. Die Ursache für den ökonomischen und technischen Rückstand ist nicht die Qualität der Köpfe. Die Ursache liegt im System, in dem die DDR-Wirtschaft steckt. Es behindert den Forscherdrang, nimmt den Mut zum Risiko und hemmt den technischen Fortschritt, der Voraussetzung für bessere Lebensbedingungen ist. In der DDR blättern nicht nur die Fassaden, es blättert auch die Hoffnung.

Die Valuta-Republik

Von Peter Christ

Wir waren im Dresdner Hotel «Bellevue» verabredet: zwei DDR-Freunde und ich. Die beiden mußten fast anderthalb Stunden auf mich warten. Je länger es dauerte, desto unbehaglicher fühlten sie sich im stilvollen Foyer des wunderschönen «Bellevue». Das Personal hatte mit sicherem Blick gemerkt, daß die beiden Landsleute waren, DDR-Bürger also. Die Freunde spürten, daß sie nicht gerne gesehen waren und mißtrauisch und mißbilligend beäugt wurden. Als der Besucher aus Hamburg endlich auftauchte, atmeten sie auf. Sie wollten nichts wie weg, raus aus diesem Hotel, in dem sie nicht gelitten waren.

Für DDR-Bürger ist das «Bellevue» fremdes Territorium. Dort haben sie ihr Währungsgebiet verlassen. Nur Westgeld (Valuta) wird akzeptiert, an das die Einheimischen nicht beliebig herankommen. Kaum daran zu denken, sich die Wartezeit mit einem Campari (12 Mark) zu vertreiben, auch wenn es ihn an der Hotelbar ebenso selbstverständlich gibt wie französischen Wein (eine Flasche Rothschild: 82,60 Mark) oder schottischen Whisky (13 Mark). All das fehlt in den jedermann zugänglichen Kneipen oder Läden. Die Valuta-Hotels sind eigens gebaut worden, um Devisen zu scheffeln. Die Normalbürger sind darin nicht gerne gesehen. Nur einige DDR-Prominente bewegen sich mit lässiger Selbstverständlichkeit über das teure Parkett.

Die Freunde machte die Pracht und der Luxus im «Bellevue» zuerst beklommen und dann ärgerlich. Die beiden wurden gar zornig, als ich ihnen am Abend mein geräumiges, geschmackvoll eingerichtetes Zimmer (210 Mark pro Nacht) mit Elbblick, Farbfernseher und Minibar (ein Bier: 5 Mark, Piccolo: 15 Mark) zeigte, deren Preisliste sie gleich einsteckten als Dokument westlicher Dekadenz, gefördert vom Arbeiter-und-Bauern-Staat.

Den Komfort im Hotel, das ja wie fast alle Produktionsmittel dem Volk gehören soll, maß das junge Paar an der Versorgungslage zu Hause in der Provinz, wo es Bananen nur alle drei Monate gibt und wo in heißen Sommerwochen Bier und Limonade nach drei Tagen ausgehen.

Die DDR-Freunde fühlten sich beim Anblick des kapitalistischen Überflusses im eigenen Land als Bürger zweiter Klasse. Dergleichen muten nur noch Entwicklungsländer den Einheimischen zu.

Aber auch in anderen Hotels und Restaurants, die ihnen prinzipiell offenstehen, sind DDR-Bürger unerwünscht.

Die beiden Freunde waren mir nach Weimar nachgereist. Sie wollten im Hotel «Elephant» übernachten. Der Besucher aus Hamburg war dort hochwillkommen; denn er bezahlte horrende 112 Mark (West) für ein bescheidenes Einzelzimmer (Dusche und WC auf dem Flur). Der «Elephant» ist ein eher altes als schönes Renommierquartier für viele Goethe- und Schiller-Touristen aus dem Ausland.

Der erste Anlauf des verheirateten DDR-Paares scheiterte. Der Empfangschef beschied ihnen, es sei kein Doppelzimmer frei; sie könnten jedoch ein Appartement haben – der Preis war für die beiden allerdings unerschwinglich. Längere Verhandlungen folgten zwischen den potentiellen Gästen und dem störrischen Mann hinter dem Tresen. Endlich bietet er den beiden zwei Einzelzimmer an für bescheidene 14 Mark (Ost). Sie lehnen ab. Nach einer weiteren Stunde entwürdigenden Wartens dann das überraschende Happy-End. Jetzt steht das gewünschte Doppelzimmer zur Verfügung. Der erhoffte devisenträchtige Kunde aus dem Westen hatte sich wohl nicht eingestellt.

Die Mechanismen zur Abwehr der eigenen Landsleute sind

fein entwickelt. Diese Erfahrung machten wir auch am Abend, als wir im Hotelrestaurant essen wollten. Der Restaurant-Chef prüfte herablassend das Äussere seiner lässig gekleideten Kunden. Knappe Auskunft: Das Restaurant ist für Hausgäste reserviert. Die beiden Freunde zeigen ihre Hausausweise, wodurch sie sich allerdings als DDR-Bürger kenntlich machen. Antwort des Restaurant-Chefs: Er müsse erst nachsehen, ob es noch freie Tische gebe.

Nach einer Minute kommt er zurück und bittet um Geduld. Jetzt zeigt der Westbesucher seinen Hotelausweis, auf dem ein blauer Stempel «zahlbar in Valuta» prangt. Alle Probleme lösen sich sofort in Wohlgefallen auf. Wir dürfen zwischen vier leeren Tischen im dünn besetzten Restaurant wählen.

In der DDR gibt es eine neue Klassenteilung zwischen Valuta-Besitzern und Nicht-Valuta-Besitzern. Das hat System. Der Staat sucht nach vielen Quellen, um die harte Währung einzuheimsen.

In den Intershops kann jedermann Konsumgüter westlicher Herkunft wie Zigaretten, Spirituosen, Kosmetika, Uhren, Radios und Textilien kaufen. Der DDR-Bürger muss seine Valuta gegen eine Kunstwährung namens Forum eintauschen; damit bezahlt er. Mit den Intershop-Gewinnen deckt die DDR rund dreissig Prozent der Zinsen und Tilgungen ihrer Westkredite.

In die Kasse der SED fliesst der Gewinn, den der Genex-Geschenkdienst abwirft. Bei Genex können betuchte Westler – gegen Devisen, versteht sich – ihren DDR-Verwandten fast alles spendieren, was es sonst nicht gibt: Kühlschränke von Bosch, japanische Motorräder, Autos von Volkswagen und Renault, begehrte Schrankwände aus DDR-Produktion, die in den Export gegangen sind, und sogar Fertighäuser, auf Wunsch mit Sauna.

Die Welt, wo nur die Valuta zählt, ist von der DDR-Normalwelt sorgsam abgeschottet. Andere Gepflogenheiten gelten, wo Bürger aus beiden Deutschlands als Konsumenten eingeplant sind.

Zum Beispiel im Hotel «Neptun» in Warnemünde: Hierher schickt der Freie Deutsche Gewerkschaftsbund verdiente Mitglieder in den Badeurlaub; für nur 300 Mark (Ost) können Familien vierzehn Tage ausspannen (Vollpension inklusive). Im Hoteletat sind Gäste aus dem Westen fest eingeplant; pro Übernachtung plus Frühstück zahlen sie 200 Mark (West).

Es ist nicht zu leugnen: Mancher Besucher aus der Bundesrepublik führt sich in der DDR mit der begehrten Valuta in der Tasche auf wie der sprichwörtliche reiche Onkel aus Amerika. Die Gäste aus dem Westen drängen die DDR-Bürger in die Rolle der armen Verwandten. Also, was tun, damit Ressentiments zwischen den deutsch-deutschen Urlaubern im Hotel nicht aufkommen?

Die Direktion hat sich etwas einfallen lassen. Sie gibt an alle Gäste eine Kunstwährung aus, das «Bewegungsgeld». Damit zahlt jedermann an den Bars, in der Disko und im Restaurant – ob er nun aus Dresden oder Hamburg angereist ist.

Der Hotelmanager hält viel von seinem Trick. Schließlich sollte, da ist ihm recht zu geben, das deutsch-deutsche Verhältnis nicht auf Währungsfragen reduziert werden.

Darüber lacht die DDR

Auf der Oderbrücke in Frankfurt begegnen sich zwei Hunde – ein polnischer, der in die DDR strebt, und ein DDR-Hund, der nach Polen zockelt.

«Was willst du denn bei uns?» fragt der DDR-Hund.

«Ich möchte endlich einmal ordentlich einkaufen. Und was willst du in Polen?»

«Ich möchte endlich einmal richtig bellen!»

*

Was ist der Unterschied zwischen dem Sozialismus und einem Langholzwagen?

Antwort: Beim Langholzwagen ist das dicke Ende vorne, die rote Fahne hinten. Beim Sozialismus ist es umgekehrt.

*

Ein Arbeiter will sein Fahrrad draußen am ZK-Gebäude abstellen. Er hat es kaum an die Wand gelehnt, da herrscht ihn ein Milizionär an:

«Genosse, das geht nicht. Das ist verboten!»

«Aber ich bin doch in höchstens zehn Minuten wieder da.»

Der Milizionär wird zornig. Er brüllt: «Hörst du nicht, ich habe dir doch gesagt, das ist verboten.»

Der Lärm dringt bis ins Arbeitszimmer des Staatsratsvorsitzenden. Honecker öffnet das Fenster und fragt: «Was ist denn los da draußen?»

Der Volkspolizist meldet: «Der Genosse hier will sein Fahrrad unbedingt am ZK-Gebäude abstellen.»

Honecker: «So lassen Sie ihn doch.»

Der Polizist: «Aber Genosse Staatsratsvorsitzender, in fünf Minuten wird hier doch eine sowjetische Delegation erwartet.»

Honecker: «Solange wird der Mann das Rad doch wohl abschließen können!»

*

Honecker und Ehefrau Margot wollen drei Wochen Urlaub machen. Der Generalsekretär weiß jedoch nicht recht, wem er während seiner Abwesenheit die Geschäfte übergeben soll. Schließlich kommt ihm die Erleuchtung: Helmut Schmidt wäre doch der richtige Mann. Er ruft in Hamburg an und unterbreitet dem Altbundeskanzler seine Bitte. Der überlegt: «Bei der ZEIT läuft im Moment alles gut, Vorträge habe ich auch nicht zu halten. Ich mach das.»

Am nächsten Tag meldet sich Schmidt in Ost-Berlin. Honecker übergibt ihm die Geschäfte und wünscht ihm eine glückliche Hand. «Übrigens: Ehrlicherweise möchte ich Ihnen sagen, daß wir hier drei große Probleme haben. Da ist erstens die Versorgungslage. Da ist zweitens die Wohnungsnot. Und da ist drittens die ärgerliche Tatsache, daß die Kirchen zuviel Zulauf haben.»

«Machen Sie sich mal keine Sorgen», beruhigt ihn Schmidt, «ich werde damit schon fertig.»

Drei Wochen später kommt Honecker zurück. «Na, wie ist es gegangen?» fragt er Helmut Schmidt.

«Alles klar», sagt der.

«Und unsere drei großen Probleme?»

«Die sind gelöst.»

«Wie haben Sie denn das gemacht?»

«Ganz einfach. Die Versorgungsmängel habe ich behoben, indem ich die Grenze nach Osten dichtgemacht habe. Die Wohnungsnot habe ich beendet, indem ich die Grenze nach Westen aufgemacht habe. Und den Zulauf zu den Kirchen habe ich gestoppt, indem ich Karl Eduard von Schnitzler zum Landesbischof ernannt habe.»

*

Treffen sich zwei Amerikaner in Phoenix. Sagt der eine zum andern: «Ich habe gelesen, es gibt in Deutschland ein Auto, da muß man acht Jahre darauf warten! Das muß ja toll sein! Lauter deutsche Handarbeit, heißt TRABANT, das habe ich mir bestellt.»

In Zwickau kommt die Bestellung an, große Aufregung: «Da will einer aus Amerika unser Auto haben! Den müssen wir natürlich sofort beliefern!»

Ein halbes Jahr später treffen sich die beiden Amerikaner in Phoenix wieder. Fragt der eine: «Na, hast du schon was aus Deutschland von deinem Auto gehört?»

Sagt der andere: «Stell dir mal vor, die haben mir schon ein kleines Modell aus Pappe geschickt.»

*

Was ist Kunst? Expressionismus ist das, was man sieht.
Impressionismus ist das, was man fühlt.
Sozialistischer Realismus ist das, was man hört.

*

Witze über die Volkspolizisten, die im Humor der DDR die gleiche Rolle spielen wie bei uns die Ostfriesen.

«Warum gehen immer zwei Vopos zusammen?»
«Damit sie wenigstens gemeinsam die zehnte Klasse haben.»

*

Warum laufen immer zwei Volkspolizisten mit einem Schäferhund Streife?

Antwort: Ein Volkspolizist kann lesen. Der andere kann schreiben. Der Hund ist der einzige mit abgeschlossener Ausbildung.

*

Treffen sich zwei Vopos, klagt der eine: «Ich will meinen Trabbi verkaufen, aber der ist Baujahr '74, dafür kriege ich kaum noch was.» Sagt der andere: «Geh zur Werkstatt, leg 50 Mark West auf den Tisch und bitte sie, daß sie ein jüngeres Herstellungsdatum in die Karosserie schweißen.»

Nach ein paar Wochen treffen sie sich wieder.

«Na», fragt der eine, «hast du's gemacht, wie ich dir gesagt habe?»

«Ja, klar, lief alles einwandfrei: habe 50 Mark hingeblättert, und sie haben aus dem 74er einen 83er gemacht.»

«Und – hast du ihn nun gut verkaufen können?»

«Ich bin doch nicht blöde! So ein neues Auto verkaufe ich doch nicht!»

*

Gorbatschow erweist dem XI. Parteitag der SED die Ehre. Der Staat Honeckers imponiert ihm.

«Sag mal, Erich», erkundigt er sich, «bei uns klappt ja inzwischen die Produktion sehr gut. Bloß mit der Verteilung hapert es noch. Wie macht ihr das denn in der DDR?»

«Ganz einfach, Michail Sergejewitsch. Wir haben das ganze Zeug hier in Berlin, da holen es die Leute ab.»

*

Ein DDR-Bürger beantragt die Ausreise in die Bundesrepublik. Der Antrag wird gewährt. Ein Funktionär forscht jedoch nachdrücklich nach den Gründen.

«Warum wollen Sie denn ausreisen – wegen der Wirtschaftslage?»

«Nein, ich kann mich nicht beklagen.»

«Wegen der Partei?»

«Nein, ich kann mich nicht beklagen.»

«Wegen des Arbeitsplatzes?»

«Nein, ich kann mich nicht beklagen.»

«Ja, warum in aller Welt wollen Sie denn dann nach drüben?»

«Drüben *kann* ich mich beklagen.»

Der Kombinatsleiter

Von Marlies Menge

Er ist Jahrgang 1937, also keine 50 Jahre alt, und erst seit wenigen Monaten Generaldirektor im Eisenhüttenkombinat Ost (EKO): Dr. Dr. Karl Döring. Wir sitzen in einem eher kleinen Raum, an der Wand hängen eine elektrische Uhr, das obligatorische Foto von Erich Honecker und Farbaufnahmen vom Werk. Auf einem niedrigen Tischchen wuchern Grünpflanzen, in der Ecke steht ein kleiner Computer, auf dem Tisch vor uns liegt eine weiße Tischdecke, darauf Orangensaft, Kekse und weißes Porzellan mit dem blauen Muster, das mir von den Kaffeerunden bei Freunden vertraut ist. Eine junge Frau in weißem Kittel gießt den Kaffee ein aus einer Kanne mit Tropfenfänger: ein kleines Herz aus Schaumstoff.

Vielleicht notiere ich diese Äußerlichkeiten so ausführlich, weil mich das Gespräch zunächst nicht recht fesselt. Da ist von den ersten Hochöfen die Rede, die in den fünfziger Jahren hier mitten auf die grüne Wiese gebaut wurden; man brauchte sie für die Roheisenproduktion. Die neue Stadt für die Menschen an den Hochöfen hieß erst einmal Stalinstadt; das blieb so bis 1961; seitdem heißt sie Eisenhüttenstadt, und in der Bundesrepublik kam sie jüngst durch die deutsch-deutsche Städtepartnerschaft mit Saarlouis, eine Premiere, zu Popularität.

Als in Stalinstadt die ersten Hochöfen gebaut wurden, da lebte

Döring noch in Plauen im Vogtland. Dessen Bewohnern wird nachgesagt, daß sie nicht ganz so gemütlich sind wie die Nachbarn im Erzgebirge, sondern sehr ihren eigenen Kopf haben. Döring sieht aus, wie manche DDR-Intellektuelle gern aussehen: millimeterkurze Haare, feingliedrige Brille, am hellen Anzug steckt das SED-Parteiabzeichen. Er wirkt nüchtern, sachlich – als ob ihn nichts interessiere als die Produktion von Stahl und die vielen Kennziffern und Orientierungskennziffern, die er im Kopf hat.

Im Jahre 1968 bekam das Kombinat ein Kaltwalzwerk mit sowjetischer Hilfe. Döring sagt, daß die sowjetischen Fachleute von Anfang an viel für Eisenhüttenstadt getan hätten.

Diese Betonung der «sowjetischen Hilfe» – ich halte sie für die übliche Floskel. «1969 war die Kombinatsbildung, und das Werk arbeitete nun mit kalt- und warmgewalztem Stahl», schreibe ich in mein Notizbuch, ohne daß ich mir darunter etwas vorstellen kann. Kleinere Betriebe gingen im Kombinat auf: Salzungen, Oranienburg, Olbernhau, Burg, Finow, Aken – wenigstens die Ortsnamen sind mir vertraut.

In Finow wird produziert, was des DDR-Bürgers Herz erfreut: Ersatzteile für den Trabanten, Freizeit- und Gartengeräte, Gartenschaukeln. «Wir nennen es Hollywood-Schaukel», sagt einer von uns. Das Kombinat gehört zum Ministerium für Erzbergbau, Metallurgie und Kali.

Ich merke zum erstenmal auf, als Döring erzählt, daß er 1955 zum Studium nach Moskau delegiert wurde, wo er sieben Jahre blieb. Ich revidiere mein Urteil über die Floskel, was die Sowjetunion angeht; bei einem, der sieben Jahre lang in der Sowjetunion gelebt hat, meint das mehr. Döring schrieb seine Diplomarbeit über das Konverter-Stahlwerk Eisenhüttenstadt auf russisch.

Seine Karriere begann im Stahlwerk Brandenburg: «Es gab damals Brandenburg, Eisenhüttenstadt und Riesa.» Döring kennt sie alle: In Brandenburg hat er seine Aspirantur gemacht, in Riesa Forschung. Dann studierte er noch drei Jahre Ökonomie, und seitdem ist er nicht nur promovierter Ingenieur, sondern auch promovierter Wirtschaftler.

Er ging als Produktionsleiter ins Stahlwerk Riesa und war sieben Jahre lang Stellvertreter des Ministers für Erzbergbau, Metallurgie und Kali. Ins Ministerium fährt er jetzt noch drei- bis viermal pro Jahr.

Wie häufig sieht er seine Kollegen? «Es gibt Seminare des ZK mit den Generaldirektoren vor der Leipziger Messe, geleitet von Dr. Mittag (dem für Wirtschaft zuständigen SED-Politbüromitglied).»

Wechseln die Generaldirektoren auch schon mal die Branche? «Höchstens als Ausnahme.» Es ist Aufgabe der Partei, für den notwendigen Nachwuchs zu sorgen: «Wir haben da langfristige Planungen.»

Peter Christ, zum erstenmal in der DDR, fragt: «Wenn Sie sich mit jemandem in Deutschland vergleichen ...» Theo Sommer unterbricht ihn: «Hier ist auch Deutschland.»

Ich frage Karl Döring: «Merken Sie es, wenn jemand von uns ‹Deutschland› sagt und damit nur unseren Teil meint?»

«Sofort», sagt er – lächelt dabei aber freundlich.

«Welche Unterschiede gibt es zwischen Ihnen und Ihrem Kollegen in der Bundesrepublik? Engt Sie nicht der Plan ein, ist er nicht wie ein Gesetz, an das Sie sich halten müssen?»

«Im Rahmen der Planerfüllung habe ich völlige Freiheit», antwortet Döring prompt, «ich bin nur den Ministern rechenschaftspflichtig.»

«Es ist doch dasselbe: Betriebe machen hier wie dort Gewinn – er fließt nur anderswo hin.»

«Gott sei Dank», sagt Döring und setzt freundlich hinzu: «Ich hoffe, Sie verstehen, wenn ich das so sage.»

Weil Döring nicht nur höflich ist, sondern auch weiß, was einem Generaldirektor ziemt, klärt er seine Gäste auf, was der Betrieb alles für seine Arbeiter tut – auch aus erwirtschaftetem Gewinn. «Wir haben zum Beispiel Ferienheime für die Kollegen: eines an der Ostsee mit 160 Betten, Müllrose mit 70 Betten, Hellensen mit 60 Bungalows; es gibt 23 Zirkel von Keramikarbeiten über Zierfische bis zum Tanzkurs; 4000 Mitglieder treiben in 22 Sektionen Sport.»

Alljährlich feiert das EKO das Betriebssportfest – was macht der Generaldirektor dabei? «Er hält eine kurze Rede.»

«Treiben Sie Sport?»

«Eine Viertelstunde Langstreckenlauf jeden Morgen.»
Theo Sommer freut sich: «Ich jogge auch jeden Morgen.»
«Ich nenne es laufen», sagt Karl Döring, sich sanft abgrenzend.

Döring versucht, die westlichen Besucher davon zu überzeugen, daß es nicht so sei, wie sie vielleicht denken: Die Zentrale lenkt und alle anderen gehorchen. «BGL (Gewerkschaftsleitung), FDJ-Parteisekretär und Generaldirektor besprechen gemeinsam, wie weitere Schritte bekanntgegeben werden. Sie richten demokratische Foren ein, um Vorschläge von unseren Menschen einzuholen und sie mit unseren Zielen vertraut zu machen. Wir brauchen auch Verbraucherpartner.» Die westlichen Gäste schreiben höflich mit.

Bei der Fahrt durchs Betriebsgelände im werkseigenen Bus ist der Generaldirektor nicht mit von der Partie. Seine Mitarbeiter beantworten unsere Fragen. Im EKO wird in vier Schichten gearbeitet. Die Arbeiter haben 32 bis 47 Tage Urlaub. Sie verdienen zwischen 900 und 1350 Mark netto im Monat.

Döring treffen wir wieder zum Mittagessen in einem Raum, in dem er seine Gäste bewirtet. Keine Kennziffern mehr, keine Kalt- oder Warmwalzwerke, das Gespräch wird persönlicher.

Lebensläufe werden verglichen: Theo Sommer, der deutsche Chefredakteur, hat viereinhalb Jahre in den USA studiert; er liest die *New York Times* und schreibt für *Newsweek*. Karl Döring, der deutsche Generaldirektor, hat sieben Jahre in Moskau studiert; er liest täglich die *Prawda* und dolmetscht für einen sowjetischen Minister, wenn er die DDR besucht – Nachkriegskarrieren im geteilten Land.

Karl Döring, der nüchterne Ingenieur und Wirtschaftler, redet fast zärtlich über die Sowjetunion: «Ich habe Freunde und Bekannte dort. Ich habe tiefe persönliche Beziehungen zu diesem Land. Das gehört zu meinen wichtigsten Lebenserfahrungen.»

Als Student hat er das Moskauer Musikleben genossen. Er ist noch heute ein großer Musikfreund. Er liest russische Literatur im Original, sein Lieblingsautor ist Tschingis Aitmatow, der lyrische Kirgise. Wer Aitmatow zu seinem Lieblingsautor erkor, kann nicht gar zu nüchtern sein, er scheint nur so.

Latrinen-Losungen

Lieber rückwärts in den Intershop als vorwärts zum XI. Parteitag

*

Lieber Aids als gar keine Westkontakte

*

Lieber von Sitte gemalt als vom Sozialismus gezeichnet

*

Lieber Brust an Brust mit der Sekretärin als Schulter an Schulter mit dem Parteisekretär

*

Lieber die Blaue Mauritius als Rosa Luxemburg

*

Mein Meister droht mir ständig, so wie wir heute arbeiteten, müßten wir morgen leben

*

Privat geht vor Planerfüllung

*

Freitag ab eins macht jeder seins

*

Die Leute kaufen alles, wenn sie nur hören, es war für den Export bestimmt

*

Auch schwacher Kaffee stärkt den Sozialismus

*

Früher hatten wir einen Automaten, der heißt heute Roboter. Jetzt weiß ich, was sozialistische Namensgebung ist

*

Wer nichts wagt, kommt nicht nach Waldheim
(Zuchthaus in Sachsen)

Aufstieg durch Anpassung

Das kontrollierte Bildungssystem oder wie eine(r) was wird in der DDR

Von Rudolf Walter Leonhardt

Wer im schönen Mecklenburg, etwa im Kreis Rostock-Land, Kind ist, besucht zunächst zehn Jahre lang, vom siebten bis zum sechzehnten Lebensjahr, eine der vielen Grund-, Haupt- und Realschulen, die überall in der DDR zusammengefaßt sind unter dem nicht ganz anspruchslosen Namen Allgemeinbildende Polytechnische Oberschule.

Dann fallen die Würfel: 82 Prozent gehen in einen Betrieb und werden dort angelernt; acht Prozent bekommen ebenfalls eine Berufsausbildung, aber «mit Abiturmöglichkeit». Wörter wie dieses letzte sind hier erlaubt, weil sie, zusammen mit den ungezählten Abkürzungen, das Deutsch der DDR kennzeichnen.

Zehn Prozent gelingt der Volltreffer: Sie werden aufgenommen in das Internat der Erweiterten Goethe-Oberschule in Bad Doberan. Dort treffen die glücklichen fünfzig aus dem Kreis Rostock-Land zusammen mit glücklichen fünfundvierzig aus dem Kreis Bad Doberan, die zu Hause wohnen können.

Die Schule haben wir besucht, einem Unterricht der 12. Klasse in Staatsbürgerkunde beigewohnt, mit Schülern und Lehrern gesprochen.

Aus hundert Anwärtern zehn auszuwählen, deren Weichen dann auf Erfolg gestellt sind, kann nirgendwo und unter keinen Umständen so geschehen, daß jeder zufrieden ist.

Die Auswahl der zehn aus hundert erfolgt in der neunten, spätestens in der zehnten Klasse. Drei Kriterien, so wurde uns versichert, seien maßgebend: Leistung, Verhalten und Einstellung, Berufswunsch.

Es mag uns eigenartig erscheinen, Fünfzehnjährige auf einen Beruf nicht nur schon festzulegen, sondern diese frühe Entscheidung auch noch zum mitentscheidenden Faktor bei der Zulassung zur Erweiterten Oberschule und damit zum Universitätsstudium zu machen. Und so selbstverständlich es ist, daß die Zensuren, die eine(r) vorzuweisen hat, nicht ohne Einfluß auf ihr oder sein Fortkommen sind, so sehr staunt mancher westliche Besucher, immer und immer wieder die Leistung so betont zu hören, daß ein westdeutscher CDU-Politiker oder Unternehmer sich beinahe genieren würde. Aber wo ausgewählt werden muß, ist Leistung, so schwer sie zu messen sein mag, gewiß der gerechteste Filter.

Die Crux liegt bei dem Kriterium «Einstellung und Verhalten». Wie immer man es auch nennen mag, gemeint ist damit zweifellos Parteinahme für den oder zumindest Loyalität gegenüber dem Marxismus-Leninismus, der DDR und ihrem real existierenden Sozialismus oder, wie es im Studienführer der Universität Jena heißt, eine «überzeugende Haltung zum Sozialismus». In den Worten des Prorektors der Universität Rostock: «Wir wollen der Praxis Absolventen liefern, die eine eindeutige Position auf dem Gebiet des Sozialismus/Marxismus haben – und natürlich auch in der Wissenschaft.»

Die Aufnahmekommission, die vom Kreisschulrat geleitet wird und der außer dem Direktor der aufnehmenden Erweiterten Oberschule noch etwa acht Vertreter der sogenannten gesellschaftlichen Kräfte angehören, ist um ihre Aufgabe nicht zu beneiden. Unterstellungen können dabei ebensowenig ausbleiben wie, vielleicht unbeabsichtigte, Begünstigungen. Ohne irgend jemandem zu nahe treten zu wollen, wird man sagen dürfen, daß Zugehörigkeit zur FDJ eher einen Pluspunkt, Zugehörigkeit zu einer christlichen Gemeinde eher einen Minuspunkt bedeutet. Es gibt allerdings Kinder, die sind sowohl in der «Jungen Gemeinde» als auch in der FDJ. Endgültig entscheiden muß einer sich erst, wenn er in die Partei eintreten will. Dann darf er Christentum nicht mehr praktizieren.

Als ob das Verfahren nicht ohnehin kompliziert und undurchschaubar genug wäre, kommen dazu noch zwei Quoten-Festlegungen: 50 Prozent der Oberschüler und künftigen Studenten sollen Arbeiter- und Bauernkinder sein und 50 Prozent weiblich. «Bauer» scheint dabei als Herkunftsbezeichnung nicht mehr, wie früher, klar genug; «Genossenschaftsbauer» ist heute das korrekte Wort.

Noch viel schwerer verständlich für westliche Logik ist der Begriff «Arbeiter». Wen oder was gibt es außerdem? «Intelligenzler und sonstige.» Wer gehört zu den sonstigen? «Handwerker und Gewerbetreibende.» Wenn der sonstige Handwerker Teil eines Kombinats ist, wird er allerdings zum Arbeiter.

Wer also ist Arbeiter? «Jeder, der an materieller Produktion von Sachwerten mitwirkt.» Auch der Generaldirektor eines Betriebes? «Auch er.»

Kaum hat man den Generaldirektor um der Logik willen geschluckt, wird erklärt, daß auch Polizisten und Soldaten, bis hinauf zum General, als Arbeiter gelten. «Und welche materiellen Werte produzieren die?» – «Das ist eine politische Entscheidung.»

Politische Entscheidungen erlauben es, die Quoten dehnbar zu machen, nicht stur auf 50 Prozent Arbeiterkindern und 50 Prozent Frauen zu beharren.

Die so ausgewählten Schüler, die eine 12. Klasse der Erweiterten Goethe-Oberschule in Bad Doberan bilden, ich zählte ihrer 21, wären für jeden reaktionären westdeutschen Oberstudienrat eine reine Freude: als so artig erscheinen sie und als so leistungsbeflissen und so ganz auf die Ideologie ihres Staates eingeschworen. Ob sie immer so sind? Das eben ist ja das Elend jeder Beobachtung, daß sich der beobachtete Gegenstand allein durch das Beobachtetwerden verändert. Für Menschen gilt das gewiß noch mehr als für Elementarteilchen.

Die arme Lehrerin tat mir leid. Sie hatte auf einmal nicht nur fremde Journalisten am Hals, sondern dazu noch den eigenen Direktor.

Es ist wahrscheinlich, daß die Veranstaltung darunter litt. In jedem Falle jedoch würden unsere Pädagogen diesen Frontalunterricht mit Abfragen und Händchenheben als ziemlich antiquiert empfinden. Wo Katechismus noch unterrichtet wird, mag es ähnlich zugehen. Es gibt auf jede Frage nur eine richtige Antwort – und die lernt man am besten auswendig. In der Diskussion nach dem Mittagessen wirkten die Schüler dann schon freier.

Die Schule übernimmt ihrer Abiturklasse gegenüber die Verantwortung, sie in einem Beruf unterzubringen. Nicht immer in dem erwünschten. Zehn von hundert erreichen das Klassenziel nicht und werden sich nach dem Abitur in einer Lehrlingsausbildung wiederfinden. Wer zum Beispiel in Mathematik und Physik eine Vier hat, darf nicht studieren. Und so manche, die von Germanistik träumten (ein in der DDR wie bei uns überlaufenes Fach), enden als Maschinenbau-Ingenieure. In «unserer» Abiturklasse schien etwa die Hälfte gute Aussichten zu haben, für das Studium zugelassen zu werden, das ihrem Berufswunsch entsprach. Kein schlechter Prozentsatz; etwa gleich hoch wie bei uns, wo freilich am Ende des Studiums die Erfüllung des Berufswunsches viel weniger garantiert ist.

«Für uns», sagte ein Professor in Jena, «ist die Frage nur: setzen wir unsere Studenten ab? Normalerweise ist die Nachfrage größer als das Angebot.»

Osten und Westen und Dritte und Vierte Welt haben eines gemeinsam: Medizin ist das meistbegehrte Studienfach. Von den 96 Abiturienten der Erweiterten Goethe-Oberschule in Bad Doberan sind immerhin acht zum Medizinstudium zugelassen worden, ein stolzer Prozentsatz.

Die für sie eigentlich zuständige Universität ist Rostock (zweitälteste der DDR, nach Leipzig, vor Greifswald, Jena, Halle, Berlin). 60 Prozent ihrer Gesamtkapazität werden von den Medizinern in Anspruch genommen. Das Verhältnis Lehrpersonal:Studenten ist 1:1. Medizin kann außerdem noch an Spezial-Hochschulen in Magdeburg, Erfurt und Dresden studiert werden. Mehr Studenten als bei uns bleiben im heimischen Einzugsbereich; aber der Drang in die Ferne ist nicht unbekannt und stößt nicht auf unüberwindliche Hindernisse.

Die Rostocker Medizin mit ihren dreizehn Kliniken hat, wie man früher gern zu sagen pflegte (und heute, als Zeichen gesteigerten Selbstbewußtseins, wieder sagt), «Weltniveau». Das Medizinstudium unterscheidet sich in Rostock von dem in München nur wenig. Anders als bei uns muß jeder angehende Arzt noch vor seinem ersten Studienjahr vernünftigerweise ein Jahr als Pfleger absolvieren. Es folgen zwei Jahre vorklinischen und vier Jahre klinischen Studiums, von denen das letzte, wie bei uns, wieder ganz praxisbezogen ist und in einer Klinik abgeleistet wird.

Auch Spezialisierung mit Gefahr der Über-Spezialisierung ist Ost und West gemeinsam. Schlichte «Ärzte» gibt es nicht mehr; alle, auch die früher so genannten praktischen Ärzte, müssen Fachärzte werden. Das dauert in Rostock (wie in der ganzen DDR, denn dort wird alles zentral gesteuert) noch einmal vier Jahre. Während dieser Zeit verdient der junge Mediziner ein bescheidenes Gehalt als Assistenzarzt, darf jedoch noch nicht auf eigene Verantwortung handeln.

Gemeinsam ist Ost und West schließlich auch das Überhandnehmen der «Apparate-Medizin», die vor allem auf Diagnose sich richtet; sind die verzweifelten Versuche, die sich beinahe selbständig machende Diagnose wieder heranzuführen an die humane Therapie. Denn was hilft der klügste Befund, wenn man die gefundenen Meßwerte nicht zusammenfügen kann zum Bild einer Krankheit, die zu heilen in der Medizin doch das Wichtigste bleiben muß?

Auch an der Schiller-Universität Jena ist Medizin ein Schwerpunkt, neben den Ingenieur-Berufen, die durch die enge Verbindung zu den Zeiss-Werken gefördert werden, und neben den Lehrern.

Von den 7000 Professoren, wissenschaftlichen Mitarbeitern und Angestellten der Universität sind die Hälfte in der Sektion Medizin beschäftigt. 4500 junge Leute studieren in Jena. Sie finden fast alle einen Platz in einem der acht Studentenwohnheime. Sie bezahlen dafür zehn Mark im Monat, für ein Mensa-Essen 70 Pfennig bis 1,10 Mark. Jeder bekommt ein Grundstipendium von 200 Mark, das durch gute Leistungen um 60, durch sehr gute um 100, durch hervorragende um 160 Mark erhöht werden kann.

Den Studenten sind jährlich vier Wochen Zeit zur Erholung verbürgt. Drei Wochen sind sie im «Studentensommer» auf Arbeitseinsatz bei der Ernte oder im Betrieb; das bringt ein Zubrot von 600 bis 800 Mark.

Besondere Fürsorge gilt Studentinnen mit Kind; sie können es auf 500 Mark Monatsstipendium bringen. Was vermutlich einer der Gründe dafür ist, daß am Ende des zweiten Studienjahres ein Viertel aller Studentinnen ein Kind hat, am Ende des vierten Studienjahres mehr als die Hälfte.

Von 70, überwiegend Frauen, die sich in Jena im letzten Jahr um einen Studienplatz für Germanistik beworben haben, konnten 25 aufgenommen werden. Die Nicht-Angenommenen haben theoretisch die Chance, sich bei einer anderen Universität zu bewerben. Aber da auch dort die Zahl der Bewerber die Zahl der verfügbaren Studienplätze übersteigt, bringt das selten etwas. Aussichtsreicher ist es da schon, wenn eine Kandidatin erst einmal zwei Jahre lang in einen praktischen, einen Arbeiter-Beruf geht und sich dann wieder bewirbt. Etwa fünf sind das in jedem Jahrgang. «Die nehmen wir dann bestimmt.»

Dazu paßt die Geschichte von der Professoren-Tochter. Sie durfte, da die Quote für Intelligenzler-Kinder erschöpft war, zunächst Portugiesisch und Französisch nicht studieren. Sie lernte Bauzeichnerin, und danach wurde sie zum Studium zugelassen. Im dritten Semester ging sie nach Angola, später nach Moçambique; heute ist sie Dolmetscherin bei Zeiss Jena.

«Unsere Lehrer-Studenten», sagte der Professor, «sind arm dran.» Sie müssen jede Woche acht Stunden Deutsch belegen, weitere acht Stunden für ihr zweites Fach (was in Jena Englisch sein kann oder Geschichte, andere Kombinationen gibt es nicht), noch einmal acht Stunden für Pädagogik und Psychologie, schließlich acht Stunden, die sich aufteilen auf marxistisch-leninistisches Grundlagenstudium, Sport und Fremdsprachenausbildung. Jeder Student muß zwei Fremdsprachen können, darunter Russisch. Unserem Kleinen Latinum, wo es noch verlangt wird, entspricht gewissermaßen ein für alle verbindliches Russicum. «Die Studenten haben bei einem so überfüllten Plan viel zuwenig Zeit zum Lesen», sagt der Professor klagend.

Der endlich und gründlich ausgebildete Arzt oder Lehrer verdankt die zum Studium nötigen Pluspunkte mit fünfzig Prozent Wahrscheinlichkeit der Tatsache, daß seine Eltern Arbeiter oder (Genossenschafts-)Bauern waren. Seine Kinder müßten nun (mit fünfzig Prozent Wahrscheinlichkeit) wieder zurückfallen in die Klasse der Herrschenden, die Arbeiterklasse. Es tut sich da ein Paradoxon auf, das den griechischen Sophisten Spaß gemacht hätte. Vorläufig mogelt man sich um die Lösung herum. In Jena sind es mittlerweile nur noch 25 bis 30 Prozent Arbeiterkinder, die zum Studium kommen. In nicht allzu ferner Zukunft wird eine ehrliche und theoriefähige Lösung gefunden werden müssen.

Mit den «Klassen» ist es ja schon jetzt nicht mehr so ganz einfach in dem von der Theorie des «Klassenkampfes» noch immer besessenen Arbeiter-und-Bauern-Staat.

Einkommen spielt eine so große Rolle nicht. In dieser Beziehung ist die DDR vorbildlich. Zwar weiß man nie so recht, wie und warum der eine an eine «Datsche», eine Zweitwohnung, ein Wochenendhaus gekommen ist und warum der andere nicht. Auch sind die Qualitäten der Erstwohnungen (Plumps-Klo im Zwischengeschoß oder WC neben dem Schlafzimmer) auf nicht leicht erklärbare, weil niemals monokausale Weise unterschiedlich. Und dennoch: Überdimensionale Einkommensunterschiede wie in der BRD gibt es, Leistung hin, Leistung her, in der DDR nicht.

Was es statt dessen gibt – ich verdanke eine Bestätigung dieser Einsicht der Schriftstellerin Helga Schubert –, sind die gestaffelten Privilegien. Da hat man also zum Beispiel eine Datsche. Und man hat, was die Datsche erst nützlich macht, ein Auto. Manche bekommen Prämien, dürfen Urlaub machen in einem Luxushotel wie dem Warnemünder «Neptun». Manche dürfen Ausländer treffen, ohne daß es ihrer Karriere schadet. Manche dürfen ins Ausland reisen, sogar ins westliche; manche einmal, manche alle Jahre wieder. «Du mußt wissen, wo du dich da einzustufen hast, wo du da eingestuft wirst», sagte Helga.

Und so kann man es gewiß sehen. Man kann es ebenso gewiß genau anders herum sehen, so wie ein junger Sachse es sah, mit dem ich abends in Dresden ins Gespräch kam. Er hatte nicht die geringste Berührungsangst. Er sagte ganz frei weg: «Sie haben keine Ahnung, wie unabhängig man in unserem Staat sein kann, wenn man auf Privilegien verzichtet. Ich hatte die Zulassung zur EOS (Erweiterten Oberschule). Da habe ich mir überlegt: Junge, wenn du dich darauf einläßt, dann stehst du unter dauerndem Leistungsdruck, da wird von dir ständig Wohlverhalten erwartet. In unserer Gegend gibt es viele Betriebe, die Schweißer brauchen. Ich bin lieber Schweißer geworden. Ich verdiene, mit Prämien und allem Drum und Dran, mein gutes Geld; mehr als mancher Intelligenzler. Und mir kann niemand was sagen. Mir kann zum Beispiel niemand verbieten, mit Ihnen zu reden. Und wenn da einer vom Stasi lauert, was soll's? Schweißer werden immer gebraucht in unserer Republik. Übrigens, ein Sozialist ohne gute Beziehungen ist so arm dran wie ein Kapitalist ohne Geld.»

Die Museumsdirektorin

Von Theo Sommer

Elfriede Gey ist 49 Jahre alt, eine resolute Frau, mit kräftig durchblutetem Gesicht. Sie trägt eine dunkle Brille; ihr Haar ist kurz getrimmt. Ihr lachsfarbener Pullover leuchtet vor der bieder gemusterten Tapete, von der Friedrich Engels milde auf sie herunterblickt. In der Gedenkstätte Eisenacher Parteitag 1869, deren Direktorin sie ist, läßt sie Kaffee und Kekse reichen.

Zuvor hat sie uns durch das ehemalige Wirtshaus «Goldener Löwe» im Schatten der Wartburg geführt, in der die Lasalleaner mit den Sozialdemokraten im August 1869 auf dem «Allgemeinen Deutschen Arbeiterkongreß» stritten, daß die Fetzen flogen. Die Redeschlachten, nach den alten Protokollen von Schauspielern gesprochen, werden von einem Tonband abgespielt («Dieser Herr ist ein Spion!»). Einheit der Arbeiterklasse? Sie war zu jener Zeit ein Traum, eine Hoffnung, ein Ziel.

Gleich im Foyer hängt in einer Vitrine die alte Fahne eines Maurergewerks. Auf ihr ist das Motto eingestickt: «Großes Werk gedeiht nur durch Einigkeit.» In der Mitte der Fahne prangt auf blauem Grund das Motiv, aus dem ein Dreivierteljahrhundert später das SED-Abzeichen wurde: zwei ineinander verschlungene Hände. Was 1946 bei der Zwangsvereinigung von SPD und KPD zur Sozialistischen Einheitspartei der Händedruck Wilhelm Piecks und Otto Grotewohls symbolisierte, ist auf der vergilbten Seide noch der Ausdruck ungenötigter Sehnsucht. Jährlich kommen 60000 Besucher ins Museum, davon 15000 aus der Bundesrepublik. Mancher SPD-Ortsverein ist schon geschlossen in Eisenach angereist.

Elfriede Gey ist ein typisches Produkt jener Qualifikationsgesellschaft, die aus der DDR einen riesigen Arbeiterbildungsverein hat werden lassen. Jeder und jede qualifiziert sich ständig und immerfort weiter. «Wissen ist Macht» – die Devise gilt ohne Einschränkung. Wissen ist auch Geld: Qualifizierung ist der kürzeste Weg zur Lohnerhöhung.

Die Familie Gey lebt schon seit dem siebzehnten Jahrhundert in Eisenach. «Wir sind Alt-Eisenacher Adel», sagt Elfriede. Ihre Ahnen waren Ackerbürger und Handwerker. Sie hat es schwer gehabt in ihrem Leben. Der Vater war im Krieg gefallen, die acht Kinder konnte die Mutter nur unter Aufbietung ihrer letzten Kräfte großziehen. «Ich habe deswegen nur die Volksschule besucht. Mehr ging einfach nicht.» Sie lernte von 1951 an bei der Post, doch 1958 trat sie als ungelernte Kraft in den Schuldienst. Sie wurde Pionierleiterin – Betreuerin der Jungen Pioniere, der Pimpfengruppe der SED.

Dann begann sie sich zu qualifizieren. Sie nahm ein Fernstudium auf, Fachrichtung Pädagogik. Ihren Abschluß machte sie als «Freundschaftspionierleiterin» mit der Lehrbefähigung für die unteren Klassen. Bis 1967 war sie in dieser Eigenschaft tätig. Dann wechselte sie in den regulären Schuldienst über. Sie nahm ein zweites Fernstudium auf und machte 1973 ihr Diplom als Geographielehrerin. In diesem Beruf blieb sie bis 1979.

Mittlerweile hatte sie geheiratet und drei Kinder geboren. Ihr Mann ist heute Fleischer. Der älteste Sohn wurde Werkzeugmacher, der jüngste ging zur Volksarmee, die Tochter ist Gesellschaftswissenschaftlerin.

«Für die Familie ist so ein Fernstudium sehr belastend», erzählt Elfriede Gey. «Wenn da ein Mann nicht viel Verständnis hat und die Kinder nimmt und am Samstag und Sonntag mit ihnen flüchtet...»

«...im Trabbi?»

«Den gab's damals noch nicht.»

Am Ende wurde ihr alles zuviel. Lebhaft schilderte sie die Kehrseite der Qualifikationsgesellschaft: «Ich habe die Belastung nicht mehr ertragen. Ich brachte Schule, Beruf, Familie nicht länger unter einen Hut. Einer meiner Söhne kam in der Schule nicht mehr mit. Er litt an schweren Schlafstörungen. Ich war die Schuldige. Der Psychiater hat mir geraten: Hören Sie auf. Da habe ich gewechselt und bin 1980, zuerst als Halbtagskraft, in die Gedenkstätte gegangen. Hier habe ich wieder Halt gefunden. Die Kinder sind aus dem Haus. Heute bin ich amtierender Direktor.»

«Einfach war es nicht», heißt es in einer Kurzgeschichte von Helga Schubert, «der Mann im Fernstudium und daneben immer das Sparen auf die AWG-Wohnung.» Rainer Kirsch schildert den umgekehrten Fall, die Flucht in die Fortbildung: «Da will die Frau auch leben, sie geht fremd oder macht Fernstudium, denn etwas braucht der Mensch.»

«Ist die Qualifikationsgesellschaft eine neurotische Gesellschaft?»

«So würde ich's nicht sehen», sagt Elfriede Gey und nimmt einen Schluck Kaffee.

Ein männlicher Kollege springt ihr bei: «Neurotische Gesellschaft – nein. Aber eine Gesellschaft, die von den Ehepartnern viel Rücksichtnahme verlangt. Da muß mit Familienproblemen Funkstille herrschen. Da muß der Vater Student oder die Mutter Studentin Ruhe haben.» Viele Ehen von Fernstudenten sind geschieden worden. «Das ist ein Problem.» Überhaupt ist die Scheidungsquote hoch in der DDR. Und das Problem ist nicht nur eines der Akademiker. 90 Prozent aller Frauen arbeiten, hatte uns Professor Herta Kuhrig in Berlin erklärt. Von ihnen haben 80 Prozent eine Facharbeiterausbildung durchlaufen. Qualifizierung ist die Devise aller Stände und Schichten.

Wie Elfriede Gey Kommunistin geworden ist?

«Wissen Sie», sagt sie, «ich war von früh auf politisiert. Bei Kriegsende waren wir nicht nur vaterlos, sondern auch ausgebombt. Wir Kinder sind auf der Straße gestanden. Da gab's Leute, die haben sich um uns gekümmert und uns herausgezogen. Das waren Kommunisten. Sie brachten uns in der Kinderlandbewegung und im Kinderzentrum unter. Ich weiß noch ganz genau, wie ich zwischen Weihnachten und Neujahr 1948 mein Pionierhalstuch bekommen habe. Ich bin Parteimitglied. Zwei meiner Brüder sind Offiziere der Volksarmee. Die Geschwister sind alle politisch wach und engagiert.»

Das Leben hat ihr nichts geschenkt, aber nach all den schweren Jahren ist sie heute glücklich. «Ich bin kein Schreibtischarbeiter. Ich fühle mich wohl in der Besucherbetreuung. Das ist meine Strecke, besonders mit den Jugendlichen.»

Als Kiebitz unter Abiturienten

Wie der Marxismus-Leninismus Doberaner Schülern nahegebracht wird

Von Gerhard Spörl

Endlich läutet die Schulglocke, die Pause ist vorbei. Die 21 Schüler, mehr Jungen als Mädchen, drücken sich ohne Hast, aber auch nicht blasiert, aus ihren Metallstühlen hoch. Der Sprecher tritt vor und meldet der schmalen, energischen Lehrerin: «Klasse 12a, alle sind da, keiner fehlt, Frau Dr. Seidlitz.» Sie überspielt ihre Nervosität mit einem halb mokanten, halb entschuldigenden Lächeln, als wollte sie sagen: «Ich kann ja auch nichts dafür, hoffentlich geht es gut!»

Denn so etwas hat noch keine Schule in der DDR über sich ergehen lassen müssen. Hinten an der Wand quetschen sich fünf überaus neugierige westdeutsche Journalisten nebeneinander auf die Stühle; der ernste, biedere Direktor dieser «Erweiterten Oberschule Bad Doberan» fällt in ihrer Mitte kaum auf. Alle haben ihren roten Notizblock gezückt und sind jetzt ganz Ohr, was DDR-Abiturienten im Staatsbürgerkunde-Unterricht zu hören und zu lernen bekommen.

Mit den ungewohnten Umständen werden die Siebzehn- bis Achtzehnjährigen am besten fertig. Wach sehen sie aus, frisch und unverdorben, eher Kinder als Erwachsene. Sie sind locker und erfindungsreich angezogen. Bevorzugt: Turnschuhe und Cordhosen oder Röhrenjeans; Mokassins und Wollpullover; von den Mädchen Overalls und ausgefranste Röcke. Kaum ein Unterschied zu irgendeiner Schule bei uns.

Die Lehrerin kommt unbestimmten westlichen Vorurteilen leichter entgegen. Frau Dr. Seidlitz verfährt straff, zügig und autoritär. Ihre Schüler ächzen und stöhnen deswegen nicht. Beide Parteien sind aufeinander eingespielt.

Hurtig geht es vom Allgemeinen zum Besonderen, so wollen es die alten Klassiker, und so lieben es die neuen DDR-Didaktiker. Die Lehrerin schreibt die Merksätze an die Tafel. Die wichtigsten läßt sie vorlesen; dann werden sie ins Heft diktiert: «Der Marxismus-Leninismus hat drei Elemente. Theoretische Grundlage ist der dialektische und historische Materialismus; die politische Ökonomie befaßt sich mit den Produktionsbedingungen einer Epoche; am Ende steht der wissenschaftliche Kommunismus.» Schnell fügt Frau Seidlitz hinzu, derzeit und wohl noch lange befinde sich die DDR im Stadium des entwickelten Sozialismus; die klassenlose Gesellschaft lasse nach allgemeiner Übereinkunft noch auf sich warten.

Beruhigt schreiben die sechs Journalisten auch diesen Relativitätssatz nieder. Die Lehrerin schaut jetzt schon weniger schmallippig drein. Warum auch nicht? Der Direktor sitzt entspannt hinten an der Wand. Die deutsch-deutsche Lehrstunde verliert langsam an Schrecken.

Frau Dr. Seidlitz, Ende Dreißig, Anfang Vierzig, duzt ihre Schüler. Alle sind sie in der FDJ, die Lehrerin betreut die Gruppe. Sie läßt spüren, daß sie nicht nur stolz auf ihre intelligenten Schüler ist, sondern sie auch ganz einfach mag.

Die «Zielorientierung» heute lautet: «Wir wollen die Fragen klären, schreibt sie bitte auf: Worauf ist die Politik der SED in ihren Erscheinungsformen gerichtet? Welche Rolle spielt die Frage der Macht in ihrer Politik?» Der Blick in die Runde spart nun nicht mehr sorgfältig die westlichen Hinterbänkler aus. Sie erobert sich zusehends die Herrschaft im Klassenzimmer zurück.

Die 21 haben das schriftliche Abitur schon hinter sich. Wer unzufrieden mit seiner Note ist, kann sie per Kurzvortrag verbessern. Grit – hübsch, brünett, langhaarig, nervenstark – ordnet ihre Blätter, stellt sich vor die Klasse samt Anhang und legt los: Die SED gehört wie alle marxistisch-leninistischen Parteien zum politisch-ideologischen Überbau der Gesellschaft. Ihrem Handeln geht eine Analyse der Klassenverhältnisse voran; ihr Ziel ist die Veränderung der Wirklichkeit.

Grits Stimme klingt milde, und die richtigen Begriffe gehen ihr ebenso unpersönlich wie flott über die Lippen. Keinen Deut weicht sie vom Bekenntnis- und Verlautbarungsstil der Lehrerin und der Lehrbücher ab.

Alte Fragen, gemischte Gefühle: Hat sie das nun auswendig gelernt – oder glaubt sie wirklich daran? Aber wer könnte auf die schnelle schon herausfinden, was die Achtzehnjährigen wirklich denken und was sie bloß herunterbeten. Und schließlich – können sie es denn selber ganz genau wissen?

Weiter im Vortrag: Ihre historische Mission, hören wir von Grit, erfüllt die SED, indem sie über den Staatsapparat gebietet. Dank der Diktatur des Proletariats ist gewährleistet, daß in der DDR Ruhe und Ordnung herrschen und daß die Bürger sich sozial geborgen fühlen. «Die entscheidende Frage ist die Machtfrage.»

«Gut», sagt die Lehrerin kühl. Grits Blick schweift flüchtig auf das Plakat «The Beauty of Britain» und über das Wandfoto, auf dem ein Bettler unbeachtet und hilflos im Dreck einer amerikanischen Großstadtstraße liegt, dazu der Text: *«Housing is a basic human right»* – jeder Mensch hat das Recht auf ein Zuhause.

Grit verliert nicht den roten Faden. Das Wesen des Sozialismus, so geht es weiter, in der vergangenen wie in der gegenwärtigen Etappe ist der Friede. Das hat Lenin 1917 mit seinem Aufruf an die Welt bewiesen; das beweisen die Abrüstungsvorschläge Michail Gorbatschows in diesen Tagen. Endlich Grits Schlußkurve: Die Sozialpolitik der SED als Erscheinungsform des Sozialismus erweist sich darin, daß auf dem XI. Parteitag die Fahrpreise für die Schüler ermäßigt worden sind.

«Ja», rundet Frau Seidlitz mit fester Stimme ab, «denn das Wesen der Politik der SED ist: Alles für das Wohl des Volkes!» Sie ist angetan davon, daß Grit aus dem Überbau herabgestiegen ist ins Doberaner Leben. Dort macht es einen großen Unterschied, ob die Straßenbahnkarte 20 Pfennig kostet oder nur noch 10 Pfennig. «Ihr müßt alles immer wieder auf eure eigene Situation beziehen», fährt sie fort, und ihre Augen ruhen fast sarkastisch auf den westlichen Journalisten, «denn das sind keine fremden, anonymen Gesellschaftsprozesse.» Ihre Stimme vibriert dankbar. Der Unterricht läuft gut. «Die historischen Bedingungen ändern sich», sagt sie, «also muß sich auch der Marxismus-Leninismus ändern.» Der rote Linoleumfußboden ist stumpf.

«Wir haben über Materielles gesprochen. Das ist natürlich nicht alles. Jetzt zum Ideellen. Also, was kommt euch besonders zugute?»

Es melden sich zwei. «Das ist mir zuwenig.»

«Das ganze Bildungssystem», antwortet der langhaarige Primus in der ersten Bank.

«Genau», freut sich Frau Seidlitz, «im Sozialismus spürt jeder einzelne, was gute Politik ist.»

Ob der Kurzvortrag über «Die Weltanschauung der Arbeiterklasse in der Einheit der drei Bestandteile» gut oder schlecht geriet, darüber entscheidet die ganze Klasse. Die Voyeure in der hintersten Bank schauen ratlos drein: Was ist der Maßstab? Ein Mädchen hinten links fällt stellvertretend das Urteil: Thema getroffen, Aufgabe erfüllt. Allgemeine Zustimmung. Grit bekommt eine Eins.

Einige Tage später und anderenorts erzählen mir zwei Jugendliche, wie Lehrer und Schüler an ihrer Schule eine diskrete Übereinkunft einhalten. «Wir wissen, daß der Lehrer nicht davon überzeugt ist, was er uns über Marxismus-Leninismus erzählen muß. Aber er kann sich darauf verlassen, daß wir ihn deswegen nicht in Verlegenheit bringen. Wir lernen auswendig, was wir aufbekommen, und verlassen uns darauf, daß er uns nicht mehr abverlangt.» Eine Art Gesellschaftsvertrag im kleinen, um die orthodoxen Ansprüche des SED-Überbaus gleichermaßen zu erfüllen wie zu ignorieren. Aber es steht für Lehrer und Schüler viel zuviel auf dem Spiel, als daß man darüber befreit auflachen könnte. Ob Lehrer, ob Schüler: Wer sich nicht an das stillschweigende Abkommen hält, gerät in Schwierigkeiten.

Frau Seidlitz argumentiert beharrlich gegen die Skepsis des

Journalistenkollektivs an. Als Mentorin der FDJ-Gruppe führt sie oft «Politgespräche» mit der Klasse. «Ich muß den Kindern nicht einreden, was sie glauben sollen. Sie wissen selber zu schätzen, wo sie leben.»

Zum Materiellen gehört, daß alle Schüler der zwölften Klasse vom Staat monatlich 150 Mark bekommen. Einige von ihnen, deren Eltern weiter weg im Landkreis Rostock wohnen, leben zudem wochentags im Internat, einer gemütlichen, ehemals großherzoglichen Villa mit viel Grün drum herum. Dafür zahlen sie 1,40 Mark pro Tag; das Essen kostet 5 Mark.

Ins Ideelle spielt hinein, daß gute Chancen besitzt, eines Tages zur Elite des Landes zu gehören, wer die Erweiterte Oberschule absolviert. 90 Prozent aller Abiturienten werden zum Studium zugelassen.

«Müssen die Kinder nicht allzu früh allzu viel entscheiden?»

«Wieso denn?» stellt die Lehrerin die Gegenfrage. «Lehrlinge müssen sich doch auch mit 14, 15 Jahren fürs ganze Leben entscheiden.»

Der Staat greift tief ein ins Leben der Heranwachsenden; er diktiert ihnen die Bedingungen und umwirbt sie zugleich. So erzieht die DDR nicht unbedingt lauter kleine Kommunisten, aber vielleicht eben doch loyale Staatsbürger.

Staatsbürgerkunde zweiter Teil. Nun sitzen die deutschen Journalisten den deutschen Abiturienten nicht länger im Nakken, sondern ihnen gegenüber. Die Lehrerin betont, jetzt werde sie sich überhaupt nicht einmischen. Der Direktor untermauert seine Autorität weiterhin durch Schweigen.

«Was heißt denn FDJ-Auftrag?»

«Das kann heißen, daß ich mal Politgespräche leite, daß ich in Diskussionen Standpunkte zeige oder für den Schutz des Friedens eintrete. Und am Donnerstag sammeln wir für zwei Waisenhäuser in Nicaragua.»

Anderes Thema: «Was wollen Sie denn demnächst studieren?» Einer, der mit seinen langen Haaren nicht danach aussieht, wollte sich für die Nationale Volksarmee verpflichten. «Warum?» – «Es gefällt mir, und ich leite gern», kommt die entwaffnende Antwort. *Leiten* – das ist das Haupt- und Staatsverb in dieser Gesellschaft, die Kollektivität predigt und nicht auf das starke Individuum verzichten will.

Mit der NVA hat es freilich nicht geklappt. Danach wollte der verhinderte Soldat Maschinenbau studieren; dafür wiederum waren die Noten nicht gut genug. «Jetzt werde ich eben Kfz-Schlosser.»

Zweimal ist dieser Doberaner Schüler *umgelenkt* worden, klassischer Ausdruck für die staatliche Planung des Studiums. Die Studienplätze werden je nach gesellschaftlichem Bedarf verteilt; persönliche Vorlieben müssen im Zweifelsfall zurückstehen. Derzeit stehen den Abiturienten alle technischen Berufe offen. Unsere Doberaner Schüler verwandeln sich in naher Zukunft in Elektroniker oder Schiffbauer, sie lernen Verfahrenstechnik für Keramik und Glas oder Melioration. Die meisten Mädchen werden Lehrerinnen für Russisch, Englisch, Französisch. Mehrere Jungen wollen Offizier werden.

Die deutsch-deutsche Runde geht freundlich-abtastend miteinander um. «Wenn Sie sich ins Jahr 2000 versetzen – welche Wünsche haben Sie dafür?» Das temperamentvolle blonde Mädchen im Fransenrock antwortet zögernd: «Daß die Rüstung abgebaut wird und der Friede sicherer ist; daß überhaupt mehr Normalität herrscht.» Ihre Nachbarin denkt an den Staatsratsvorsitzenden und ergänzt: «Daß es zum Beispiel ganz normal ist, wenn Erich Honecker nach Bonn reist und sich niemand mehr bei Ihnen darüber aufregt.» Ein dritter setzt den Schlußpunkt: «Und daß dann die DDR-Staatsbürgerschaft anerkannt wird und diese Erfassungsstelle in Salzgitter nicht mehr existiert.» Schon ist die Liste der offiziellen DDR-Forderungen abgehakt.

Wir Journalisten hätten es gerne etwas persönlicher gehabt. Bei der nächsten Frage schwingt leiser Unmut mit: «Und was wissen Sie über die Bundesrepublik?»

«Wir wissen über die Bundesrepublik ein bißchen Bescheid, Ihre Medien kennen wir auch.» Danach fallen Vokabeln wie Leistungsdruck und Konkurrenzzwang, Kriminalität und Drogensucht.

«Würden Sie gerne einmal nach drüben reisen?»

«Ich habe mir schon Gedanken gemacht», sagt einer. «Ich

glaube kaum, daß so viele Menschen drüben bleiben würden, wenn sie reisen könnten.»

«Was wollen die DDR-Bürger denn drüben?» erbost sich der Primus halbwegs. «Hier haben sie doch alles!» Ein sportlicher Ton bricht plötzlich durch, nicht feindselig, doch stolz-distanziert. «Wollten Sie in eine Stadt reisen, wo Frauen und Mädchen abends nicht allein auf die Straße gehen können? Und dann das Drogenproblem – das gibt es in der DDR überhaupt nicht!»

Gegenwehr: «Aber das sind doch Probleme, die in allen Überflußgesellschaften auftreten.»

«Ja, ist die DDR denn eine Unterflußgesellschaft?»

Gesamtdeutsches Gelächter, ehe aus der Mitte der Schüler die Frage kommt: «Welchen Eindruck macht denn die DDR auf Sie?» Gespannte Aufmerksamkeit. «Auf mich macht die DDR einen angestrengten Eindruck, sie wirkt auf mich, als läge eine große Last auf ihr. Sie wirkt auch unfroh...» Protest, ungläubiges Lachen: «Ja, wirken wir denn unfroh auf Sie?»

Im kühlen Treppenhaus verabschiedet sich Frau Dr. Seidlitz erleichtert, stolz und gar nicht unfroh. «Glauben Sie mir nun endlich, daß diese Kinder auch wirklich sagen, was sie denken?»

Die Bauern als Mikroelektroniker

Die DDR-Landwirtschaft setzt auf den wissenschaftlich-technischen Fortschritt

Von Marion Gräfin Dönhoff

Das Flugzeug von Hamburg nach Berlin hatte Verspätung. Die Kollegen aus der Redaktion warteten schon auf mich – von weitem wirkten sie wie kleine Punkte vor dem riesigen Gebäude am Ostberliner Marx-Engels-Platz, dem Sitz des Zentralkomitees, der Parteizentrale der SED. Dies ist das Zentrum der Macht. Hier tagt einmal in der Woche das Politbüro. In diesem Gebäude werden alle wichtigen Entscheidungen getroffen.

Auf welche Weise das höchste Gremium, das hier seinen Sitz hat, zustande kommt? Die Grundorganisationen wählen die Vertreter für die Kreisdelegierten-Konferenz. Diese wählen die Bezirksdelegierten-Konferenz und diese wiederum die Delegierten zum Parteitag, dem höchsten Parteigremium, das dann das Zentralkomitee wählt. Dort wird schließlich entschieden, wer ins Politbüro kommt.

Die vielen Wahlgänge rechtfertigen offenbar das Epitheton demokratisch. Freilich gibt es eingeweihte, auch eingesessene Kritiker, die der Meinung sind, daß die auf allen Ebenen zu Wählenden schon zuvor erwählt wurden, und zwar vom Apparat der Partei, also von Bürokraten – Opportunisten und Karrieristen, wie manche meinen –, die sehr genau wissen, wonach der Sinn der höchsten Gruppe steht und was sie möchte.

Wir betreten das Gebäude, das einmal die Reichsbank beherbergte: lange, unauffällige Gänge, viele Türen rechts und links. Durch ein Vorzimmer betreten wir den Raum, in dem uns Politbüromitglied Werner Felfe, Dipl.-Ing. oec., zuständig für Landwirtschaft, empfängt: ein jovialer, ausgesprochen freundlicher, kenntnisreicher Endfünfziger. Wir sitzen ihm an einem langen Tisch gegenüber, es gibt Eiskaffee.

Werner Felfes Lebensdaten: 1928 im Erzgebirge geboren, Sohn eines Maschinenarbeiters, nach dem Besuch der Volks- und Handelsschule kaufmännische Lehre. Mit 17 Jahren, 1945, Eintritt in die KPD. Später Studium an der Technischen Universität Dresden, Aufstieg in der SED. Im April 1981 übernahm er das Ressort Landwirtschaft im Politbüro.

Zum 40. Jahrestag der demokratischen Bodenreform im Herbst 1985 schrieb *Neues Deutschland:* «Es gelang, die jahrhundertelange Rückständigkeit des Dorfes zu überwinden und die Lebensbedingungen in den Dörfern denen der Städte anzunähern... Nur der Sozialismus kann den Bauern eine Existenz in Frieden, Freiheit und Wohlstand sichern.» Und Werner Felfe gab bei dem gleichen Anlaß in seiner großen Rede viele Beispiele dafür, daß im Westen der Imperialismus die Bauernwirtschaft ruiniert habe: «Die chronische Agrarkrise ist ein Bestandteil der allgemeinen Krise des Imperialismus», sagt er.

«Nur daß Ihre Krise und unsere Krise verschiedene Vorzeichen haben: Im Westen handelt es sich darum, den Überfluß einzudämmen, im Osten bemüht man sich dagegen, mit allen Mitteln die nicht ausreichende Produktion anzukurbeln.»

«Ich habe nicht die Probleme des Herrn Kiechle», antwortet Felfe, «und möchte sie auch nicht haben. Wir decken über 90 Prozent unseres Bedarfes selber, denn wir haben im Durchschnitt die Erträge seit der Bodenreform – also in 40 Jahren – verdreifacht. Nur Futtermittel führen wir ein, und das tut die Bundesrepublik ja auch.»

Schaut man die Zahlen an, so ergeben sich folgende Hektarerträge für die DDR:

Weizen 52 Doppelzentner (Bundesrepublik 62,6); Roggen 32 Doppelzentner (43,9); Kartoffeln 260 Doppelzentner (331); Zuckerrüben 340 Doppelzentner (495).

In der Direktive des XI. Parteitages der SED zum Fünf-Jahres-Plan wird mit Bezug auf die Landwirtschaft gefordert: «Die Intensivierung der Pflanzenproduktion ist als ein vorrangiges Anliegen beschleunigt weiterzuführen.» Als Mittel hierfür werden genannt: «Komplexe Mechanisierung, Chemisierung, Melioration und der rationelle Einsatz von Dünge- und Pflanzenmitteln». Ferner wird empfohlen, durch Bereitstellung von Vitaminen, Antibiotika und Veterinärpharmaka die Leistungsentwicklung und Gesunderhaltung der Tierbestände wirkungsvoll zu unterstützen.

«Wenn man diese Direktive vergleicht mit den Problemen, die vor einigen Monaten die Experten bei einem ZEIT-Agrarforum als die für die Bundesrepublik entscheidenden herausgestellt haben, nämlich Überproduktion, zu hohe Aufwendungen von chemischem Dünger, von Pestiziden und Herbiziden, die ökologische Schäden hervorrufen, dann muß man doch wohl zugeben, daß unsere Probleme um 180 Grad differieren. Mit anderen Worten, daß also die Krise im Osten von der im Westen diametral verschieden ist.»

Felfe wendet höflich ein, ich hätte die «Direktive» nicht richtig ausgelegt. Mag sein. Vielleicht aber liegt es auch daran, daß die Realität sich nicht nach der Direktive richtet; denn dort heißt es ja auch: «In der Landwirtschaft sind bei der umfassenden Intensivierung der Produktion die Vorzüge des hohen Standes der Konzentration in den spezialisierten LPG und VEG – also den Landwirtschaftlichen Produktionsgenossenschaften und Volkseigenen Gütern – in Zukunft noch wirksamer auszuschöpfen.»

Dieser Passus ist verwunderlich, denn Werner Felfe hatte uns gerade erklärt, daß die in den siebziger Jahren eingeführte Trennung von Tier- und Pflanzenproduktion sich als unzweckmäßig erwiesen hat; darum seien, so berichtete er, heute beide – die Genossenschaft für Tier- und die für Pflanzenproduktion – in Form von Korporationen wieder unter die einheitliche Leitung eines Kooperationsrats gestellt worden. Natürlich nur administrativ und buchtechnisch – praktisch läßt sich jene Entwicklung gar nicht wieder zurückdrehen. Warum nicht?

Man muß sich das nur einmal praktisch vorstellen: Da gibt es also Betriebe mit 1000 – manchmal 2000 – Stück Vieh, und irgendwo, viele Kilometer entfernt, befindet sich der Betrieb, der das notwendige Futter und Stroh erzeugt; beides muß von den Transportbrigaden zu den Viehstationen gekarrt werden, während der Mist wiederum zurück zu den Pflanzenbaubetrieben gefahren wird. «Unzweckmäßig» erscheint da als ein euphemistischer Ausdruck.

Wie ist dieses Organisationsschema entstanden? Im Anfang wurden die Privatbauern in örtlichen Produktionsgemeinschaften von 300 bis 400 Hektar zusammengefaßt; gemeinsam bildeten sie die überörtlichen, großen Genossenschaften mit mehreren 1000 Hektar Nutzfläche; sie wurden dann später wiederum in gigantischen Kooperationen von durchschnittlich 5000 Hektar integriert, die schließlich zwecks Spezialisierung in Pflanzenbau- und Tierproduktionseinheiten aufgeteilt worden sind.

Man staunt immer wieder über die gewaltige Überorganisation. Jedenfalls würden wir es so nennen. Da gibt es «Fruchtarten-Verantwortliche», denen sogenannte «Normativ-Kommissionen» zur Seite stehen. Es gibt Agrar-Industrie-Vereinigungen, in denen Tier- und Pflanzenbetriebe mit «agrochemischen Zentren» zusammenarbeiten. Sie bilden «Meliorations-Genossenschaften». Kein Wunder, daß es auf solche Weise zu einer personellen Überbesetzung kommt. Für einen Milchviehbetrieb mit 1900 Kühen stehen 73 Arbeitskräfte in acht verschiedenen Qualifikationen zur Verfügung – von Produktionsleitern und Veterinären bis zu Melkspezialisten, Elektrotechnikern und Buchhaltern. Als wir vor 22 Jahren in der DDR waren, betrug die durchschnittliche Milchleistung pro Kuh und Jahr 2700 Liter, inzwischen ist die Leistung auf 4000 Liter gesteigert worden.

Eine Schlüsselfrage in der Landwirtschaft lautet: Wie viele Arbeitskräfte auf 100 Hektar? Antwort: in der DDR zwölf, in der Bundesrepublik fünf bis sechs. Im Klartext heißt dies: In der Landwirtschaft ist die Arbeitsproduktivität bei uns mindestens doppelt so hoch wie in der DDR. In der DDR sind 10 Prozent der Beschäftigten in der Landwirtschaft tätig – bei uns sind es 4 Prozent.

Felfe hat ein schweres Erbe übernehmen müssen. Sein Vorgänger Gerhard Grüneberg, offenbar ein hemmungsloser Theoretiker, war der Erfinder jener willkürlichen, vielmehr widernatürlichen Trennung in Tier- und Pflanzenbetriebe. Ihm schwebte offenbar vor, die Landwirtschaft der Industrie anzugleichen, also den Unterschied von Stadt und Land zu verwischen. Grüneberg setzte – gegen alle Warnungen – die übereilt durchgeführte Industrialisierung der Landwirtschaft durch und hat damit nicht nur große Kosten, sondern auch nicht unerheblichen Schaden verursacht.

Er war wohl ein besinnungsloser Autokrat. Jedenfalls deutet auch sein persönlicher Lebensstil – er ist 1981 verstorben – darauf hin. Am Wochenende ließ sich Grüneberg mit seinem Hubschrauber auf sein Gut in Mecklenburg fliegen. Hier befand sich sein «Partei-Schloß» mit ausgedehntem Jagdrevier. Als die Autobahn Berlin-Hamburg gebaut wurde, sollte die Trasse ursprünglich durch Grünebergs Territorium verlaufen. Aber es gelang ihm, die Streckenführung zu ändern, wodurch die Autobahn erheblich teurer wurde.

Der Name Grüneberg und das Stichwort Trasse rief in meiner Erinnerung unwillkürlich einen Vorgang wach, der Jahrzehnte zurückliegt. In Ostpreußen hatte sich Anfang des Krieges die Nachricht verbreitet, die Autobahn, die von Königsberg nach Westen verlief, solle nach Osten weitergeführt werden, wobei die Trasse in voller Länge durch den Betrieb gelegt würde, den ich damals bewirtschaftete. Die Gutshöfe wären so von ihren Feldern getrennt worden, ein betriebswirtschaftlich unhaltbarer Zustand.

Ich beschloß, den Landesplaner des Gauleiters Koch, Herrn von Grünberg, in Königsberg aufzusuchen. Herr von Grünberg hörte zu und holte dann eine Karte, um mir den Sinn des Unternehmens zu verdeutlichen. Ich nahm an, er werde eine Karte von Ostpreußen im Maßstab 1:25000 bringen; aber er erschien wieder mit einem Weltatlas 1:1000000 und erklärte, der «Führer» wolle mit Hilfe dieser Autobahn die Sojabohnen aus der Mandschurei nach Deutschland bringen. Angeregt durch die Geschichte von Herrn Grüneberg, konnte ich nicht umhin, an die Gigantomanie von Herrn von Grünberg zu denken.

Groß ist die Begeisterung für Technologie in der DDR und unerschütterlich der Glaube an den «wissenschaftlich-technischen Fortschritt». In jeder Ausgabe der *Deutschen Bauernzeitung*, bei der Eröffnung der AGRA 86 und am 40. Jahrestag der demokratischen Bodenreform – immer wieder taucht dieser Begriff auf. Auch Werner Felfe teilt die Überzeugung, daß Mikroelektronik in der Landwirtschaft von großer Bedeutung sei:

«*Erstens* geht es darum, mikroelektronisch-technische Mittel zur Steuerung verschiedener Arbeitsprozesse zu entwickeln. *Zweitens* sind Informations-, Kontroll- und Beratungssysteme zu schaffen, in denen mikroelektronische Ausrüstungen und Rechentechnik einschließlich Software im Verbund mit der Prozeßüberwachung, -steuerung und -analyse zur Anwendung kommen. *Drittens* brauchen wir rechnergestützte Informationssysteme zur Rationalisierung von Prozessen der Entscheidungsfindung auf der Ebene von Genossenschaften und Betrieben sowie wirtschaftsleitenden und staatlichen Organen.»

Diese Wissenschaftsgläubigkeit ist erstaunlich. Wie kommt es, daß die Erfinder der Dialektik nicht wahrhaben wollen, daß Chemie auf den Feldern und Drogen im Kuhstall von einem bestimmten Punkt an nicht mehr Nutzen, sondern nur noch Schaden stiften?

Merkwürdig ist auch, daß dieselben Leute, die jetzt vom technisch-wissenschaftlichen Fortschritt schwärmen, offenbar ganz vergessen haben, daß sie einst das von Marx verachtete Leben auf dem Lande zu einem industriellen Produktionsvorgang umgestalten wollten. Jetzt aber spricht man wieder vom Bauern, rühmt seine Naturverbundenheit und beschwört den Geist der Dorfgemeinschaft.

Auf die Frage nach der Landflucht, die den Kolchosen und landwirtschaftlichen Produktionsgenossenschaften lange Zeit sehr zu schaffen gemacht hat, lautet die Antwort: «Das ist vorbei.» Das Leben auf dem Lande sei attraktiv; es gebe wieder eine traditionelle Dorfgeselligkeit; man habe Kinderkrippen und Kindergärten, Sportplätze sowie Einkaufsmöglichkeiten in den LPGs geschaffen, oft auch einen Friseurladen installiert, und noch wichtiger: Viele Wohnungen sind gebaut worden. In der

Tat finden junge Leute offenbar sehr viel eher auf dem Lande eine Wohnung als in der Stadt. Und dies mag auch der Grund sein, warum das Durchschnittsalter in der LPG allenthalben gesunken ist – es beträgt heute 41,5 Jahre. In jeder Ausgabe der *Deutschen Bauernzeitung* stehen mehrere Annoncen wie diese:

«Zu vermieten ab sofort in der Nähe einer Kreisstadt eine 2 ½-Zimmer-Neubauwohnung mit Bad. Gute Einkaufsmöglichkeiten, Kindergarten und Krippe sind im Ort. LPG ‹Neues Deutschland›.»
   «Zu vermieten 3-Zimmer-Wohnung mit Küche, Bad, WC und Garage. Möglichkeiten zur individuellen Viehhaltung sind vorhanden. Zuschriften an: ‹ZGE Milchproduktion›.»

Viel ist auch für die Ausbildung der jungen Leute getan worden. 90 Prozent der in der Landwirtschaft Tätigen haben eine abgeschlossene Ausbildung erhalten, davon neun Prozent eine Hoch- oder Fachschulbildung. Die wesentlichen sozialpolitischen Bedingungen: Unterstützung für Mutter und Kind, Ferien, Sozialversicherung, Acht-Stunden-Tag sind für Stadt und Land gleich. Die Lebensqualität auf dem Dorf ist also gut, die Einkommen entsprechen in etwa denen der Industriearbeiter.

Ähnlich wie bei uns werden die Agrarpreise manipuliert. Im Jahre 1984 wurde eine Agrarpreis-Reform durchgeführt: Der Erzeuger erhält seither 60 Prozent höhere Preise, die Erhöhung wird aber für den Verbraucher durch staatliche Preisstützung aufgefangen, die sich im letzten Jahr immerhin auf 24 Milliarden Mark belief. In der Bundesrepublik werden die Preise auch nicht vom Markt bestimmt, sondern von der EG festgesetzt – ebenfalls weit über den Weltmarktpreisen. Folge: Die zu kommerziellem Denken erzogenen Bauern produzieren ohne Unterlaß, und da die Regierungen geschlafen haben, sind Berge von Butter, Rindfleisch und anderen Erzeugnissen entstanden, für deren Lagerung in Kühlhäusern Millionen aufgebracht werden müssen. Von den 45 Milliarden DM, die die EG für den Agrarmarkt ausgibt, erhält der Bauer aber nur 20 bis 25 Prozent, alles andere geht auf Lagerung und auf Vertrieb zu reduzierten Preisen.

Resümee: Auf beiden Seiten hat die Agrarpolitik zu Fehlleistungen geführt – je nach der Anfechtung, die in das jeweilige System eingebaut ist. Im Westen ist es das «Profitstreben» gewesen, im Osten der Hang zur «Überbürokratisierung».

In der DDR heißt es stolz: «In keinem anderen Abschnitt der Geschichte unseres Volkes wurden die politischen, ökonomischen und sozialen Verhältnisse auf dem Lande so tiefgreifend verändert wie in den Jahren seit der demokratischen Bodenreform.» Und in der Bundesrepublik schreibt Hermann Priebe in seinem Buch «Die subventionierte Unvernunft»: «Innerhalb von 20 bis 30 Jahren sind grundlegende Veränderungen in der Landwirtschaft eingetreten, die folgenreicher sind als alle Veränderungen der Jahrhunderte zuvor.»

Es ist wahr, das Bauerntum, das tausend Jahre die Grundlage unseres Lebens war – noch zu Anfang des vorigen Jahrhunderts war die bäuerliche Landwirtschaft die Lebensbasis der meisten Menschen –, existiert nicht mehr. Weder in der DDR noch in der Bundesrepublik. Nicht dem Primat der Politik, den unterschiedlichen Gesellschaftssystemen also, ist dies zuzuschreiben, sondern dem Sachzwang der modernen Zeit: dem Wunsch, immer mehr zu produzieren sowie der Mechanisierung und Spezialisierung der Betriebe.

Die Motive und Methoden sind verschieden, aber das Ergebnis ist diesseits und jenseits der Elbe das gleiche: Ein Urtyp der menschlichen Lebensweise – der Bauer – ist sich selbst entfremdet worden, in der DDR als quasi Angestellter, in der Bundesrepublik als Unternehmer, auf dessen Hof oft kein Tier mehr anzutreffen ist und in dessen Ställen nur noch Maschinen stehen.

Der LPG-Vorsitzende

Von Marlies Menge

Hubert Berger muß etwas für Malerei übrig haben. In seinem kleinen Büro dominiert nicht das Jugendfoto von Parteichef Erich Honecker, sondern ein Gemälde von der Ernte auf dem Lande, wie sie früher war: ein Pferdefuhrwerk, auf das emsige Menschen Getreidegarben häufen. Vielleicht sind es polnische Schnitter, damals halfen sie oft in dieser Gegend. Gramzow, Kreis Prenzlau – heute Bezirk Neubrandenburg – ist kaum 50 Kilometer von Polen entfernt.

Das Bild weckt keine nostalgischen Erinnerungen an die Zeit seiner Ahnen. Bergers Vater war Schlosser in einem kleinen Ort in Thüringen, in Bad Kösen. Dort ist Sohn Hubert aufgewachsen. «Im schönen Saaletal», sagt er, «landschaftlich ist das wirklich besonders schön.» Da schwingt Wehmut mit, verständlich bei einem, den es aus dem lieblichen Thüringen in den herben, platten Norden verschlagen hat.

Als der Krieg zu Ende ging, war Berger drei Jahre alt. Acht Jahre ging er auf die Grundschule, machte danach an der Volkshochschule die mittlere Reife und lernte in der Landwirtschaft. «Das war persönliches Interesse», sagt er. Woher es kam? «Na, ich habe als Schüler bei der Ernte geholfen, ich war bei Ernteeinsätzen dabei, damals noch bei einzelnen Bauern. Das hat mich interessiert – alles, was mit Landwirtschaft zu tun hat.»

Groß, stämmig und weißhaarig sitzt er uns gegenüber, ein Bauer, wie ihn sich Städter vorstellen: mit dem ruhigen Selbstbewußtsein eines Menschen, der es mit Natur und Tieren zu tun hat; ein Hausherr, der seinen Gästen Brote mit Wurst und Schinken aus LPG-eigener Schlachtung anbieten kann; kein «Industriearbeiter auf dem Lande», zu dem die DDR die Mitglieder der Landwirtschaftlichen Produktionsgenossenschaft einst machen wollte, um die Unterschiede von Stadt und Land wenigstens theoretisch aufzuheben.

Da sind wir auch schon wieder bei dem Erntegemälde aus der Vorzeit. Vielleicht soll es dem Betrachter erzählen, daß es auf dem Lande «kulturelles Erbe» gibt, an das zu erinnern sich lohnt. Auf den großen Feldern der heutigen LPGs wird es kaum ein Zurück vom 125-PS-Mähdrescher zum Pferdefuhrwerk geben. Aber allmählich setzt sich doch die Einsicht durch, daß Althergebrachtes nicht in Bausch und Bogen verworfen werden sollte, wie es lange Zeit in der DDR-Landwirtschaft geschah.

Als wir das Auto parkten, fiel uns ein anderes Gemälde auf, gemalt auf die Vorderfront eines Hauses, jüngeren Datums als das Erntebild, vom LPG-Vorsitzenden Berger in Auftrag gegeben bei einem Maler der Genossenschaft, der Hang zur Kunst verspürt. Es zeigt den Kreislauf Boden – Pflanze – Tier. «Das soll den Leuten im Dorf den natürlichen Kreislauf klarmachen», sagt Berger. Der ist ihm wichtig. Er hat sämtliche Umwälzungen in der Landwirtschaft nach der Kollektivierung mitgemacht: 1972 die Gründung der KAP (Kooperative Abteilung Pflanzenproduktion), 1980 dann die Trennung in LPG (P = Pflanzenproduktion) und LPG (T = Tierproduktion). Darüber nun das Dach, das beide wieder miteinander verbinden soll: der Kooperationsrat, dessen Vorsitzender Berger ist.

Deshalb weiß er auch so gut Bescheid bei der LPG (P): zum Beispiel, daß der Schlag 100 Hektar hat. «Das haben wir wieder auf eine vernünftige Größe gebracht», sagt er. Er gibt zu, daß Fehler gemacht worden sind. «Bei uns werden jetzt auch die Brüche erhalten» – kleine Tümpel inmitten der Felder, wichtig für Tiere, die bei der Schädlingsbekämpfung helfen. Auch Knicks legt er wieder an. Seine Kühe stehen auf Stroh: «Das ist doch wichtiges Düngemittel.» Die Schweine stehen auf Gülle. Bevor die Färsen besamt werden, kommen sie auf die Weide. Also war jede LPG-Kuh eine Zeitlang ihres Lebens eine glückliche Kuh.

Berger will an manchem bäuerlichem Brauchtum festhalten. Aber nie läßt er den leisesten Zweifel aufkommen, daß er das Grundsystem in der DDR-Landwirtschaft, das genossenschaftliche Eigentum, für absolut richtig hält. Er ist zutiefst davon überzeugt, daß es die Bauern in der DDR besser haben als die Bauern in der Bundesrepublik, alleine wegen der geregelten Arbeitszeit und wegen des festen Gehaltes. Daß die DDR-Landwirtschaft trotz aller Bemühungen immer noch weniger produziert als die der Bundesrepublik, die ihre Landwirte ja eher zum Kurztreten auffordert, macht ihn in seiner Meinung nicht wankend.

Berger hat Landwirtschaft in einem volkseigenen Gut bei Schulpforta in Thüringen gelernt. «Das ist ein Gut wie bei Ihnen, mit Landanbau und Tieren, spezialisiert auf die Ausbildung von Leuten für die Landwirtschaft.» Ausgelernt hatte er 1960 – in dem Jahr, als die Kollektivierung abgeschlossen war. «1960 hatten wir unseren sozialistischen Frühling auf dem Lande», sagt er, und es klingt kein bißchen ironisch. Trotzdem kehrte er dem Land erst einmal den Rücken; drei Jahre lang fuhr er als Matrose zur See: «Das war ein Jugendtraum.» Deshalb verlängerte er seine Dienstzeit bei der Armee.

Als Berger zurückkam, gab es einen FDJ-Aufruf: Junge Leute wurden für den Norden des Landes gesucht. «Der Norden war ja dünn besiedelt; es herrschte Arbeitskräftemangel; die Jugend war schwer zu halten.» Er ließ sich anwerben. Zuerst landete er auf einem volkseigenen Gut im Kreis Altentreptow im Bezirk Neubrandenburg; von dort kam er auf die Ingenieurschule in Prenzlau, eine Fachschule. Dann wurde er 1964 zum Praktikum nach Gramzow geschickt. Warum gerade Gramzow? «Das geschah im Zuge der Absolventenlenkung. Das erste Jahr muß man dorthin gehen, wohin man geschickt wird.»

Berger ist in Gramzow geblieben. Hier hat er geheiratet. Seine Frau stammt aus Prenzlau. Sie ist ebenfalls keine Bauerntochter. Er hat also keinen Hof erheiratet. Aber die Jungvermählten haben sofort eine Neubauwohnung in Gramzow bekommen.

Im Praktikum hat Berger Kühe gemolken und Traktor gefahren, überhaupt alles gemacht, was anfiel. «Dann wurde ich Brigadier in der Tierproduktion. Das war damals in der Schweine- und Milch-Produktion.» Im Jahre 1972 begann er ein Fernstudium an der Humboldt-Universität, das er 1976 abschloß. Seitdem ist er Diplom-Agrar-Ingenieur. Aber wer ihn nach seinem Beruf fragt, bekommt die Antwort: «Diplom-Landwirt.» 1973 wurde Berger Vorsitzender der LPG. Seine Frau arbeitet im Futtermittellabor seiner LPG.

Neben der Kantine, in der die Bauern essen, ist die gute Stube der LPG. Die Wände sind mit Holz verkleidet, auch Tische und Stühle sind aus hellem Holz. Hier hat der Anstreicher mit der künstlerischen Ader Sprüche aufs Holz gemalt, nicht die gewohnten Losungen des real existierenden Sozialismus, sondern Bauernsprüche im Plattdeutsch der Gegend: «Wenn Fleiß to Klookhet sich gesellt, dat märkt de Kooh in'n Stall, de Halm up't Feld.» Das Schweinefleisch schmeckt ganz wunderbar nach Schwein, es stammt aus der Schlachtung der LPG.

Berger findet es in Ordnung, daß die Bauern ihre eigenen Tiere halten: «Die Küken und Gössel kaufen sie in der bäuerlichen Handelsgenossenschaft. Schweine und Bullen kaufen sie bei uns. Ein Viertel seiner Schweine schlachtet jeder Bauer selbst für den häuslichen Bedarf; den Rest verkauft er.» Und jeder hat sein Stückchen Land. «Wie sagen Sie dazu?» wird er gefragt. «Garten, ganz einfach deutsch», sagt er. Dafür spricht er an anderer Stelle vom «Bergeraum» und übersetzt: «Sie sagen dazu Scheune.»

Berger fühlt sich in Gramzow zu Hause. Könnte es nicht passieren, daß er an eine andere LPG versetzt wird, weil dort einer wie er gebraucht wird? «So was hat unsere Partei drauf», sagt er. Gegen die Partei gäbe es keine Widerworte, auch wenn die Bergers inzwischen an ihrem eigenen Haus in Gramzow hängen. Das haben sie 1978 gebaut. Danach erst haben sie für Nachwuchs gesorgt. Die Kinder, sechs und zwei Jahre alt, sind tagsüber im Kindergarten und in der Krippe.

Für eigenes Vieh und Land scheint Berger weniger Sinn zu haben als andere Bauern – vielleicht weil er es nicht aus der

Kindheit kennt. Er hat weder Bullen noch Schweine, nur ein paar Hühner («Leghorn nicht, die sind mir zu leicht, Sussex») zu Hause. «Im Garten Küchenkräuter und ein paar Mohrrüben und Erdbeeren für die Kinder.» Keine Katze, kein Hund? «Doch», sagt er, «einen Hund.» Und das ist kein Dokö, wie die Bauern ihre Dorfköter ironisch abkürzen, sondern einer, dessen Ahnen man in Palästen züchtete: ein Pekinese.

Privates gedeiht am besten

Besuch bei einer LPG in der Uckermark

Von Marlies Menge

Die LPG im mecklenburgischen Gramzow heißt «Solidarität». Sie hat aber nichts zu tun mit *Solidarność* im nahen Polen. Solidarität *à la* DDR heißt: Unterstützung bestimmter Länder der Dritten Welt und nationaler Befreiungsbewegungen. Dazu hat der Bürger der DDR sein Scherflein beizutragen: mit einer Spende im Betrieb, indem er Topflappen für einen der vielen «Soli-Basare» häkelt – oder eben seine LPG «Solidarität» tauft.

Die erste LPG in Gramzow wurde 1953 gegründet, am Anfang der Kollektivierung. Sie hatte sieben Mitglieder und ganze 20 Hektar Land. Erst 1960, am Ende der Kollektivierungskampagne, traten die letzten Bauern der LPG bei. Heute haben drei LPGs in Gramzow ihren Sitz. Sie bewirtschaften insgesamt 4300 Hektar Land, sie haben 400 Milchkühe, knapp 4000 Färsen und 4000 Schweine im genossenschaftlichen Stall. Eine der drei LPGs ist auch verantwortlich für die Produktion von Kühen und Schweinen.

Mir kommt es jedesmal schwer aus der Feder: das Wort «Produktion» im Zusammenhang mit Tieren und Pflanzen. Die DDR benutzt es geradezu beschwörend. Die Genossenschaften sind *Produktions*genossenschaften der Pflanzen*produktion* und der Tier*produktion*. Als wenn durch dieses Wort schon Qualität und Quantität von Korn und Kuh zu steigern wären.

Im strengen Sinn des Wortes produziert die LPG «Solidarität» gar nicht alle ihre Tiere, sie kauft sie vielmehr beim VEB Tierzucht: «Die haben gute Erbanlagen, eine gute Milch- beziehungsweise Fleischleistung», erklärt uns der LPG-Vorsitzende. Die Schweine werden gekauft, wenn sie 100 Tage alt sind, mit 220 Tagen werden sie wieder abgegeben. Dann sind sie besamungsreif – die LPG als Durchgangsstation. Die männlichen Tiere werden geschlachtet, dann landen manche von ihnen in West-Berlin. Wer die DDR kennt, weiß, was das bedeutet: Diese Schweine werden in eine besonders hohe Güteklasse eingestuft – für Devisen nur das Beste.

Viele Milchkühe und Färsen werden gekauft, andere sind aus eigenem Nachwuchs. Rund 1500 aller Färsen kommen, ehe sie künstlich besamt werden, auf Dauergrünland, also auf die Weide. Sie gehört der LPG (P = Pflanzenproduktion). In Gramzow klappt, was lange Zeit durch allzu große Spezialisierung verlorenzugehen drohte: die Pflanzenproduzenten liefern das Futter für die Tierproduzenten, die Tierproduzenten liefern den Pflanzenproduzenten Kuhmist und Schweinegülle zum Düngen.

Die Genossenschaftsbauern, die für die Pflanzen zuständig sind, haben es mit dem Endmoränengebiet der Uckermark zu tun, von jeher ein Land für Getreide und Zuckerrüben. Auch jetzt dient die gute Hälfte des Bodens dem Anbau, vor allem von Weizen und Hafer. Die Erträge sind ungefähr so hoch wie in der Bundesrepublik. Mit der Zuckerrübenproduktion ist der Kooperationsvorsitzende noch nicht zufrieden: «Sie ist so arbeitsintensiv, vieles muß noch mit der Hand gemacht werden.» Mit seinem Kummer steht er nicht allein, das ist ein DDR-weites Problem. Vier Arbeitskräfte kommen auf 100 Hektar, auf denen 100 bis 120 PS Maschinenkraft eingesetzt wird. Der Bauer ist also eher Techniker.

Im Schnitt verdient ein LPG-Mitglied 11 500 Mark im Jahr. Der höchste Lohn pro Monat liegt bei 2500 Mark; 650 Mark bekommt eine einfache Verwaltungskraft; der Melker kommt auf 1100 bis 1200 Mark monatlich. Der Höchstbetrag für die Sozialversicherung (Krankenkasse und Rente) ist 60 Mark. Pro Kollektiv wird der Leistungslohn errechnet. «Mit den Kollektiven werden Vereinbarungen abgeschlossen: So und so viel müßt Ihr erreichen, dann kriegt Ihr die Prämie. Wenn sie mehr schaffen, kriegen sie mehr Geld.» Jeder bekommt 90 Prozent vom angenommenen Lohn am Monatsende; die Prämie wird jeweils zum Halbjahr ausgezahlt.

Die Bauern verdienen schätzungsweise zwischen 5000 und 6000 Mark im Jahr zusätzlich durch Nebenwirtschaften; bis zu 7000 Mark jährlich sind steuerfrei. «Sobald einer heiratet und eine Familie gründet, hat er auch sein eigenes Schwein im Stall.» Wie viele darf er halten? «Soviel er will, soviel er füttern kann. Jeder hat bei uns einen Morgen individuelles Land, das sind 2500 Quadratmeter, das darf er selbst bewirtschaften. Bei uns wird das genossenschaftlich gemacht, die Naturalien, meist für die Viehhaltung, werden jedem einzeln ins Haus gefahren.»

Die DDR scheint sich damit abgefunden zu haben, daß in den privaten Ställen und auf den privaten kleinen Feldern besser gewirtschaftet wird als in den großen LPGs. 10 bis 12 Prozent des Schlachtviehs kommen aus individueller Wirtschaft, 40 Prozent der Eier, fast 100 Prozent der Kaninchen, 30 Prozent der Schafwolle. Die staatlichen Aufkaufstellen geben dem Bauern oft doppelt soviel Geld, wie der Käufer später im Laden bezahlen muß. Die Differenz subventioniert der Staat. So bringen es Bauern oft zu großen Sparguthaben. Wer einen alten Trabant verkaufen will, verkauft ihn gern auf dem Land; dort kann er am meisten dafür verlangen.

Umweltprobleme scheint es in Gramzow nicht zu geben. Zwar wird Kunstdünger, besonders Stickstoff, aufs Land geworfen, aber das Grundwasser ist angeblich nicht belastet. Die LPG macht Analysen, zum Beispiel den Nitrat-Nitrit-Schnelltest: Findet sich Nitrat-Nitrit, wird kein Stickstoff mehr geworfen. Die LPG verwendet so wenig Pflanzenschutzmittel wie möglich. Einmal allerdings mußte sie 20000 Mark Strafe bezahlen. Da waren Kartoffeln gedämpft worden, als Futter für die Schweine, und das Wasser aus der Maschine lief in den See. Die Stärke schadete dem Wasser.

Ökologischer Ackerbau ist in Gramzow unbekannt: «Wir sorgen für eine vernünftige Ackerfolge.» Daß nicht allein mit dem

Strohmist der Kühe und der Gülle der Schweine der Boden gedüngt wird, erleben wir auf dem Weg zum Stall: Da kreist hoch über uns ein Flugzeug, das samt Pilot aus der Sowjetunion gekommen ist, um beim chemischen Düngen aus der Luft zu helfen.

Wir ziehen blitzneue Gummistiefel an. Damit waten wir durch eine Schüssel mit einer desinfizierenden Flüssigkeit. Die Ställe der Massentierhaltung sind wegen der Infektionsgefahr meist für Besucher gesperrt: geheime Verschlußsache. Daß wir die Gramzower Schweine aus der Nähe betrachten dürfen, ist eine große Ausnahme.

Die Schweine kommen neugierig nach vorn gelaufen, grunzen uns freundlich an. Sie wirken noch fit und lebendig, nicht so infarktgefährdet wie ihre älteren, auf Übergewicht gemästeten Artgenossen. Im Stall ist es sehr sauber. Die Schweine stehen auf Gülle, das heißt, auf Rosten, durch die sie ihren Kot selbst treten, der durch unterirdische Röhren in ein Bassin außerhalb des Stalles abläuft, aus dem er dann auf die Felder gebracht wird.

Acht Menschen sind für 4000 Schweine verantwortlich. Einer von ihnen begleitet uns in den Stall. Er erzählt, daß er zu Hause Bullen mästet. Er kauft einen Bullen für 1000 Mark und verkauft ihn zwei Jahre später für 5000 bis 6000 Mark. Zwei Bullen hat er im privaten Stall, dazu vier Schweine und 50 bis 100 Hühner. Ein Schwein schlachtet er für den Eigenbedarf, die restlichen drei bringt er zur staatlichen Aufkaufstelle. Für die Eier, die er abliefert, bekommt er Hühnerfutter. Früher hatte er einen eigenen Hof mit 47 Hektar Land. Jetzt ist er staatlich geprüfter Landwirt, Abteilung Schweinezucht. Seine Frau ist Milchkontrolleur. Er erzählt das ganz sachlich. Es ist nicht herauszuhören, ob er das Alte oder das Neue besser findet.

Das Dorf Gramzow hat 1600 Einwohner, einen Bäcker, eine Werkstatt für Trabbis, drei Kirchen: eine katholische, eine evangelische, eine neuapostolische. An jedem dritten Sonntag im Juni, das ist auch der Tag des Genossenschaftsbauern, feiert Gramzow seine Dorffestspiele. Es singt der Chor aus dem Dorf, es wird um die Wette geangelt und getanzt, und auf der Freilichtbühne spielt man Theater. Die Gramzower sollen ihr Dorf lieben lernen, damit jeder Gramzower gern ein Gramzower ist.

Im Land der Sorben

Von Theo Sommer

Es regnet Schusterjungen im Spreewald. Die Nässe tropft von den schönen alten Alleebäumen, über feuchten Wiesen hängen Nebelschwaden, die Zwiebelfelder und die Meerrettichpflanzungen glänzen im Regen, in den Ausflugskähnen von Lübbenau haben sich die Touristen unter dichten Plastikplanen verkrochen.

Auf dem Ortsschild von Lübbenau steht unter dem deutschen Namen «Lubnjow»; auf dem Wegweiser nach Cottbus ist noch «Chosébuz» vermerkt, und Hoyerswerda heißt außerdem Wojerecy. Die Lausitz ist das Land der Sorben – einer westslawischen Minderheit, die von den Preußen bedrückt wurde, dann von den Nazis unterdrückt, und die sich heute wieder einer mäßigen Blüte erfreut. Das SED-Regime läßt sich die Sache eine Kleinigkeit kosten. Die Sorben-Funktionäre vergelten es der Regierung mit bedingungsloser Anhänglichkeit: «Der Sorben Liebe, Treue und Kraft unserem sozialistischen Vaterland – der Deutschen Demokratischen Republik!»

Aber ganz so überschwenglich wie in den ersten Jahren nach 1949, als die versprengte Lausitzer Minderheit ganz bewußt als Brücke zu den slawischen Verbündeten im Osten verhätschelt wurde, ist die Sorben-Begeisterung der DDR wohl nicht mehr. Der Nationalrat der Sorben, die Domowina, residiert in einer bescheidenen Villa am Stadtrand von Hoyerswerda. Sie zu finden macht Mühe, den Weg kennt von den Einheimischen keiner. Wir kommen mit einer halben Stunde Verspätung an; kein Wunder, daß wir ungeduldig erwartet werden.

Um eine lange Tafel, die sich unter der Last von belegten Broten, Salzgurken, Hühnerbeinen und frischem Brot biegt, sitzen Horst Adam, der Chefredakteur der sorbischen Zeitung *Nowy Casnik,* der Domowina-Sekretär Räde und die Seele der Sorben, Lenka Noack – sie malt die schönsten Ostereier in der ganzen Lausitz.

Ein Fünftel der Menschen, die in diesem gesegneten Landstrich leben, soll sorbischer Nationalität sein, davon zwei Drittel Protestanten, ein Fünftel Katholiken, der Rest Atheisten. Die Religionszugehörigkeit ist wichtig: Sie bestimmt die Trachten, die mit rührender Hingabe als Sonntagsstaat bewahrt werden. «Von den 100 000 Sorben, die es heute noch gibt, sprechen 60 Prozent einen der beiden sorbischen Dialekte, 20 Prozent verstehen Sorbisch, 20 Prozent haben die Sprache vergessen», sagt Horst Adam. Es gibt zwei Erweiterte Oberschulen für sie, wo die naturwissenschaftlichen Fächer allerdings auf deutsch unterrichtet werden. Das rein sorbische Abitur ist abgeschafft worden, die Studenten hatten anschließend Schwierigkeiten an der Universität. Am Sorbischunterricht nehmen 5500 Schüler teil. «Letztes Jahr sind es 100 mehr gewesen als im Jahr zuvor», freut sich Lenka Noack.

In der Lausitz existiert ein Lehrerinstitut, an der Leipziger Universität ein Institut für Sorabistik. Der Rundfunk sendet täglich eine halbe Stunde in Sorbisch; sorbisches Fernsehen gibt es nicht. Sieben sorbische Zeitungen haben zusammen eine Auflage von 20 000 Exemplaren. Der Verlag druckt auch Bücher. Eine Disko in Hoyerswerda spielt sogar sorbische Schlager.

Aber alldem haftet doch einige Künstlichkeit an. Die Domowina-Enthusiasten können den Gast aus der Bundesrepublik jedenfalls nicht ganz überzeugen, daß die sorbische Bewegung wirklich eine politisch oder kulturell beachtenswerte Kraft darstellt. Beim genauen Hinschauen entpuppt sie sich als ein Verein zur Pflege der sorbischen Tradition. Folklore, ja: Volkstümelei sind Trumpf. Trachtengruppen, Singgruppen, Tanzgruppen – darauf läuft es am Ende hinaus. Am wiederaufgelebten Osterreiten nahmen im vorigen Jahr 1022 Reiter und Rösser teil. «Die Zuschauer sind von weither gekommen, sogar Diplomaten aus Berlin», sagt Lenka Noack stolz.

Die Eiermalerin Lenka stammt aus einem Dorf im Spreewald, wo es vor einer Generation noch so aussah wie heute im Freizeitmuseum Lehde bei Lübbenau: Holzhäuser mit niedrigen Decken und breiten Alkoven, Wasserläufe ringsum, darauf Kähne aus ausgehöhlten Baumstämmen. Als sie 1941 zur Schule kam, konnte sie noch kein Wort Deutsch; sie mußte es erst lernen. Sie ist unermüdlich für die sorbische Sache zugange – Trachten nähend, Feste ausrichtend, Lesungen veranstaltend –, eine Begeisterte. Ihre bemalten Ostereier sind wirklich die schönsten: jedes Ei ein Kunstwerk.

Ob freilich Rührseligkeit und Rührigkeit die sorbische Sache retten können? Die Industrialisierung entzieht der bäuerlichen Lebensweise der Sorben die Grundlage. Die Domowina – zu deutsch: Heimat – wird überfremdet. Was die «Wendenpolitik» vergangener Epochen nicht schaffte, die modernen Zeiten könnten es ohne Druck und Drang bewerkstelligen: das allmähliche Aufgehen und Untergehen der Sorben in ihrer deutschen Umwelt. «Mischehe» – das Wort sprechen der Domowina-Sekretär Räde und der Sorben-Chefredakteur Adam mit dem gleichen Abscheu aus wie noch alle Minderheitenvertreter in den Volkstumskämpfen der Vergangenheit.

Es regnet noch immer in Strömen, als wir uns verabschieden. Lenka Noack läßt sich in ihrer Begeisterung nicht dämpfen. «Uns Sorben ist das Ende schon so oft geweissagt worden», sagt sie, «aber wir sind noch immer da. Und wir werden auch dableiben.»

Ordnung muß herrschen im Land

Wie die DDR sich versteht, wie sie verstanden werden möchte

Von Gerhard Spörl

Für mich war die DDR immer «da». Sie war zum Beispiel die alte Papierfabrik mit dem hochaufragenden Schlot und dem sachte verfallenden Ort Blankenstein drum herum, wo nur noch wenige Menschen lebten in wenigen bewohnbaren Häusern. Sie selber ließen sich nur selten sehen. Die Wäsche auf der Leine im Garten und der verhaltene Lärm der Maschinen in der Fabrik zeigten an, daß es sie gab. Die Soldaten auf Wachtposten beobachteten uns unablässig mit ihren Feldstechern, wahrscheinlich eher aus Langeweile als aus Vorsicht. Träge floß die Saale durch das schmaler werdende Tal, als wehre sie sich dagegen, Oberfranken von Thüringen zu scheiden.

Wir fuhren fast immer von Hof hinaus an die Grenze, wenn Besuch zu uns gekommen war aus dem Inneren der Bundesrepublik. Das waren Sonntagsausflüge, die nichts beweisen sollten. Unser Bewußtsein war allerdings in den sechziger Jahren vom Gefühl mitbestimmt, daß wir in einer Art Niemandsland lebten: in Randlage zum einen Deutschland, zu dem wir gehörten; abgeschnitten vom anderen Deutschland, dem die Region über Jahrhunderte hinweg zugewandt gewesen war.

Später entdeckte ich die DDR-Literatur. Sie konnte, und sie kann es noch, geradeaus von der Wirklichkeit erzählen, auch wo sie fremd blieb. Die DDR-Schriftsteller, das habe ich im nachhinein gelernt, langweilt diese naive Wertschätzung ihrer Bemühungen. Aus dem ideologischen Überbau gefielen mir am besten Denker, mit denen sich der real existierende Sozialismus tiefschürfend kritisieren ließ. Wie es in Blankenstein und anderswo wirklich zuging, daran war ich wohl wenig interessiert.

Auf unserer Reise durch die DDR in zehn Tagen sind wir aus dem Überbau, so gut es ging, zum Verständnis für das richtige Leben vorgedrungen. Es war einfacher als zuvor vermutet, weil die vielen Idealisten, Bürokraten und Technokraten, denen wir in den Amtszimmern bei Kaffee und Keksen gegenübersaßen, und die wenigen Normalbürger, denen wir in Hotels oder Kneipen begegneten, eines gemeinsam hatten: sie wollten uns die DDR ganz genau erklären. «Sie müssen den Zusammenhang sehen», lautete ein ständig wiederkehrender Satz, dem gewöhnlich eine lange Darlegung folgte. Sie fühlten sich – unabhängig davon, ob parteifromm, regimekritisch oder potentielle Ausreisende – als Teil eines Ganzen, aus dem erst ihre persönliche Situation, ihre Biographie, ihr Lebenswerk zu verstehen war. In der Diktatur des Proletariats gibt es keine anonymen Prozesse. Da gibt es Opfer und Täter, Schuld und Unschuld, Ursachen und Folgen.

Vermutlich ist der Drang, sich ausgiebig zu rechtfertigen und die Dinge ins rechte Licht zu rücken, eine abgeschwächte Form des herrschenden Minderwertigkeitskomplexes. Die grundlegenden Probleme sind ja, auf höherem Niveau, die gleichen geblieben: keine andere fortgeschrittene sozialistische Industriegesellschaft hat die sowjetischen Machtstrukturen und Herrschaftsformen ähnlich perfekt übernommen, durchgesetzt und bis heute konserviert; kein anderes sozialistisches Land muß sich gleichermaßen gegenüber dem Westen behaupten und legitimieren. «Die DDR muß das Gefühl haben, nirgends richtig dazuzugehören», meinte ein bürgerlich gesonnener SED-Verächter gleichermaßen abschätzig wie einsichtig, «sie gehört nicht nach Ursprung und Tradition zur slawischen Welt; von der Sowjetunion aber hat sie das politische System geerbt. Sie gehört nicht mehr zu Westeuropa; aber daran orientiert sie sich ökonomisch und im Lebensstil.»

Auch ein Schriftsteller hing diesem Gedanken nach. «Im frühen Rußland war es immer so: Da gab es viele Rassen und Nationen – und der Zar wohnte weit weg. So ist es geblieben. Moskau ist noch immer weit weg. Die DDR aber ist klein, sie war schon vor dem Kriege industrialisiert und an staatliche Institutionen gewöhnt. Deshalb funktioniert das System sogar noch in der Kümmerform, auf die der Sozialismus inzwischen geschrumpft ist.»

Unsere offiziellen Gesprächspartner ließen sich nicht so weit auf Grundsatzdiskussionen ein. Um abzublocken, hatten sie einen anderen Königssatz parat: «Der Widerspruch ist die Triebkraft des Fortschritts.» Diese Art Dialektik hat nichts mit dem Mann aus Trier zu tun. So dachte der späte Hegel, der preußische Staatsphilosoph, von dem die Urform der Rechtfertigungsformel stammt: Alles, was ist, ist gut. Weniger deprimierend blutarm, doch mit Sinn für Gerechtigkeit, urteilte eine Schriftstellerin über das Leben in der DDR: «Die DDR ist nicht die beste aller Möglichkeiten, aber sie ist auch nicht kafkaesk.»

Bei dieser Vergangenheits-, Seelen- und Feldforschung fiel es uns manchmal schwer, die Rolle des distanzierten Beobachters zu wahren. Im professionellen Alltag geht es selten um die letzten Dinge; wir steuern jedenfalls kaum derart unverhohlen darauf zu. Unsere Methode war einfach und kompliziert zugleich. Wir wollten von den DDR-Menschen wissen: Was machen sie? Wie denken sie? Wie leben sie? Unsere Neugierde nahm man eher befriedigt als pikiert zur Kenntnis. Der Vorzug der vermeintlich schlichten Fragen: Die Arbeitshypothesen wurden uns umgehend frei Haus geliefert. Es sind drei: Die DDR ist ein historisches Experiment; die DDR ist ein sozialistisches Modell; die DDR ist eine moralische Anstalt.

Die DDR als historisches Experiment – diese Lesart brachte uns Klaus Gysi, der für die Partei das Verhältnis zu den Kirchen regelt, launig und virtuos nahe. Gysi («Wir sind die letzte antifaschistische Generation») ist vom selben Jahrgang 1912 wie Erich Honecker. Er gehört nicht zum «Rat der Götter», wie der Volksmund das omnipotente SED-Politbüro nennt. Bürgersöhne wie er müssen der Partei und dem Proletariat ein Leben lang unter Beweis stellen, daß sie das Denken und die Weltanschauung ihrer Klasse auch wirklich überwunden haben.

Gysi besuchte die Odenwaldschule und trat 1928 dem Kommunistischen Jugendverband bei; 1931 fand er Aufnahme in die KPD. Er studierte Germanistik in Frankfurt und war Parteisekretär in Augsburg. Als Halbjude wurde er 1935 von der Universität relegiert und ging nach Paris. Den Kriegsbeginn erlebte er im Internierungslager. Er kehrte illegal zurück nach Deutschland, und bei Kriegsende saß er im Konzentrationslager.

Gysi kann ein hinreißender Causeur sein. Fast behaglich dachte er an die Anfänge des Experiments DDR im Sommer 1945 zurück: «Wir hier hatten bessere Startbedingungen als die anderen sozialistischen Staaten. Die Arbeiterklasse war erfahren und diszipliniert. Das Land war industrialisiert, und die Sowjetunion schickte uns ihre besten Leute.» Dankbar erinnerte sich Gysi an Oberst Tulpanow, zuständig für Propaganda bei der Sowjetischen Militäradministration (SMAD), die damals alle Macht innehatte, an Oberst Dymschitz und an Botschafter Semjonow. Die SMAD half dabei, den Parteiapparat aufzubauen; sie stellte Büros, Autos, Lizenzen und Druckmaterial zur Verfügung – und sie räumte alles aus dem Weg, was dem Führungsanspruch der Kommunisten, die da aus Moskau, der Westimmigration oder aus den Konzentrationslagern zurückkamen, widerstand. Lediglich in Nebensätzen, immerhin, ließ Gysi anklingen, welche Geburtsfehler das Experiment DDR belasten.

Die DDR hat in diesem Jahr mehrmals im großen Stil die Gründerzeit, die Vorkämpfer und Vordenker der sozialistischen Republik gefeiert. Am 6. April weihte die Staats- und Parteiführung ein Bronzemonument für Karl Marx (sitzend) und Friedrich Engels (stehend) auf der Grünfläche zwischen Spreeufer und Spandauer Straße ein. Am 15. April der gleiche Staatsakt, diesmal draußen am Prenzlauer Berg, auf dem Gelände einer ehemaligen Gaskokerei: ein gigantisches Denkmal zum hundertsten Geburtstag von Ernst Thälmann, dem eher biederen Stalinisten und letzten KPD-Führer der Weimarer Republik, «dem großen Sohn des deutschen Volkes, dem hervorragenden Führer der deutschen und internationalen Arbeiterklasse» (Erich Honecker). Am 21. April schließlich waren 40 Jahre vergangen, daß die SPD (Ost) in die Synthese mit der KPD zur SED getrieben wurde.

Die Seelen der alten Kommunisten (Gysi: «Wir sind die direkte Fortsetzung der KP-Führung aus der Weimarer Republik») mag bei solchen Anlässen wenigstens ein leichter Schmerz durchzucken. Jede Selbstfeier weist ja unfreiwillig auf die Geburtsfehler des Experiments DDR hin: Daß die KPD 1933 «nicht den Generalstreik ausrief» (Gysi) und darauf spekulierte, daß der Weltgeist einzig deshalb den Umweg über Hitler nehme, um danach unwiderruflich die proletarische Revolution auszurufen; daß der erste sozialistische Staat in Deutschland, im Mutterland der Theorie, nicht aus eigener Kraft entstand.

In der DDR regieren die Proletariersöhne, die selber Handwerksberufe gelernt haben. Für einen Bewußtseinskommunisten wie Gysi – klein, intellektuell, dem Bürgertum verhaftet durch Stil und Diktion – blieb fast selbstverständlich die Sparte Ideelles, Abteilung Kultur und Journalismus. Er leitete die Kulturzeitschrift *Aufbau* und Staatsverlage, wo er früh die Romantiker und Kafka auflegte; er war Kulturminister und Botschafter in Rom. Er fiel in Ungnade, er leistete Selbstkritik, und man vergab ihm. Daraus entstand eine Biographie, welche nicht die äußersten Extreme abschreitet, die einem Kommunisten im 20. Jahrhundert widerfahren konnten, aber ein Leben mit Brüchen und Widersprüchen – ein Experiment eben.

Die Stalin-Ära bedachte Gysi mit heiterem Zynismus: «Sie haben keine Ahnung, was ein Kommunist, der das fünfzig Jahre ist, im Laufe der Zeit alles glauben muß ...» Der Arbeiteraufstand von 1953? «Das war falsche Politik. Wir haben 1953 versucht, einige Etappen zu überspringen.» Bei dieser Reminiszenz hielten sich leise Selbstkritik und die Verachtung für jene Kleinbürger und Arbeiter, die damals aus falschem Bewußtsein revoltierten, ungefähr die Waage. Lenin prägte für derlei existentielle Krisen den Begriff: Kinderkrankheiten des Kommunismus, heraufbeschworen durch ungelenke Radikalität. «Sie müssen bedenken», erläuterte uns Gysi, «wie jung der Sozialismus noch ist. Wir hatten damals keine Erfahrung. Irrtümer konnten gar nicht ausbleiben.»

Zu den Irrtümern zählt nicht der 13. August 1961. Der 25. Jahrestag ist mit großem Aufwand gefeiert worden, mit Pomp und Paraden, feierlich und weihevoll. Als die Mauer gebaut wurde, vor 25 Jahren, da hat die DDR die Machtprobe mit den Feinden des Experiments bestanden.

Nach der parteiamtlichen Geschichtsschreibung endet die Experimentierphase auf dem VIII. Parteitag 1971. Das Politbüro zwang den altersstarren Walter Ulbricht zum Rücktritt. Ulbricht war bis zum Ende der siebziger Jahre *persona non grata*. Die Partei zählt ihn heute wieder zu den Ahnen, deren lange Reihe mit Marx und Engels beginnt, über Bebel, Liebknecht und Rosa Luxemburg, über Thälmann, Pieck und Grotewohl führt.

Mit Honecker also beginnt der Abschnitt II der DDR-Geschichte. Honecker über alles und sonst gar nichts – was für ein idealistisches Verständnis von den großen Personen, die Geschichte machen! «Sie dürfen nicht denken», geriet ein FDJ-Funktionär in Verlegenheit, «daß es Honecker alleine gewesen ist. Natürlich gab es eine starke Strömung in der Partei, die Veränderungen wollte. Mit Honecker, und durch ihn, kam der Durchbruch.»

Überall stießen wir auf die Spuren des Personenkults. Das Foto des Generalsekretärs hängt auch in den Büros von Universitätsprofessoren und Schuldirektoren; die am schönsten mißlungene Mischung von Staatsrepräsentanz und Widersinn erreichte der Leiter der «Erweiterten Oberschule» in Bad Doberan: Das geschönte Foto des Staatsratsvorsitzenden, der Blick markig-zukunftswärts, an der Wand; davor kleine Borde, sorgsam drapiert mit allerlei dürren, pflegeleichten Pflanzen – Ikonensozialismus mit Kakteen.

Bei den Männern mit den SED-Parteiabzeichen wirkte die Verehrung für die «Nummer 1», für «Erich», für den «Präsidenten» echt. «Er ist tatkräftig, kein bißchen senil, wie Breschnjew oder Tschernjenko es am Ende waren, und ich hoffe, er bleibt noch recht lange so», bangte ein Parteijournalist. Die «Distel», das Ostberliner Renommierkabarett, dichtete ein gar nicht spöttisches Lied «Erich währt am längsten»; das Publikum im ausverkauften Haus applaudierte ehrlich, lang und heftig.

«Was hat sich geändert in den letzten 15 Jahren?»

«Wir haben uns im Hier und Heute eingerichtet», antwortete Klaus Gysi. «Wir mußten einsehen, daß die Verweildauer im Sozialismus länger ist als vermutet und daß der Übergang auf die klassenlose Gesellschaft fern ist. Im Vertrauen gesagt, ich weiß auch nicht, was das ist, der kommunistische Endzustand, und deshalb haben wir ihn ausgeklammert.»

Gysis amtlicher Kontrahent hat den Nutzen davon, daß sich Partei und Staat in den Status quo hineinbequemen: die evangelische Kirche. «Wir bringen jetzt Geduld und Verständnis füreinander auf», beschrieb Gysi das Arrangement. «Die DDR ist ja das erste sozialistische Land mit protestantischer Mehrheit.» Die evangelische Kirche ist, neben der Reichsbahn, der größte Grundbesitzer im Lande. Mit einer «ehrlichen Kirche», das steht für Gysi fest, könne der sozialistische Staat koexistieren. «Wirkliche Zusammenarbeit ist ohnedies nur möglich mit Leuten, die fest im Glauben sind.»

«Die Grundlinien liegen jetzt fest», stimmte Bischof Leich, der Vorsitzende des Bundes der Evangelischen Kirchen zu. Er residiert königlich in der Residenz auf dem Pflugensberg über Eisenach. «Die Kirche ist als Gesprächspartner akzeptiert, und der Staat kann sich darauf verlassen, daß die Kirche nicht in die Opposition geht.»

«Was ist die Aufgabe der Kirche im Sozialismus?»

«Die Kirche predigt zuallererst das Evangelium, und sie dient den Menschen, ungeachtet des gesellschaftlichen Systems. Sie setzt sich dafür ein, daß der Christ als Bürger gleich geachtet wird.»

«Und was ist mit dem Wehrdienst?»

«Auch der Wehrdienst», antwortete Klaus Gysi, «ist kein ideologisches Problem mehr, zumal nach 1945 die Armeebegeisterung allgemein nachgelassen hat. Wir haben 1500 Bausoldaten, davon sind die Hälfte Christen. Sie bauen chemische Fabriken, arbeiten in Lazaretten oder im Hafenbau.»

«Viele Bausoldaten», berichtete Bischof Leich in Eisenach, «wollen zivilen Ersatzdienst leisten und nicht als militärische Handlanger eingesetzt werden.»

«Und wo steht die Friedensbewegung?»

Bischof Leich: «Es gibt keine organisierten Friedensgruppen. Die jungen Menschen arbeiten mit in der Jungen Gemeinde. Im übrigen nimmt die Unruhe zu mit der Situation in der Welt. Nach Genf und dank Gorbatschow haben sich die Gemüter beruhigt. Zu anderen Zeiten steigt die Unruhe.»

Staatssekretär Gysi: «Wir können christlichen Pazifismus nicht akzeptieren. Gibt es Kampagnen gegen den Wehrdienst mit Waffen, muß der Staat einschreiten.»

Ein Marxist müßte sagen: Unter der Ägide Honecker hat sich nicht die Herrschaftstechnik, sondern bestenfalls der Herrschaftsstil gewandelt. Die passenden Stichworte lieferten uns Intellektuelle der DDR, die aus ihrer Sicht die Dinge kritisch beschrieben, ohne sich deshalb als Dissidenten zu verstehen.

Das SED-Politbüro hat kein ausgeklügeltes Konzept, was sein soll. Es hat aber Vorstellungen, was nicht passieren darf. Die Kirche – siehe Polen – darf unter keinen Umständen Hort der Opposition werden. Auch wo sich Literaten oder Philosophen zu Leitfiguren aufwerfen, die Gleichgesinnte wie Magneten anziehen, schreitet die Staatsmacht unnachgiebig ein. Der Fall Biermann, das war herauszuhören, war bedauerlich, aber er war auch unumgänglich. Dasselbe gilt für die Ausbürgerung des Jenaer Pazifisten Roland Jahn.

Bei weniger gravierenden Ereignissen warten Staat und Partei erst einmal ab, was passiert und wer sich aufregt: zum Beispiel im Westen. Im Normalfall stellt man eine Schaden-Nutzen-Analyse an und entscheidet danach. Ein Dramatiker prägte dafür den schönen Begriff: Knautschzone. «Wir leben in einer Knautschzone. Manchmal holt sich die Partei Beulen, manchmal der einzelne. Hauptsache, daß keine Personen zu Schaden kommen.»

Die DDR öffentlich als gültiges sozialistisches Modell anzupreisen verbietet sich von selber. Es gibt da schlechte Erfahrungen. Es war Ulbricht, der in den sechziger Jahren damit Ressentiments weckte. Zur Zeit, so sagte er damals, seien ja noch die Russen die Vorhut der Arbeiterbewegung. Die Rolle werde aber schon bald wieder an die deutsche Arbeiterklasse zurückfallen; sie stehe ihr zu, weil die DDR der erste Industriestaat auf Erden sei, der den Sozialismus verwirklicht habe; von ihren Erfahrungen könnten die Bruderparteien lernen.

So weit geht seitdem kein SED-Oberer mehr. Die Kombinationsleiter und Parteimänner, die Oberbürgermeister und die mittleren Funktionäre, die wir sprachen, nahmen das Wort nicht in den Mund. Aber sie verhehlten kaum, daß sie die DDR für ein gelungenes Modell halten. Den Anspruch erhoben sie indirekt, doch unmißverständlich. Der Parteijournalist wollte nicht verstehen, weshalb der Westen mit Polen bangt, seitdem dort die Solidarność auftritt: «So viel Anarchie und Unordnung muß doch in die Sackgasse führen.»

Ordnung – das ist ein anderes Schlüsselwort für die DDR. In fast allen anderen sozialistischen Staaten herrschen entweder Wohlstand oder Ordnung. Die kleine, überschaubare DDR aber hat es verstanden, beides zu verwirklichen.

Gegenüber dem Westen werden andere Argumente ins Feld geführt: «Wir kennen keine Arbeitslosigkeit, das wird auch so bleiben.» – «Das Bildungsniveau in der DDR ist höher, und die gesellschaftlichen Beziehungen sind solidarisch.» – «Wir haben eine konstruktive Einstellung zum wissenschaftlich-technischen Fortschritt. Hier gibt es keinen Grund zum Pessimismus.» – «Der Profit verschwindet nicht in den Taschen irgendwelcher Kapitalisten. Und der Staat sorgt für Interessenausgleich.»

Solche Sätze sind DDR-Allgemeingut. Wir hörten sie, natürlich, vom Parteisekretär und vom Schulleiter, aber auch von Privatleuten, die wenig mit der SED-Ideologie im Sinne haben. Eine eigene Staatsräson ist da entstanden. Vorsichtiger formuliert: In der konservativen Sorge, daß die DDR um so mehr gefährdet ist, je mehr sie sich den Imperativen einer Industriegesellschaft beugt, sind sich «die da oben» und «die da unten» einig. Sie befürchten allerdings Unterschiedliches.

Die alten und die jungen Kommunisten wissen nicht, wie lange sich tüchtige, gebildete, kompetente Bürger unter der Diktatur des Proletariats halten lassen. Die Nicht-Parteikommunisten, die jungen wie die alten, halten den Westen für ein sündiges Paradies, an dem sich die Dialektik des Fortschritts studieren läßt: Die Freiheit zum Wohlstand schließt Armut, Desorientierung, Bindungslosigkeit ein.

Wir haben aber auch niemanden getroffen, der die DDR nach ungarischem Muster oder nach dem Leitbild des Prager Frühlings verändern wollte. Da dominiert die Apathie aus eigener Erfahrung. Was sie sich von ihrem Staate erhofft, beschrieb eine Schriftstellerin als komplizierten psychologischen Fall: «Ich hoffe, daß die Paranoia der Mächtigen mit der Zeit nachläßt. Sie müssen Zutrauen zur Neugierde der Untertanen entwickeln, so daß sie Veränderungen zulassen können. Umgekehrt dürfen wir nicht mehr Untertanen sein wollen wie bisher.»

Ein anderer Autor: «Die Partei muß keine Minderwertigkeitskomplexe mehr haben. Sie wird nicht ständig daran erinnert, daß auch sie den Krieg verloren hat, und danach freundlicherweise hier eingesetzt wurde.»

Auch Michail Gorbatschow hat es vermieden, der DDR den Ehrenstatus eines Modells zu verleihen. Seine Ostberliner Rede steckt jedoch vermutlich hinter manchem Spiegel. «Ihre Vorhaben sind groß, aber real, weil sie auf gewichtigen Ergebnissen beruhen ... Überall spürt man die Hand des fürsorglichen Hausherrn.» – «Mit Gorbatschow fühlt sich die DDR einfach besser», hörten wir immer wieder. Und: «Tschernjenko hätte man gut auslassen können.»

Das Selbstgefühl ist klammheimlich gewachsen, weil die Sowjetunion sich anschickt, unter Gorbatschow zu tun, was die DDR schon 1981 in die Wege geleitet hat: Modernisierung des Wirtschafts- und Planungssystems, Übergang von der extensiven zur intensiven Produktion, Zentralisierung der Kompetenzen. Nach unserer Erfahrung kann die neueste Definition für Sozialismus nur lauten: Wachstum plus Leistung ergibt Fortschritt. Der Generaldirektor von Carl Zeiss Jena, Wolfgang Biermann, lieferte die klassen- und systemindifferenten Sinnsprüche dazu: «Modernität ist eine Mischung aus Organisation und Menschen.» – «Gerät ist Gerät, unabhängig von der Gesellschaftsordnung.» – «Was wir machen können, das machen wir.»

Keine Rede ist davon, daß die Gewerkschaften mehr Rechte bekommen müßten oder gar mehr Mitbestimmung in den Volkseigenen Betrieben – in Ungarn legitimierte und in Polen ungewollte Wirklichkeit. Mehr Bewegungsfreiheit bekamen allein die Zentralen und die Manager im Betrieb.

Der frühe Rudolf Bahro («Die Alternative») hat sich den Ausbruchsversuch der Intelligenz ähnlich vorgestellt: Die Elite müsse sich Freiheit von der Bürokratie und dem Parteiapparat erobern. In den letzten Jahren ist tatsächlich der Einfluß der Industriemanager gewachsen, vor allem der Kombinatsleiter, deren Leitbild der bullige Wolfgang Biermann ist. Sechs der 157 Kombinatsdirektoren (Biermann: «Das sind diejenigen, deren Industriekombinat die Wirtschaft prägt und vorantreibt») sitzen im Zentralkomitee der SED. Der Primat der Partei blieb davon unangetastet.

Das Wort Elite gehörte für DDR-Soziologen noch vor wenigen Jahren zum typisch bourgeoisen Vokabular. Heute ist die «Wissenschaftselite» das Hätschelkind des entwickelten Sozialismus. Sie darf Privilegien erwarten, «von den Arbeits- und Lebensbedingungen über Qualifikation und Bildung und das häusliche Milieu» bis hin zu mehr Freiheit, was die Einstellungen und Verhaltensweisen anbelangt (so drückt sich der Meinungsführer der DDR-Soziologen, Manfred Lötsch, aus).

Worin bestehen die Privilegien? «Ich verdiene dreimal mehr als ein durchschnittlicher Arbeiter», meinte Herbert Dittmann, Direktor des Druckmaschinenherstellers Planeta, wegwerfend. «Ich besitze ein schönes Haus, fahre ein gutes Auto und habe einen Farbfernseher.» Mehr nicht? «Das Problem ist doch», wich Wolfgang Biermann aus, «die soziale Struktur durchlässig zu halten, ohne Gegensätze zu züchten.»

Soziale Unterschiede gehören zum Wesen und sogar «zu den Erfordernissen des Sozialismus», so sagen es jetzt die Soziologen, deren Zunft soviel Einfluß wie keine andere angewandte DDR-Wissenschaft auf die Politik nimmt. Doch hinter dieser lapidaren Feststellung verbirgt sich weitreichender Revisionismus. In der Theorie war in der DDR für die Annäherung der Arbeiterklasse (zu der laut Definition – Teilnahme am Produktionsprozeß – 75 Prozent der DDR-Bürger gehören) und Intelligenz (20 Prozent) gesorgt. Das Wunschziel läßt sich jedoch nicht verwirklichen. Ökonomisches Wachstum als oberstes aller Ziele bedingt soziale Differenzierungen, meinen jetzt Wissenschaft und Politik in aller Unschuld.

Nach wie vor gibt es angelernte und ungelernte Arbeiter (20 Prozent); sie werden für einfache, monotone, kurzum für die entfremdende Produktion gebraucht. Ihre Arbeits- und Lebensbedingungen sind schlecht. Die neuen Techniken verlangen gleichzeitig nach hoch- und höchstqualifizierten, gut bezahlten Facharbeitern – innerhalb der Arbeiterklasse wachsen die Unterschiede, anstatt zu verschwinden.

Deutet diese Entwicklung auf eine Konvergenz der Industriegesellschaften, unabhängig vom Gesellschaftssystem, oder orientiert sich die DDR falsch? Volker Braun («Unvollendete Geschichte») schreibt dazu bissig und traurig: «Wir Totengräber jagen dem Kapitalismus nach über den Friedhof unserer Pläne. Die Leiche legt einen Zahn zu, und wir können uns einen ziehen ... Das ist die Spannung, die uns kribbelig macht, die Belastung, die uns jagt und hemmt. Diese Geschichte – hat das ganze Land.»

«Der Friedhof unserer Pläne»: Was für eine elegische Betrachtung der Realität! Sie gerät zum Sakrileg, da sie einfache Maßstäbe aufrichtet, an denen die DDR zu messen ist: Sie selber soll der Maßstab sein, das Bild, das dieses Land bietet, verglichen mit der Vorstellung, die es einmal von sich besaß, und nicht verglichen mit dem schlechten Abbild in Polen oder der ČSSR; die Realität im Kontrast zu den Möglichkeiten und nicht der zwanghafte, uneingestandene Wettlauf mit der Bundesrepublik. Es hat ja auch Zeiten gegeben, da der eigene deutsche Weg zum Sozialismus nicht ausgeschlossen schien. Es hat auch eine Zeit gegeben, da emigrierte deutsche Professoren und Autoren es vorzogen, ins experimentierende Deutschland statt ins restaurative Deutschland zurückzukehren. Das waren die Anfänge, die nicht wiederaufgenommen wurden.

Sobald es um Ideologie und Tradition geht, um das Selbstverständnis oder die Geschichtsbetrachtung, verwandelt sich die offene, bewegliche Leistungsgesellschaft in eine geschlossene, moralische Anstalt. Die oberste Hausregel lautet: Die DDR ist die größte Errungenschaft in der Geschichte des deutschen Volkes, eine Gesellschaft wahrer Freiheit, Demokratie und Menschenwürde. Dafür muß leidenschaftlich Partei ergreifen, wer Historiker, Philosoph oder Literat sein will. Mit der «Position eines Beobachters oder Kritikers» (Honecker 1984) kann man seinem Erziehungsauftrag in der moralischen Anstalt nicht gerecht werden.

Wir haben mit Historikern in Rostock, Jena und Ost-Berlin debattiert. Das sind freundliche, unprätentiöse Herren, die unaufgeregt und beharrlich Rede und Antwort stehen. Ihre Aufsätze und Bücher unterscheiden sich unerheblich voneinander. Sie halten sich ans Vorgegebene. Kaum zu glauben, daß sie Geschichte so vermitteln, wie sie es sollten: leidenschaftlich Partei ergreifend.

Aber durch wen sollten sie sich auch zur Leidenschaft herausgefordert fühlen? Unter Gleichgläubigen bricht kein produktiver Meinungsstreit aus. Wer anders denkt, lebt inzwischen auch anderswo. Da bleibt Parteilichkeit als Selbstzweck, uninspiriert. Der alte, ehrwürdige Jürgen Kuczynski meint dazu: «Auf neuen Wegen zu neuen Erkenntnissen vorzustoßen – ein bei uns nicht allzu häufiges Ereignis.»

Experimente finden vereinzelt, vorsichtig und nie absichtslos statt. Im Wörterbuch für Geschichte von 1983 steht zum Attentat auf Hitler vom 20. Juli 1944 beispielsweise: «Mißlungener Putschversuch führender Kreise der deutschen Monopolbourgeoisie und der reaktionären Militärs mit der Zielstellung, Adolf Hitler zu beseitigen und durch antisowjetisches Übereinkommen mit den imperialistischen Westmächten die ökonomischen und politischen Machtpositionen des deutschen Imperialismus zu retten.» Seit zwei Jahren liegt eine neue Beurteilung vor, Inhalt: Das Attentat war eine patriotische Tat ersten Ranges und stand in Einklang mit den Interessen des deutschen Volkes. Die DDR trete das humanistische Vermächtnis der «Kämpfer des

20. Juli» an, indem sie sich für Frieden und Fortschritt in der Welt einsetze.

Wir haben gelernt, die Revision im richtigen Zusammenhang zu sehen. Die Historiker beantworten Gegenwartsfragen durch Interpretation der Vergangenheit. Es gibt Zeiten, so lautet die Botschaft, wo Klassen und Gegensätze nicht zählen dürfen, weil Notwendiges zu tun ist. Heute besteht die Koalition der Vernunft darin, die amerikanische Hochrüstung zu verhindern; dafür werden Verbündete in Ost und West gesucht. Die Historiker suchen im Damals nach Symbolen für heute. So kommt der Revisionismus zustande.

Neuinterpretationen verraten nicht immer so leicht ihren Zweck und ihre Absicht. Im *Neuen Deutschland* stand eine freundliche Würdigung Leopold von Rankes zu lesen, Historiograph des preußischen Staates und Befürworter des Grundsatzes, die Historiker sollen weder richten noch lehren, sondern zeigen, «wie es eigentlich gewesen». Zum 100. Geburtstag pilgerte die Historikergesellschaft der DDR hinaus zu Rankes Berliner Grab und legte einen Kranz nieder.

Vermutlich steckt hinter dem Wohlwollen nicht mehr als unverbindliche Konsequenz. Preußen widmet man längst differenzierte Betrachtungen, der 200. Todestag Friedrichs II. steht im Sommer bevor; Ost-Berlin, das alte Zentrum der Reichshauptstadt, feiert 1987 seinen 750. Geburtstag – da rutscht Ranke beiläufig mit hinein in die Gunst der DDR. Nebenher läßt sich so liberale Denkungsart vorführen. «Je mehr die DDR zur Normalität wird», stellte der Parteihistoriker Heinz Seeber heraus, «desto mehr wird die Geschichtswissenschaft von der Politik entlastet.»

Der Genosse Karl Marx ist nur assoziiertes Mitglied in der moralischen Anstalt. Von jeher berufen sich die linken Kritiker des realen Sozialismus vehementer auf ihn als dessen amtliche Beschwörer. Die DDR begräbt Marx unter Gebirgen aus Stein und Papier. Er muß herhalten als Zitatenschatz fürs *Neue Deutschland*, für feierliche Staatsakte und als wissenschaftliche Quelle, die zwar nicht den Gedanken des Textes leitet, aber als Bestandteil des Anmerkungsapparates unentbehrlich ist. Die

Marx-Engels-Gesamtausgabe ist auf 120 Bände angelegt. Der Marx der «Frühschriften», der junge Idealisten aller Länder zu allen Zeiten angeregt hat, verschwindet darin. Das Augenmerk der DDR-Exegeten liegt auf Engels «und dessen Rolle bei der Vermittlung des Gesamtsystems», erklärte uns Professor Wolfgang Küttler vom Zentralinstitut für Geschichte bei der Akademie der Wissenschaften. Engels baut die Brücke zu Lenin, der die Welt veränderte, die Marx lediglich interpretiert hatte.

Ich habe wenige Marx-Ikonen, ich habe viele Lenin-Büsten und Porträts auf den diversen Schreibtischen, Bücherborden oder an den Wänden der Amtsstuben gesehen: Lenin sinnierend, den Mantel nachlässig um die Schulter gelegt; Lenin triumphierend, der Blick schweift in eine ungewisse Ferne.

Marx für den Ideenhimmel – Lenin für die höllische Wirklichkeit: Schmerzt die Diskrepanz? «Das Leben geht weiter. Wir haben manches erreicht, was wir nicht zu hoffen wagten», ließen sich weder der Parteijournalist noch der Historiker ins Herz schauen. Die Art, wie Klaus Gysi darauf antwortete («Wir kennen doch unsere Pappenheimer!»), erinnerte nicht nur von ferne an den Großinquisitor, den Dostojewski zu Christus, der auf Erden erschienen ist, sein Werk zu begutachten, sagen läßt: «Aber wir werden sagen, wir gehorchten dir, und wir herrschen nur in deinem Namen. Wir werden sie wieder betrügen, denn dich werden wir nicht mehr zu uns einlassen. Und in diesem Betrug wird unsere Pein bestehen, denn wir werden lügen müssen.»

Auch Großinquisitoren wollen verstanden werden. Volker Braun nennt sie die «glücklichen alten Genossen», die alle «Umbrüche und Durchbrüche» noch im «ungeheuren Kontrast zur finsteren Vergangenheit» sehen. Aber ihre Zeit verrinnt. Welchen Maßstab werden ihre Nachfolger haben, und an welcher Vergangenheit werden sie die Gegenwart messen?

«Nach uns beginnt alles noch einmal von vorne», sagte Klaus Gysi zum Abschied.

Nach Tschernobyl

Von Peter Christ

Nach der Reaktorkatastrophe in der Ukraine hatten die Offiziellen in der Bundesrepublik und in der DDR dasselbe Ziel: Beruhigen, Abwiegeln, Panik in der Bevölkerung vermeiden. Während im Westen das informationelle Chaos ausbrach, herrschte im Osten zunächst Funkstille. DDR-Bürger erfuhren tagelang nur aus dem Westfernsehen und -rundfunk, was in Tschernobyl passiert war und welche Folgen es angeblich im rund 2000 Kilometer entfernten Deutschland hatte. Die eigenen Behörden, Politiker und die Partei sagten nichts.

Auf diese Wortkargheit angesprochen, fährt Staatssekretär Klaus Gysi hoch: «Hätten wir es wie Sie machen sollen? Das wäre ja noch schöner gewesen.» Als sich die DDR-Behörden dann zu Wort meldeten, waren ihre Äußerungen denen der BRD-Dienststellen nicht unähnlich. Zu keinem Zeitpunkt habe durch die Havarie des Reaktors in der Sowjetunion eine akute Gefahr für die Bevölkerung gedroht. Konsequenterweise gab es auch keine Empfehlungen, bestimmte Gemüse, Salate und Obstsorten zu meiden oder Kinder nicht in Sandkästen oder auf Wiesen spielen zu lassen.

Georg Sitzlack, Präsident des Staatlichen Amtes für Atomsicherheit und Strahlenschutz, ist sicher, daß sich die DDR-Behörden richtig verhalten haben. Sein Amt hat nach dem Unglück das Netz von Meßstellen noch dichter geknüpft. Alarmierende Werte habe man dabei nicht festgestellt, sagt der Medizinprofessor, der direkt dem Ministerrat unterstellt ist. Die Sicherheit der Bevölkerung habe bei allen Entscheidungen höchste Priorität gehabt. «Wir können es uns als Gesellschaft nicht erlauben, unseren Leuten vergiftete Lebensmittel anzubieten», meint Werner Ullrich, SED-Bezirkssekretär in Gera.

Soviel staatliche Gelassenheit hat offensichtlich auf etliche DDR-Bürger abgefärbt. Sie zeigten sich erfreut darüber, daß die aufgescheuchten Behörden und Politiker im Westen zeitweilig Gemüse- und Obstimporte aus dem Osten stoppten. So gab es in der DDR mehr frischen Salat, Spargel, Champignons und Erdbeeren als sonst üblich. Doch das unverhofft reichliche Angebot fand nicht überall Abnehmer. In Ostberliner Geschäften vergammelten die sonst so begehrten Salatköpfe, obwohl ihr Preis von fünfzig auf zehn Pfennig reduziert worden war. Die alarmierenden Nachrichten aus dem Westen erzielten Wirkung.

Den Poltikern blieben diese ersten Anzeichen von Besorgnis und Unruhe nicht verborgen. Natürlich werde man sich genau über Hergang und Ursachen des Unglücks in Tschernobyl informieren, die eigenen Atomkraftwerke daraufhin prüfen und, falls nötig, auch Konsequenzen ziehen, versichert Staatssekretär Georg Sitzlack. Von der Sicherheit der DDR-Reaktoren, die sämtlich sowjetischer, aber von anderer Bauart als der Unglücksmeiler sind, ist er natürlich überzeugt. Er vertraut der russischen Technik, den von der DDR selbst verfeinerten Betriebsvorschriften und den im eigenen Land gedrillten Bedienungsmannschaften.

Offenbar geht es aber vielen DDR-Bürgern so wie ihrem Starphysiker Manfred von Ardenne, der, auf die Unglücke im amerikanischen Harrisburg und im sowjetischen Tschernobyl anspielend, sagt: «Beide Unfälle haben gezeigt, daß auch Hochtechnologien ihre Sicherheitsgrenzen haben. Die Menschheit darf in dieser Schicksalsfrage nicht mehr auf ihr Glück vertrauen.»

Derlei Skepsis gegenüber der Atomenergie, die in der DDR praktisch keine Chance hat, sich öffentlich zu artikulieren, versuchen die Spitzen von Partei und Staat mit allerlei rhetorischen Tricks beizukommen. Beinahe wortgleich weisen Günter Mittag, im Politbüro für Wirtschaft zuständig, und Umweltminister Hans Reichelt darauf hin, daß die Kernenergie in der DDR gar nicht so bedeutend sei und nur elf Prozent des Strombedarfs decke.

Verwirrung stiftete der Parteichef und Vorsitzende des Staatsrates, Erich Honecker, als er in einem Interview mit der schwedischen Zeitung *Dagens Nyheter* sagte: «In unserer Energiekonzeption spielt die Kernkraft eine gewisse Rolle. Mit ihrer Hilfe werden gegenwärtig nur drei Prozent des Gesamtenergiebedarfs gedeckt.» Vielen Lesern des *Neuen Deutschlands*, das Parteiorgan der SED, in dem das Interview nachgedruckt wurde, waren offensichtlich der Unterschied zwischen Strom- und Energiebedarf nicht klar. Die von Honecker gewählte Relation ermäßigte den Anteil des Atomstroms auf winzige drei Prozent, womit er suggerieren wollte, daß eine so unbedeutende Quelle wohl nicht gefährlich sein könne.

Von demagogischer Kaltblütigkeit zeugt die Verknüpfung des Unglücks von Tschernobyl mit den beiden Atombombenabwürfen am Ende des Zweiten Weltkrieges über Japan und der atomaren Rüstung. Hermann Axen, Mitglied des Politbüros, wartete gar nicht erst auf unsere Fragen nach Tschernobyl, sondern ging gleich in die Offensive: «Die Menschen werden Hiroshima und Nagasaki nicht vergessen, nach Tschernobyl noch weniger. Nach Tschernobyl hat die Menschheit noch mehr Angst vor Atomwaffen.»

Der Zweck dieser Übung ist klar: Die friedlichen Atomkraftwerke, auch das von Tschernobyl, sind wirklich harmlos, wenn man nur an die abertausend Atomsprengköpfe und Wasserstoffbomben denkt. Warum also die ganze Aufregung?

Die Regierung der DDR denkt ebensowenig an eine Änderung ihrer Kernenergiepolitik wie die Bundesregierung. Was die DDR-Führung tatsächlich will, hat Willi Stoph, Vorsitzender des DDR-Ministerrats, wenige Tage vor der Katastrophe in der Ukraine auf dem XI. Parteitag der SED gesagt: «Die termingerechte Inbetriebnahme neuer Kapazitäten im Umfang von 2500 Megawatt muß unter allen Umständen gewährleistet werden... Darüber hinaus gehen wir davon aus, daß im Zeitraum bis 1990 die Voraussetzungen zum weiteren Aufbau der Kernenergie geschaffen werden.»

Wenn die DDR-Führung heute zur Verharmlosung der Risiken der Atomenergie auf deren relativ unbedeutende Rolle hinweist, so ist dies weniger ein Resultat weitsichtiger Politik als vielmehr die Folge ungeplanter Verzögerungen beim Bau neuer Kernkraftwerke. 1990 soll die Kernenergie 15 Prozent des Stromverbrauchs der DDR decken. 1980 hatte die Parteiführung verkündet, schon 1986 sollten 18 Prozent des gesamten Elektrizitätsangebots aus Atomkraftwerken kommen. Entweder war die Sowjetunion nicht in der Lage, die zur Erfüllung dieses Planes erforderlichen Reaktoren zu liefern, oder die DDR konnte sie nicht bezahlen.

An den ehrgeizigen Plänen hat der Rückstand prinzipiell nichts geändert. Zur Jahrtausendwende will die DDR knapp 30 Prozent ihres Stroms in Atommeilern erzeugen, im Jahr 2020 sogar 54 Prozent. Sie wäre dann genau in der Situation jener Länder, die Honecker heute wegen ihrer großen Abhängigkeit vom Atomstrom bedauert.

Eine Alternative zu dieser Strategie sieht die Regierung in Ost-Berlin nicht. Die Öllieferungen aus der Sowjetunion gehen zurück; auf dem Weltmarkt kann sich das Land weder mit Öl noch mit anderen Energierohstoffen eindecken, weil die Wirtschaft unfähig ist, die nötigen Devisen zu verdienen. Die großen Braunkohlevorräte werden nicht ewig halten. Die DDR ist schon heute mit einer Jahresförderung von 312 Millionen Tonnen größter Braunkohleproduzent der Welt. Der seit dem zweiten Ölschock von 1979/80 mit aller Macht betriebene Ausbau der Braunkohleförderung wird mit hohen Umweltbelastungen bezahlt.

In den neuerschlossenen Kohlefeldern fallen ganze Dörfer den Schaufelradbaggern zum Opfer. Das Grundwasser der wasserarmen DDR wird durch den gigantischen Abbau der Braunkohle geschädigt. Und beim Verbrennen der schwefelhaltigen Kohle unter den Kesseln der Kraftwerke und der Industrie wird die Luft so sehr verpestet, daß im Kohlerevier um Bitterfeld, Halle und Leipzig die Lebenserwartung der Menschen um sechs Jahre unter dem DDR-Durchschnitt liegt.

Wenn die DDR die Braunkohleförderung nur auf dem jetzt schon unverträglich hohen Niveau halten will, muß sie zur Deckung ihres Strombedarfs jährlich neue Atomreaktoren mit einer Kapazität von insgesamt 1000 Megawatt in Betrieb nehmen.

Dieser Wert wird nach den heute bekannten Plänen nicht einmal annähernd erreicht. Im Kernkraftwerk Nord, das in der Nähe von Greifswald liegt, sollen bis 1990 vier neue Reaktorblöcke mit jeweils 440 Megawatt ans Netz gehen. 1991 soll dann das 1000-Megawatt-Kraftwerk bei Stendal erstmals Strom liefern. Auch wenn dieses Kernkraftwerk als erstes in der DDR von einem Sicherheitsbehälter aus Beton und Stahl (Containment) umhüllt wird und ein Notkühlsystem nach westlichem Muster bekommen soll, wird sich das Mißtrauen vieler DDR-Bürger gegen diese Mammuttechnik nicht zerstreuen lassen.

Wenige Wochen nach der Katastrophe in der Ukraine formierte sich der Widerstand gegen die Atomenergie. In einer Petition an die Volkskammer, die Volksvertretung der DDR, wird eine Volksabstimmung über den weiteren Umgang mit der Kernenergie gefordert. Tausende von DDR-Bürgern sollen diese Bittschrift unterzeichnet haben.

Außerdem ist ein Appell bekanntgeworden, den die unabhängige Friedens- und Ökologiebewegung an die Regierung und Bevölkerung der DDR gerichtet hat. Die Appellanten schreiben: «... nicht nur die Bedrohung durch havarierte Kernkraftwerke ist augenscheinlich geworden, sondern ebenso die Auswirkungen einer verantwortungslosen und gesellschaftsgefährdenden Informationspolitik in Ost und West. Hier wurde entmündigt, desinformiert und verunsichert, und dies nicht erst anläßlich von Tschernobyl ...»

Auch mit der eigenen Staatsführung gehen die Kritiker hart ins Gericht: «Die realen Gefahren des Reaktorbetriebes wurden in den sozialistischen Ländern unterschätzt und insbesondere in der DDR auf beispiellose Weise publizistisch verharmlost ...»

Tatsächlich hat es in der DDR nie eine öffentliche Debatte über das Für und Wider der Kernenergie gegeben. Sie wäre auch nicht systemgemäß gewesen. Daß sie jetzt in Gang kommt, ist auch angesichts der energiepolitischen Zwangslage des anderen deutschen Staates extrem unwahrscheinlich. Mit der Kernenergie wird die DDR so verfahren, wie Erich Honecker nach Tschernobyl angekündigt hat: «Wir haben die Absicht, sie weiter auszubauen.»

Der Volkspädagoge

Von Nina Grunenberg

Heinz Wiegand, 65 Jahre alt, Obermuseumsrat a. D. aus Gotha in Thüringen, glaubte, daß die DDR mehr aus ihm gemacht hat, als er je vom Schicksal erwarten konnte. Zugleich war er fest davon überzeugt, daß in Westdeutschland nicht viel aus ihm geworden wäre – jedenfalls nichts, was ihn ähnlich zufrieden mit sich und, ja, auch stolz gemacht hätte. Wie kam er auf die Idee? Ein wacher, intelligenter, sozial denkender Mann wie er hätte seinen Weg auch bei uns gemacht. Aber Wiegand schüttelte nur den Kopf, die Augen hinter der Brille funkelten amüsiert. «Nein», sagte er und war sich seiner Sache sicher, «in der BRD hätte mich ja niemand gezwungen. Aber hier? Hier mußte ich.»

Wiegand hat seine Kindheit noch in der Weimarer Republik erlebt. Als Thüringer Schulkind machte er früher als andere Altersgenossen Bekanntschaft mit den Nazis. Schon 1929 war Wilhelm Frick, der spätere Reichsinnenminister, Landesinnenminister in Thüringen geworden. Er machte von sich reden, weil er in den Schulen nationalsozialistische Gebete einführte. Dank der Frick-Ära, so Wiegand heute, waren die Lehrer in Thüringen schon vor der Machtübernahme zu 87,9 Prozent Nazis.

Sein Kindheitstraum war es, Ingenieur zu werden. Der Wunsch zerschlug sich, weil sein Vater Sozialdemokrat war. 1935 wurde dem Sohn deshalb das Stipendium entzogen. «Da war Feierabend.» Aus einem Arbeiterhaushalt der dreißiger Jahre war kein Student zu finanzieren. Wiegand wurde Schlosser. 1940, als Neunzehnjähriger, marschierte er in den Krieg und lernte offensichtlich schneller als andere, «was lief». In Italien desertierte er, überlebte als Zivilarbeiter im englischen Hauptquartier der Mittelmeer-Streitkräfte und kehrte 1947 wieder nach Thüringen zurück.

Ein Jahr später meldete er sich in Gotha als «Neulehrer». Um die hinausgeworfenen Nazi-Pädagogen zu ersetzen, wurden «junge befähigte Leute, demokratische Intellektuelle, klassenbewußte Arbeiter» in Kurzlehrgängen zu Lehrern gemacht. «Wir waren», erinnerte sich Wiegand, «immer 24 Stunden schlauer als unsere Schüler.» Für die Kinder war das weniger unterhaltsam, aber mit den Jahren hat sich auch dieses Stück Vergangenheit besonnt. Wenn er heute zurückblickt auf das, was sie damals aus dem Nichts schufen, kann er sich noch immer begeistern.

Wiegand muß ein pädagogisches Naturtalent gewesen sein. Das didaktische Fingerspitzengefühl, mit dem er uns Situationen verständlich machte und Zusammenhänge erklärte, verriet den passionierten Volksbildner. Dabei hatte er, der gelernte Schlosser, sich nicht einmal freiwillig zum Schuldienst gemeldet. Die Partei zwang ihn zu seinem Glück. «Paß mal auf, du bist führungs- und entwicklungsfähig», war ihm mitgeteilt worden. «Du wirst Lehrer.» Es war das erste Mal, daß ihm Perspektiven eröffnet und Chancen bescheinigt wurden. Danach hat er nicht mehr lange diskutiert – den Refrain kannten wir inzwischen aus anderen Gesprächen: «Wenn die Partei sagt: ‹Du kannst das›, dann kannste das.»

Er wurde Volksschullehrer, dann Berufsschullehrer für das Fach Maschinenbau. Nach einer zusätzlichen Ausbildung kam er als Berufsschulinspizient in die Bezirksschulverwaltung. 1964 vertraute man ihm eine Berufsschule an. Vier Jahre später war er stellvertretender Direktor für die Ausbildung der Berufsschullehrer im Bezirk. Sein Leben als thüringischer Lokalpatriot wurde gekrönt, als er 1973 die Leitung der Museen von Gotha übernahm, für die er bis zu seiner Pensionierung vor wenigen Wochen verantwortlich war.

Akademische Berechtigungsnachweise im traditionellen Sinne hat Wiegand nie erwerben können. Studiert hat er dennoch – Geschichte, nebenbei, in Fernlehrgängen auf der Arbeiter-und-Bauern-Fakultät, landläufig «ABF» genannt. Es war der «zweite Bildungsweg», auf dem sich die DDR in den fünfziger und sechziger Jahren ihre «neue sozialistische Intelligenz» heranzog. Jugendliche, die eine abgeschlossene Grundschul- und Berufsausbildung hatten, konnten auf der ABF das Abitur nachholen und studieren. Über 70 Prozent aller Funktionäre und Leitungskader seiner Generation, meinte Heinz Wiegand, seien über das Fernstudium auf den Arbeiter-und-Bauern-Fakultäten «das geworden, was sie sind». Das macht sie in den Augen der Jüngeren, die längst regulär studieren, zu «historischen Figuren». Der pensionierte Obermuseumsrat merkt das ein wenig wehmütig an.

Als Angehöriger der ABF-Generation gehört er zum Mythos der Aufbaujahre, der sich in der DDR ein paar Jahre später entwickelte als in der Bundesrepublik, aber heute nicht minder intensiv verbreitet ist. Daran wirkte auch Hermann Kant mit, der Präsident des DDR-Schriftstellerverbandes. In seinem Roman «Die Aula» beschreibt er die Heldengeschichte von jungen Leuten, die mit Hilfe der ABF aus der Hefe des Volkes, über alle gesellschaftlichen Bewußtseinsschranken hinweg, bis in die Führungsetagen der DDR aufstiegen.

In der «Aula» sagt der burschikose Lehrer Riebenlamm, der dem Elektriker und dem Maurer, der Landarbeiterin und der Schneiderin, dem Forstarbeiter und dem Zimmermann Kenntnisse in deutscher Literatur beibringt: «Was euch hier erwartet ... ist mehr, als ihr glaubt. Ihr denkt, ihr müßt hier nur etwas dazu lernen, und wenn ihr das denkt, dann seid ihr ganz schön angeschmiert. Die Sache ist schlimmer: Ihr sollt hier nämlich auch etwas verlernen, ihr müßt sogar umlernen. Wir sind alle in die gleiche Koppheister-Schule gegangen, und das Bild von der Welt, so wie man es uns dort gemalt hat, steht zu großen Teilen auf dem Kopf. Hier wollen wir ihm wieder auf die Beine helfen. Wenn ihr denkt, das schaffe ich allein, dann habt ihr euch geschnitten. Ihr müßt mit ran. Ich habe keine Rezepte für euch, nur ein paar Regeln, aber die sind verläßlich, und nunmehr nähern wir uns der Regel Numero eins, zu welchem Zwecke ich Ihnen ein Gedicht vorlese. Da staunt ihr, was! Ja, staunt nur; nichts kann einem Lehrer mehr gefallen, als wenn seine Schüler staunen. Das Staunen ist ein Fundament, auf dem sich ganze Pyramiden von Wissen errichten lassen. Es folgt nun das Gedicht: ‹Wer baute das siebentorige Theben? / In den Büchern stehen die Namen von Königen. / Haben die Könige die Felsbrocken herbeigeschleppt? / Und das mehrmals zerstörte Babylon – / Wer baute es so viele Male auf? / In welchen Häusern des goldstrahlenden Lima wohnten die Bauleute? / Wohin gingen an dem Abend, wo die Chinesische Mauer fertig war: die Maurer? ...›

Riebenlamm las langsam und sachlich und in einem so nachdenklichen Ton, als stellte nicht das Gedicht, sondern er selbst diese Fragen. Als er geendet hatte, sah er gespannt in die Klasse, und dann malte sich Befriedigung in seinem breiten Gesicht. ‹Hallo›, sagte er, ‹wir kommen voran. Ihr macht genau die Augen, die ihr machen sollt. Euch hat einer ein Licht aufgesteckt; der Dichter kommt eins rauf, mit Mappe. Wie heißt er übrigens, kennt ihn einer?› Robert meldete sich und sagte, der Dichter heiße Brecht, und wenn es gestattet sei, so möchte er noch sagen, das Gedicht sei prima.»

War Heinz Wiegand genauso brav und strebsam wie die Arbeiterhelden in Kants Roman? Er sieht das anders. «Der Qualifizierungsdrang der Alten war einfach einmalig», schwärmte er. «Bei ihnen stand eben auch der Zwang dahinter: das muß sein.»

Inzwischen hat er längst Zeit, sich nicht nur um das Notwendige zu kümmern. Sein Hobby ist die Geschichte der sächsischen Fürsten: Im Leben und Weben der Wettiner, Ernestiner und Albertiner gibt es keine Episode mehr, die ihm nicht vertraut ist. Genauso animiert vertieft er sich aber auch in ein Gespräch über die besten Klöße – ein immerwährender Wettstreit unter den Thüringern. Jeder findet sein Rezept am besten. Die Bedingung, daß die grünen Klöße gelingen, sind für Wiegand die selbstgenähten Leinensäckchen, in denen seine Frau die Stärke aus den geriebenen rohen Kartoffeln drückt. Aber selbst in diesen Unterhaltungen ist als Grundton noch der Auftrag der Partei an seine

Generation hörbar, so wie er ihn verstanden hat: «Du hast vom Tag deiner Geburt an bis zu deinem Tode zu lernen, zu denken, zu lesen, was zu werden und dich weiter zu entwickeln.»

Welche Partei hätte Heinz Wiegand in der Bundesrepublik diesen Auftrag geben können?

Das Erbe und die Erben

Theater und Oper folgen auch jenseits der Elbe eigenen Gesetzen

Von Rudolf Walter Leonhardt

Die Semper-Oper in Dresden wurde zweimal zerstört und jetzt zum zweiten Male wiederaufgebaut. Die DDR hat sich das sieben Jahre Arbeit und 250 Millionen Mark kosten lassen. Dafür ist das prächtigste Operngebäude der Welt wiedererstanden, neben dem die Mailänder Scala und die New Yorker Met kleinbürgerlich wirken. Sie ist originalgetreuer geworden als das Original, da ja Sempers Sohn, der den Bau auf genaue Anweisungen seines Vaters vollenden sollte, die Arbeit vorzeitig hatte abbrechen müssen. Dem König war das Geld ausgegangen. Er soll sich auch geärgert haben, daß für ihn kein eigener Eingang vorgesehen war.

Ein der Kunst des Baues entsprechendes musikalisches Kunstwerk auf die Bühne zu stellen muß schwer sein; um so mehr, als die kurze Zeit es noch nicht erlaubt hat, ein Ensemble zusammenzustellen, das so hoch gespannten Erwartungen gerecht werden könnte, nicht zu reden von den dreißig oder vierzig international gefeierten Solisten, die auf Jahre im voraus ausgebucht sind.

«An jungen Männern fehlt es uns nicht», sagte der Intendant Gert Schönfelder, «da haben wir ja im Kreuzchor (wo ein Peter Schreier einmal Solo-Altist war) ein beinahe unerschöpfliches Reservoir. Aber bringen Sie mir eine junge Frau, die singen kann, und ich engagiere sie sofort.»

Nun traf es sich so, daß während unserer Dresdener Tage die Staatsoper Berlin gastierte mit der «Hochzeit des Figaro», einer Mozart-Oper also, die pflegeleicht und widerstandsfähig ist und daher gern von Musikhochschulen aufgeführt wird. Rolf Liebermann ließ sie in seiner großen Hamburger Zeit so wie unlängst auch in Salzburg von lauter Nachwuchs-Sängern aufführen – ein Erlebnis, das ich nach mehr als zwanzig Jahren noch nicht vergessen habe.

Der «Figaro» ist nicht kaputtzumachen. Dachte ich, bis ich die Berliner in Dresden gehört hatte. Dabei gab Theo Adam einen Grafen, dem man glaubte, daß es nicht mehr so richtig ging mit den jungen Mädchen. Wie überhaupt die männlichen Stimmen zumindest adäquat besetzt waren. Aber wenn zwei der schönsten Arien einer Potsdamer Soubrette als Cherubin anvertraut werden ... Das Weitere, das Weitere verschweig ich. Doch wissen es die Musikkritiker in aller Welt. Manche empfehlen dem Dresdener Intendanten, sein so überwältigend glanzvolles Haus vorerst nur bei geschlossenem Vorhang dem Publikum zugänglich zu machen.

Eine allgemein deutsche Tendenz scheint dahin zu gehen, das, was eine Inszenierung schuldig bleibt, im Programmheft nachzuliefern. Die Berliner folgen ihr. *«Le nozze di Figaro»*, erfahren wir da, ein Beispiel für viele, «bietet realistische Einblicke in Gesellschaftszustände am Vorabend ihrer gewaltsamen Umwälzung. Das gilt es deutlich zu machen. Deutlich auch, daß alle die Personen des Stücks bewegenden Probleme und Auseinandersetzungen unbedeutend wären, wenn nicht durch sie vorhandene Kampfpositionen in der Gesellschaft aufgedeckt und Methoden zu ihrer Veränderung mitgeteilt würden.»

Größeren Unsinn habe ich vor 22 Jahren zum letztenmal gelesen. Man darf ja auch nicht einfach das Stück des Beaumarchais, Da Pontes Libretto und Mozarts Musik dauernd durcheinanderbringen, wie es einem gerade in den Kram paßt. Vielleicht schlagen die für den Abdruck dieses Textes Verantwortlichen mal ein bißchen bei Mozart nach («Die musique ist also die Hauptsache bey jeder opera») oder, besser noch, sie besuchen mal das Goethe-Museum in Weimar.

Dort wurde bei unserem Besuch vor 22 Jahren ähnlicher Unsinn verkündet. Goethe sollte zum Revolutionär und implicite immer auch zu einer Art Wegbereiter der DDR gemacht werden. Er eignet sich dafür so wenig wie Mozart. Das hat man inzwischen in Weimar längst kapiert. Heute ist das Goethe-Museum eine mustergültige und übersichtlich gegliederte Sammlung von Exponaten, die in jedem Land der Welt akzeptiert werden könnte. Keine Kommentare, nur Originalzitate, und auch die nicht einseitig ausgewählt: «Wir müssen alle empfangen und lernen, sowohl von denen, die vor uns waren, als von denen, die mit uns sind» (Goethe zu Eckermann, am 17.2.1832).

Weimar war überhaupt wieder ein Höhepunkt unserer Reise. Meine Kollegen hatten es mir gern überlassen, abends ins Nationaltheater zu gehen. Auf dem Programm stand «Die wundersame Schustersfrau», eine Oper von Udo Zimmermann, nach dem gleichnamigen Bühnenwerk von Federico García Lorca.

Udo Zimmermann ist Dresdner, 1943 dort geboren. Auch er war Sängerknabe im Kreuzchor, und seine ersten Kompositionen wurden dort aufgeführt. Liebhaber der zeitgenössischen Musik kennen seine Opern «Weiße Rose» (1967), «Die zweite Entscheidung» (1970), «Levins Mühle» (1973), «Der Schuhu und die fliegende Prinzessin» (1977) und eben «Die wundersame Schustersfrau» (1982), vom Ensemble der Hamburgischen Staatsoper bei den Schwetzinger Festspielen uraufgeführt. In der DDR gilt Zimmermann als führend unter den jüngeren deutschen Komponisten. Seit unserem Abend in Weimar weiß ich: er ist es.

Das Theater war nur zu drei Vierteln gefüllt – wie viele westdeutsche Theater bei einer zeitgenössischen Oper auch. Einige Zuschauer verließen es in der Pause – wie in vielen westdeutschen Theatern auch.

Dabei mutet Zimmermanns Zwölfton-Komposition den Sängern mehr zu als den Zuhörern. Es gibt da durchaus erkennbare Folklore-Elemente des andalusischen Cante jondo, es gibt ein eingängiges Moritaten-Lied des Schusters, und es gibt beinahe konventionelle Melodik, wenn der Knabe singt. Der Knabe ist der einzige Vertraute der Schustersfrau, deren Traumwelt der

Wirklichkeit nicht standhalten kann. Diese Wirklichkeit wird, nun allerdings schrill und konsequent atonal, repräsentiert durch die Nachbarinnen, die in kanonartigen Ensembles auftreten.

«Vom Blatt ließ sich das ziemlich leicht singen», sagte die Kammersängerin (Zimmermann verwendet die traditionelle Notenschrift), «aber es wollte einfach nicht in den Kopf rein.» «An anderen Theatern», pflichtete ihr eine zweite der «Nachbarinnen» bei, «wird das schwerste der Ensembles vom Tonband abgespielt.» Dirigent Jörg Krüger war stolz darauf, daß es in Weimar auch ohne solche Tricks ging.

Das Wunder des Abends jedoch war die bulgarische Sängerin der Schustersfrau, von der schließlich alles abhängt. Galina Pandowas lyrischer Sopran wächst hörbar ins Dramatische und erinnert an die junge Anja Silja. Mit ihr könnte dem Dresdner Intendanten der Semper-Oper geholfen werden.

Berlin ist auch im Osten eine Theaterstadt: Staatsoper, Komische Oper, das Deutsche Theater mit den Kammerspielen, die Volksbühne, das Maxim-Gorki-Theater, das Berliner Ensemble.

Im Maxim-Gorki-Theater hört man nicht gern vom «Russentheater» reden. Das wäre auch eher durch den Namen als durch den Spielplan gerechtfertigt. Gewiß wird er zur Hälfte mit klassischen russischen oder modernen sowjetischen Stücken gefüllt, aber auf der anderen Hälfte des Programms fanden wir im Juni 1986 einerseits auch «Die Aula» (eine dramatisierte Fassung von Hermann Kants Roman), andererseits Shakespeares «Sommernachtstraum».

Wir sahen ein Stück des sowjetischen Autors Alexander Gelman, den man einen russischen Autor schon deswegen nicht nennen kann, weil er in Moldawien geboren ist, 1933. «Wir, die Endesunterzeichnenden», wie der Titel erfreulich korrekt, wenn auch ein wenig umständlich übersetzt worden ist, erlebte seine Uraufführung 1979 in Moskau, seine deutsche Erstaufführung in der Übersetzung von Regine Kühn 1985 am Maxim-Gorki-Theater. Es spielte noch immer vor ausverkauftem Hause und wurde lebhaft beklatscht, wenn auch weniger für seine Kunst, eher für seine erfrischende Frechheit. Da wird einem gesagt, er solle mal gut aufpassen, daß er nicht abgesägt wird; und der antwortet: «Wenn ein Mann einen klugen Kopf hat, wird er sowieso abgesägt» – Beifall auf offener Szene. Da darf man sich ja wohl fragen, welche Erlebnisse, welche Gefühle hier abreagiert werden.

Die vom klassischen Drama der Franzosen einst geforderten Einheiten werden genau gewahrt: Die Handlung spielt in einem Eisenbahnwaggon und dauert weniger als 24 Stunden. Am Ende sind alle handelnden Personen (was vom klassischen französischen Drama nicht gefordert wird) mehr oder minder volltrunken.

Es geht um einen Bestechungsversuch, der Teil ist eines weiter reichenden Korruptionsskandals. Der Einhaltung aller Regeln zum Trotz ist das nicht große Kunst, eher dramatisierter Journalismus. Aber der Autor hat die Hand am Puls der Leute, er kennt seine Pappenheimer. Sie merken, daß in alltäglicher, dabei oft witziger und pointierter Sprache ihr Alltag hier abgehandelt wird.

«So etwas kann heute nur ein Sowjet-Autor schreiben», sagte einer der Schauspieler, die sich übrigens ihrer Vorlage mit einer solchen Verve annahmen, daß aus dem Journalismus eben doch wieder Kunst, Schauspieler-Kunst, wurde. Einer von ihnen, der sich von unseren Fragen genervt fühlte, betonte lautstark: «Wir spielen schließlich für unsere Leute und nicht für westliche Journalisten.» Von Alexander Gelman selber stammt der Satz: «Ich würde meine Aufgabe als erfüllt betrachten, wenn die Konflikte, die meinen Stücken zugrunde liegen, aus dem Leben verschwinden und mit ihnen auch meine Stücke.»

Bleibt das Berliner Ensemble, einst Prunkstück, dann Schmerzenskind des DDR-Theaters, seit Anfang der achtziger Jahre wieder auf einem mühsamen Weg nach oben.

Über die Aufführung, die uns der Zufall da beschert, sind nicht viele Worte zu verlieren. Dario Fos Farcen, Klassenkampf auf italienisch, sind jedem, der im Westen oft ins Theater geht, bekannt. *«Non si paga! Non si paga!»* («Bezahlt wird nicht!») hält sich ganz im Rahmen dessen, was wir von Fo, wenn er von einer vorzüglichen Schauspieltruppe gespielt wird (hervorzuheben: Renate Richter und Peter Bause), erwarten dürfen: viel Spaß und etwas tiefere Bedeutung. Die italienische Regierung konnte das lange Zeit nicht so gelassen sehen. Fos Stücke waren zensiert und verboten worden, bis es einen Umschwung gab, den Dario Fo selber auf den Erfolg von Brechts Stücken in Italien zurückführte.

Als das Berliner Ensemble Ende vergangenen Jahres mit dem «Kreidekreis», dem «Galilei», vor allem jedoch mit der «Dreigroschenoper» in Italien gastierte, war der Erfolg überwältigend. «In Italien in deutscher Sprache zu spielen», schrieb *La Stampa*, «und den Leuten eine so umfangreiche Inszenierung nahezubringen, war nicht leicht. Das Ergebnis war faszinierend.»

Der Erfolg lag am Ende eines weiten Weges über mehr als dreißig Jahre hin; er lag am Anfang eines neuen Weges, der nun zwar auch schon fast acht Jahre alt ist; aber wenn aller Anfang schwer ist, dann ist jeder Neu-Anfang noch schwerer.

Von dem, was während der siebziger Jahre im Berliner Ensemble passiert ist, redet keiner gern. Genaues ist darüber nicht zu erfahren. Ich kann es nur beschreiben, so gut ich es – vielleicht falsch, vielleicht sogar ungenau – verstehe. Da jedoch der Ruf des Ensembles darunter gelitten und sich (in der DDR wie in der Bundesrepublik) noch heute nicht wieder so recht davon erholt hat, scheint es mir wichtig, daß einer den Versuch macht, davon zu reden.

Nach dem Tode des Meisters, im August 1956, geschah dreierlei, was weder in eine kausale noch in eine chronologische Ordnung gebracht werden kann, obwohl alles miteinander zusammenhängt.

1. Es begann die Herrschaft des Matriarchats. «Helli» (Helene Weigel) sah ihre wichtigste Aufgabe darin, Brechts Erbe zu bewahren. Was anfangs von Schauspielern und Regisseuren als wohlwollende, geradezu mütterliche Fürsorge empfunden wurde, wuchs sich am Ende aus zu einem Widerstand gegen alle Veränderungen und Experimente – ein sonderbares Paradoxon, wenn es sich um das Werk eines Autors handelt, das nichts so sehr zum Inhalt und zum Ziel hatte wie die Veränderung der Welt, des Menschen, des Theaters.

Als Helli 1971 starb, übernahmen Brechts Kinder das Regiment, vor allem Tochter Barbara Berg. Intendantin wurde Ruth Berghaus, Ehefrau des Opern-Komponisten Paul Dessau, über deren Opern-Inszenierungen man geteilter Meinung sein mag, die als Leiterin des Ensembles jedoch sich nicht behaupten konnte. Nur Ekkehard Schall hielt das durch, unter den Schauspielern der markanteste; aber er ist ja auch mit Barbara verheiratet.

2. Einerseits durch die konservative Politik der Frauen, andererseits, weil es nun im Laufe der Zeit einmal so geht, wurde Brecht zum Klassiker, und das heißt, wie jeder Oberschüler weiß, langweilig.

3. Teils der Damen, teils der Mumifizierung Brechts wegen verließen viele große Schauspieler und Regisseure das Ensemble. Wir kennen: Benno Besson, Peter Palitzsch, Matthias Langhoff, Manfred Karge, Uta Birnbaum. Als letzte gingen (oder wurden gegangen) Joachim Tenschert und Manfred Wekwerth.

Seit Ende 1977 ist Wekwerth, der zuverlässigste und intelligenteste unter den akademischen Brecht-Interpreten, also Professor Wekwerth, wieder Intendant, und sein getreuer Adlatus Tenschert, nun Professor Tenschert, ist wieder mit ihm.

So viel, und eigentlich viel mehr, muß man wissen, um so recht würdigen zu können, was Manfred Wekwerth sagen wollte, als er sein altes Amt als Chefregisseur 1978 wieder übernahm. Jetzt hieß er Intendant. Er wies zunächst auf sein Programm hin, in dem Brecht neben Shakespeare, Goethe neben Saint-Exupéry steht.

Das war so ungewöhnlich nicht. Brecht selber hatte sein schönes und um der Kontrastmöglichkeiten willen sehr geeignetes Neo-Barock-Theater am Schiffbauerdamm mit Molière eröffnet. Im Laufe der Jahre wurden neben etwa dreißig Inszenierungen von Brecht-Stücken fünfzig Stücke anderer Autoren gegeben – von (außer den bereits genannten) Kleist bis Baierl, von Hauptmann bis Strindberg und Shaw und Heiner Müller.

Manfred Wekwerth sagte: «Wenn ein Theater Glück hat, gibt es viele Zuschauer. Natürlich kann man dem Glück nachhelfen, wenn man zum Beispiel die Bedürfnisse der Zuschauer kennt.

Und hier muß man feststellen, die Bedürfnisse haben sich verändert ... Weite und Vielfalt im Spielplan, in der Spielweise und in der Rezeption durch den Zuschauer, um der Vernunft ein breites Feld zu öffnen – das verstehen wir, und ich hoffe unsere Zuschauer auch, unter Brecht-Theater heute.»

Keiner von denen, die wir sprechen konnten, ist ganz sicher, was Barbara, die sich Berg nennt, eine geborene Brecht ist und eine verehelichte Schall, unter «Brecht-Theater heute» versteht.

Zur Firma «Bertolt-Brecht-Erben», die im Brecht-Zentrum an der Chausseestraße residiert und sich auf ihren Briefköpfen selber so nennt, gehören außerdem das ältere Weigelkind, Dr. Stefan Brecht, der Amerikaner geworden und in Amerika geblieben ist, sowie die Stiefschwester Hanne Hiob, aus Brechts erster Ehe mit Marianne Zoff. Aber die gegenwärtige Macht wird ausgeübt von der 56jährigen Barbara und ihrem gleichaltrigen Ehemann Ekkehard Schall.

Sie wird so ausgeübt, daß sogar der DDR-Rundfunk sich zu einer dort, wo es nicht um den Klassenfeind geht, ungewöhnlichen Schärfe hinreißen ließ: «Das Verhalten der Firma Brecht Erben schädigt die gesamte Theaterlandschaft der DDR.»

Die Rüge ist jetzt zehn Jahre alt, aber nicht veraltet. Sie wurde erteilt, als die Erben einer Aufführung der «Dreigroschenoper» durch Ruth Berghaus, damals Prinzipalin, die Rechte verweigerten. Seitdem ist die Inszenierung der gleichen «Dreigroschenoper» auch Hansgünther Heyme in Köln untersagt worden und dem sonst so geschätzten Dario Fo in Berlin (Ost). Immer ging es darum, daß die Regisseure sich zu große Freiheiten bei ihrer Interpretation herausnehmen wollten. Was im Falle der «Dreigroschenoper» besonders skurril ist, in der sich ja Brecht große Freiheiten erlaubt hatte mit John Gays «Beggar's Opera» und mit Versen von François Villon.

Nächst der «Dreigroschenoper» reizte am meisten «Der gute Mensch von Sezuan» die Regisseure zu Visionen, welche die Erben nicht zulassen zu dürfen glaubten. Wieder wurde Hansgünther Heyme davon betroffen, aber auch ein der falschen Gesinnung so unverdächtiger Mann wie Giorgio Strehler.

Sowenig es nachweisbar ist, so deutlich spürt man doch, daß

auch die gegenwärtige Intendanz ächzt unter den Bemühungen, dem wachsamen Auge der Erben zu entrinnen, die einen unseligen Hang zu haben scheinen, sich ihre unverdient ererbten Tantiemen, die ja noch immer reichlich fließen, auf unangemessene Weise zu verdienen.

Zu wünschen wäre, daß Wekwerth, der als ein Präsident der Akademie der Künste inzwischen einiger wohlerworbener Rückendeckung sich erfreut, sich durchsetzen kann gegen eine Frau, deren größtes Verdienst es ist, Erbin zu sein. Wie sonderbar, daß so etwas auch in einem sozialistischen Staat noch so viel Gewicht hat!

Zu wünschen wäre es dem Berliner Ensemble und dem Theaterleben in der DDR, das jederzeit eine Reise wert ist; zu wünschen wäre es auch dem fest auf dem Boden des Marxismus-Leninismus (in dem er sich auskennt) stehenden, aber niemals verweilenden Brecht-Professor und Asketen, daß ein neues Konzept Wirklichkeit wird. Wekwerth: «Für den einzelnen ist heute ‹das Leben schwerer zu erleben›. Aber ohne Erlebnis *seines* Lebens gibt es kein menschliches Leben. Und kein Leben der Gesellschaft, da nur ‹die freie Entwicklung eines jeden die Bedingung ist für die freie Entwicklung aller›.»

Daß dieser fast vergessene Satz aus dem «Kommunistischen Manifest» einmal wieder zitiert wird, ist ein gutes Zeichen. Daß jedoch der einzelne im Sozialismus der DDR (wie übrigens auch in anderen sozialistischen Staaten) wieder eine Rolle zu spielen anfängt, will mir als geradezu revolutionär erscheinen. Wo, wenn nicht auf dem Theater, sollte diese Revolution anfangen?

«Kulturvoll»

Von Nina Grunenberg

Vom Massentourismus ahnen die Bewohner der DDR noch nicht viel, aber was sie als erste Anzeichen davon erleben, bestätigt die Fraktion der Puristen in ihrer Meinung: «Kulturvoll» ist er nicht. Klaus Wenzel, der Direktor des bezirkseigenen Hotels «Neptun» in Warnemünde, wußte, wovon er sprach. Sein Haus ist über das Jahr hin zu 100 Prozent ausgebucht. 70 Prozent der Gäste werden ihm vom FDGB geschickt, 30 Prozent kommen aus dem «Westen» und bringen die Devisen. Ihre Zahl würde Wenzel gerne noch erhöhen, aber erstens spielt da der FDGB nicht mit, der freiwillig auf Betten verzichten müßte, und zweitens sind die Westurlauber nicht immer so brav, wie Wenzel das von den DDR-Bürgern gewöhnt ist. Manche Westler tauschen ihre begehrten D-Mark nicht höflich und ordentlich eins zu eins am Hotelschalter um, sondern wechseln schwarz eins zu vier und führen sich anschließend an der Hotelbar auf wie Graf Koks von der Gasanstalt. Mit einem verletzten Blick aus wasserblauen Seemannsaugen fragte Klaus Wenzel uns: «Ist das denn kulturvoll?»

Auch Superintendent Traugott Ohse in Bad Doberan im Mecklenburgischen macht sich seine Gedanken, wenn er die Besucherscharen sieht, die seit der Renovierung über sein prachtvolles Münster und das «wunderschöne Fleckchen Erde» herfallen, auf dem es steht: 150000 waren es im letzten Jahr. Wenn zu viele Busse auf einmal vor dem Dom halten, läßt Ohse die Kirchentüren schließen, um den Besuchern die Muße zu bewahren. Weil Küster und Hilfsküsterin der Scharen nicht mehr Herr wurden, holte er für den Sommer Theologiestudenten nach Bad Doberan und bildete sie im Schnellkurs zu kunsthistorischen Führern aus. Früher spielte der Küster noch auf der Orgel während der Besichtigung. Das ist inzwischen nicht mehr möglich. Er hat keine Zeit mehr. «Ist das noch kulturvoll?» fragen sich Ohse und seine Mitarbeiter.

Matthias Ebert, der Direktor des Güstrower Renaissance-Schlosses, hat sich die Frage ebenfalls gestellt, aber auch gleich beantwortet: 105000 Besucher im Jahr, sagte er entschieden, sind genug: «Mehr ist nicht zu verkraften – weder für die Besucher noch für die Kunstwerke und für das Schloß.» Wie er den Zustrom der Besucher verhindern will, verriet er allerdings nicht.

Werner Noth, der Direktor der Wartburg-Stiftung, beklagte sich nicht über die halbe Million Besucher, die jährlich durch die Lutherburg geführt werden; das war nach der Renovierung zu erwarten gewesen. Doch was ihn oft ärgert, ist das Benehmen der Touristen. Sie sind nicht vorbereitet, kommen müde auf der Wartburg an und benehmen sich undiszipliniert. «Ist das kulturvoll?» Da lobte er sich die Besucher aus der Sowjetunion, die noch «eine andere Einstellung zu Museen haben»: «Bei denen kommen Rüpeleien nicht vor.»

Dem Westdeutschen rühren diese Kulturklagen wie ein Märchen aus uralten Zeiten ans Herz. In der DDR mag zwar jedermann wissen, was eine Gemeinschaftsgesellschaft ist, aber die Gesetze der Massengesellschaft müssen sie erst noch lernen.

Der Schauspieler

Von Rudolf Walter Leonhardt

Wer ihm wohl will, nennt ihn den wortgewaltigsten Vertreter des klassischen Brecht-Stils. Kollegen haben ihn, nicht ganz ohne Neid, den Titelrollenspieler genannt. Das läuft so ziemlich auf das gleiche hinaus.

Tatsache ist, daß der Arturo Ui (in Brechts Aufhaltsamem Aufstieg desselben) 1959 sein erster ganz großer Erfolg war, der ihn durch das Londoner Gastspiel von 1965 weltberühmt machte. Danach hat Ekkehard Schall wirklich in allen Brecht-Stücken die Titelrollen gespielt (und in einigen Nicht-Brecht-Stücken wie Ben Jonsons «Volpone»): den Coriolan wie den Galilei und den Herrn Puntila.

Einige haben freilich gar keine Titelrolle, «Der kaukasische Kreidekreis» zum Beispiel, wo er den Dorfschreiber Azdak spielte, und andere nur eine ungeeignete, zum Beispiel die «Mutter Courage», in der seine Schwiegermutter Helene Weigel-Brecht brillierte.

Als Gymnasiast hatte der 1930 in Magdeburg geborene Schall nach eigenem Zeugnis vor allem Frauenrollen gespielt. Sein Schlüsselerlebnis war 1946 eine Aufführung von «Gyges und sein Ring». Beim Darsteller des Kandaules, er hieß Romano Merk, nahm er den ersten Schauspielunterricht. 1948 schon bestand er sein Abschlußexamen an den Städtischen Bühnen von

Magdeburg und bekam sein erstes Engagement in Frankfurt/Oder.

Er spielte dort mit jenem Einsatz von Stimme, Kraft, Mimik und Akrobatik, der ihn seither auszeichnet. «In einem Artikel ernannte mich einer zum ‹Erfinder des epileptischen Theaters›», erzählte er, als Selbstironie ihn einmal befiel, «aber ich wurde bekannt.»

Schon vier Jahre später war der Zweiundzwanzigjährige bei Brechts Berliner Ensemble engagiert. Sein großes Vorbild war Ernst Busch. Der «blieb wunderbar proletarisch in jeder Aussage jeder Rolle».

Wer ihn zuerst auf der Bühne erlebt hat, vielleicht als Coriolan, Kraftprotz, Herrscher, ein Fels noch im Untergang, ist überrascht, hinter der Bühne oder in der Kantine dann einen eher zierlichen, nicht übermäßig großen Mann zu treffen, der das wenige, was er sagen will, eher zurückhaltend und mit leiser Stimme sagt und von dem Frauen vor allem durch das Blau seiner Augen sich beeindruckt fühlen.

Da fängt man an zu begreifen, wie sehr dieser Mann mit all seiner Zwiespältigkeit an sich gearbeitet hat, um sich emporzuschwingen zu den mißbilligten Höhen des Feldherrn, des Führers, des Forschers. Schon am frühen Morgen fing er an, die Muskeln und die Stimmbänder zu trainieren.

Die starke Bindung an Brecht war die Basis seines Welterfolgs. Er ist bis heute ein Brecht-Schauspieler geblieben, kraftvolle Kaskaden von Worten sprudelnd und sprühend, Satzgefüge zur Spannung hin zerrend und dann, an eher psychologisch als grammatikalisch festzulegender Stelle, die Deklamation unerwartet abrupt unterbrechend. Über allzu viele Jahre hinweg unverändert angewandt, erscheint die Methode Kritikern eher als Manierismus.

Die Nähe zu Brecht blieb Gesetz seines Lebens. Wer weiß, ob er selber gern Zigarren geraucht hätte oder ob er es nur dem Herrn und Meister nachtat. Auch die Ehe mit der gleichaltrigen Brecht-Tochter Barbara – beide sind jetzt 56 Jahre alt – entzieht sich öffentlicher Analyse.

Direkt auf Brecht zurückgeführt werden darf wohl Ekkehard

Schalls erster und letzter Versuch, sich auch als Regisseur einen Namen zu machen. Wobei das Scheitern eher für den Regisseur und seine ihm assistierende Frau einnimmt. Das Buh der Kritik in der DDR kam damals nicht aus Theaterverstand.

Das war 1974. Ekkehard Schall inszenierte Christopher Marlowes «Leben Eduards II. von England». Mit dem gleichen Stück hatte 1924 Bertolt Brecht sein Debüt als Regisseur in München gegeben, nachdem er es zuvor (zusammen mit Lion Feuchtwanger) bearbeitet hatte. Brecht selber distanzierte sich später.

Ekkehard Schall war, damals noch, so kühn und so unklug, sich über die Distanzierung des nachträglich gewählten Schwiegervaters hinwegzusetzen. Wollte er schaffen, was Brecht selber nicht geschafft hatte?

In der Bearbeitung von Brecht wird, mehr noch als bei Marlowe, die Liebesbeziehung zwischen König Eduard und seinem Freund Gaveston zum zentralen Thema. Und unter Schalls Regie wurde die Homosexualität hingestellt als ein Bedürfnis, «das nicht zur Untersuchung ansteht, aber von uns behauptet und verteidigt wird». Solchen Mut vor Tugend-Funktionären hat der Regisseur Schall nicht überlebt. Jetzt wettert er wortgewaltig gegen das «Regie-Theater der Egozentriker».

Ekkehard Schall ist mit den Jahren klüger und weiser geworden. Seine Lieblingsbeschäftigung während der letzten Jahre bestand darin, sich selber als Brecht-Interpreten zu inszenieren in drei abendfüllenden Anthologien, mit denen er in der DDR Erfolg hatte wie in aller Welt, auch in der Bundesrepublik, auch in Amerika, zuletzt in Israel (mit dem die DDR doch gar kein Kulturabkommen hat, nein, nicht einmal diplomatische Beziehungen unterhält): 1. «Vom Lachen über die Welt zum Leben mit der Welt»; 2. «Von den Sterbenden. Von den Gestorbenen. Von den Lebenden»; 3. «Fragen, Klagen, Antworten».

Da können Zuschauer/Zuhörer noch einmal den echten, den großen Ekkehard Schall bewundern. Seine Frau und seine vertrauteren Kollegen nennen ihn «Ekke». Aber jetzt ist er stellvertretender Intendant und, als Ehemann von Barbara, stark in der Firma «Brecht Erben», beinahe omnipotent.

Frauen von drüben

Von Marlies Menge

Die Gesprächspartner auf unserer Reise waren meist Männer. Frauen gossen den Kaffee ein, servierten das Essen. Wir redeten vor allem mit Politbüromitgliedern, Bezirksparteisekretären, Generaldirektoren, Ministern. In solchen hohen Rängen sind Frauen selten. Im Politbüro, dem wichtigsten DDR-Gremium, ist nicht eine einzige vertreten. Inge Lange und Margarete Müller sind seit dem VIII. Parteitag, also seit 1971, Kandidatinnen, werden aber wohl in Rente gehen, ohne vorher das Ziel der Klasse zu erreichen. Wer hoch hinaus will, ist auch in der DDR besser ein Mann.

Für die Frau, die wir zum Thema «Frauen in der DDR» trafen, blieb uns kaum Zeit. Eine Stunde zwischen zwei anderen Terminen. Im Galopp mußte Frau Prof. Herta Kuhrig ihr Programm absolvieren. Immerhin ist sie eine der Oberfrauen des Landes. Die Frauen sind ihr Beruf. Sie ist Vorsitzende des Wissenschaftlichen Rates «Die Frau in der sozialistischen Gesellschaft» bei der Akademie der Wissenschaften, außerdem Mitglied der Frauenkommission beim Politbüro des ZK der SED – eine Frau von Mitte 50, schmal, temperamentvoll, selbstbewußt; geübt im Umgang mit Männern, die Frauenfragen eher belächeln. Die Hamburger Kollegen nannte sie «chauvi-angehaucht».

Doch auch die Männer in der DDR scheinen gegen solchen

Hauch nicht gefeit. Herta Kuhrig hat ihn sogar am eigenen elfjährigen Enkel Thorsten entdeckt. Als sie ihn lobte, daß er sich so rührend um den kleinen Bruder kümmert, antwortete er: «Wir Männer müssen doch zusammenhalten.» Die Generation der Väter ist oft noch schlimmer. Als studierte Marxistin zitierte Prof. Kuhrig Lenin: «Kratz den Kommunisten an der empfindlichsten Stelle, an seiner Einstellung zur Frau.» Herta Kuhrig kratzt von Berufs wegen.

Uns gegenüber zählte sie zunächst die Erfolge auf, die auch ihre Erfolge sind: Die in Verfassung und Gesetzen verankerte Gleichberechtigung: «Öffentlich ist bei uns keiner mehr ein Chauvi.» Die Frau ist im Beruf anerkannt. 90 Prozent aller Frauen in der DDR sind berufstätig. Über 80 Prozent der Arbeiterinnen und Bäuerinnen haben einen Facharbeiterabschluß. Meine ersten Reportagen als DDR-Korrespondentin hatte ich über Frauen in für uns ungewöhnlichen Berufen geschrieben: die Kranfahrerin, die Frau im Bergwerk, die Leiterin der Genossenschaft auf dem Lande, die Försterin, die Bürgermeisterin. Sie waren stolz, etwas zu können, was früher nur Männer konnten, aber sie hatten den Beruf nicht nur deshalb erwählt. «Es ist ein altes Argument des Westens, daß wir für die Frauen nur so viel getan haben, weil wir sie für die Produktion brauchten.» Das ärgert die Frauenprofessorin immer noch.

Die «sozialpolitischen Maßnahmen» scheinen dem zu widersprechen, besonders das seit dem XI. Parteitag (April 1986) auch fürs erste Kind geltende Babyjahr (bezahlte Freistellung mit Arbeitsplatzgarantie). «Das ist auch keine pure Frauenfreundlichkeit», meinte ein Bekannter, «die Babies von heute sind unsere Arbeitskräfte in 18 Jahren. Wir sind mit unseren Unterstützungen nur ein bißchen weitsichtiger als ihr.» In den Betrieben gehört Frauenförderung zum Plan. Auf die Durchsetzung achten die Frauenkommissionen der Gewerkschaft. Er kann nicht einfach wieder abgeschafft werden. Also wird eine Frau für Monate auf eine Schule geschickt, kommt zurück – und sitzt häufig wieder auf demselben Stuhl wie vorher. «Das ist doch unwirtschaftlich», habe ich zu einer gesagt, der es so ergangen ist. «Unwirtschaftlich schon», hat sie fröhlich geantwortet, «aber schön.»

Von arbeitenden Frauen hörten wir immer wieder auf unserer Reise. Die Männer erzählten uns, daß zum Beispiel im Eisenhüttenkombinat Ost 37 Prozent der Mitarbeiter Frauen sind, daß über 95 Prozent der Eisenhüttenstädter Frauen berufstätig sind, daß 70 Prozent der Babies Krippenplätze haben. «Alle MUTTIS, die es wünschen, können ihr Kind in den Kindergarten geben», sagte Eisenhüttenstadts Oberbürgermeister Sader. Auch Herta Kuhrig hatte diesen Ausdruck benutzt: «Was wir für unsere MUTTIS tun...» Arbeitende Frauen MUTTIS zu nennen – das wiederum würde sich bei uns kaum noch einer trauen. Zum Babyjahr sagte der Generaldirektor von VEB Carl Zeiss Jena, Wolfgang Biermann: «Da habe ich zwei Seelen in meiner Brust: als loyaler Staatsbürger bin ich dafür, daß die Bevölkerung wächst, als Generaldirektor sehe ich das schon wieder ganz anders...» Das Babyjahr bringt den Betrieben Probleme.

Immerhin übertrifft die Zahl der Geburten seit 1979 wieder die der Sterbefälle, sicher auch dank staatlichen Ansporns: für jede Geburt gibt es 1000 Mark. Junge Eheleute erhalten 7000 Mark Ehekredit, den sie «abkindern» können, wie das in der DDR heißt: 1000 Mark werden für das erste Kind erlassen, 1500 Mark für das zweite, 2500 Mark für das dritte und jedes weitere Kind. «Ein Kind wollen alle, zwei Kinder die meisten, drei schon weniger», klagte Frau Kuhrig trotzdem.

Zunächst werden Jungen und Mädchen gleich erzogen. In den ersten Jahren allerdings mehr von Frauen: zu Hause eher von der Mutter, ausschließlich von Frauen in Krippe und Kindergarten. «Mein Tochter hatte in der 5. Klasse in der Schule das erste Mal einen Lehrer», erzählte Herta Kuhrig. 21 Schüler saßen in der 12. Klasse der Schule in Bad Doberan, die wir besuchten, davon immerhin elf Mädchen, alle mit Studienplatz. So weit, so gut. Aber dann: «Im vierten Semester haben ein Viertel der Studentinnen ein Kind», sagte einer der Professoren der Friedrich-Schiller-Universität in Jena, «im 8. Semester mehr als die Hälfte. Das bringt Aufschläge aufs Stipendium, einen Sonderstudienplan, die junge Mutter muß nicht zu Vorlesungen und Seminaren, das wird ersetzt durch Konsultationen mit dem Professor.» Doch das Baby belastet sie dennoch, hindert sie an der schnellen, großen Karriere. «Wenn verdiente Wissenschaftler ausgezeichnet werden und eine Marlene ist dabei, freue ich mich», sagte Prof. Kuhrig.

Die DDR hat eine der höchsten Scheidungsraten der Welt. Rund 40 Prozent aller Geschiedenen waren weniger als fünf Jahre verheiratet. Sie haben geheiratet, halbe Kinder noch, zum Beispiel um eine Wohnung zu bekommen, rasch stellte sich der Nachwuchs ein. Und nun läuft oft das alte Rollenspiel ab: Sie kümmert sich ums Baby, macht den Haushalt, kauft ein. Er setzt sich vor den Fernseher und trinkt Bier. Die jungen Frauen lassen sich das nicht gefallen. Sie haben es nicht nötig, fühlen sich finanziell unabhängig, reichen die Scheidung ein: «Der war ein Irrtum, den gebe ich zurück, den will ich nicht mehr.»

Viele heiraten gar nicht erst. Nach Prof. Kuhrig werden 35 Prozent aller Kinder in der DDR unehelich geboren. In Ost-Berlin sind es sogar 40 Prozent. 1983 schon sprach sie von einer «ungewollten Begleiterscheinung (der staatlichen Unterstützung für Alleinstehende), mit der man sich erforderlichenfalls auseinandersetzen kann und muß». Sicher war es auch ihr Einfluß, daß nach dem letzten Parteitag die verheirateten Mütter den alleinstehenden gleichgestellt wurden. Doch geht es den Alleinstehenden wohl nicht allein um Vergünstigungen. Nirgends habe ich so viele alleinstehende Mütter erlebt wie in der DDR, so als ob sie der Welt beweisen wollten: das kann ich auch. Meine schriftstellernden Freundinnen zum Beispiel haben fast alle einen unehelichen Sohn. Über die Väter reden sie nicht. Eine von ihnen ist inzwischen zum viertenmal verheiratet. Und zwischen all diesen Ehen hat sie es noch geschafft, einen Sohn zur Welt zu bringen. Einen unehelichen wohlgemerkt.

Frauen trauen sich was. Sie wissen: Wenn ich mich anstrenge, kann ich es weit bringen; nicht gerade bis ins Politbüro, aber doch ziemlich weit hinauf. Das macht sie selbstsicher. Doch wie schon bittere Erfahrung gelehrt hat, daß die Vergesellschaftung der Produktionsmittel nicht automatisch den erträumten Kommunismus bringt, so müssen Frauen erleben, daß berufliche Gleichberechtigung nicht der sichere Weg zum Glück in der

Partnerschaft ist. Neulich war ich bei einem Scheidungstermin in der DDR dabei (der Richter war übrigens eine Frau): Der Ehemann war seiner Frau treu, er war tüchtig im Beruf, trank nicht, war den Kindern ein guter Vater, hatte ein Haus gebaut. Die Frau hatte die Scheidung eingereicht, weil er ihr nicht zärtlich genug war. Sind die Frauen zu anspruchsvoll? «Vielleicht haben wir eine zu hohe Glückserwartung», überlegte die Schriftstellerin Helga Schubert. «Wir haben nicht so viel Abwechslung, leben irgendwie tiefer.» – «Es ist das einzige Gebiet, von dem man denkt, daß man sich richtig ausleben kann», meinte ihre Kollegin Helga Schütz, «dadurch werden menschliche Beziehungen überfrachtet.»

Bei unseren Treffen mit Schriftstellern waren die Frauen in der Überzahl, in der DDR-Literatur spielen sie eine wichtige Rolle. Ich habe mir nur die Bücher der fünf Autorinnen genommen, die wir auf unserer Reise gesprochen haben, habe nachgelesen, wie sie dem uralten Thema «Mann und Frau» zu Leibe rücken, möchte es wiedergeben in eher zufälligen Zitaten, in kurzen Kostproben, die vielleicht (hoffentlich) Appetit auf das Ganze machen.

Bei Monika Maron zum Beispiel werden Frauen vorgestellt, die von klein auf ihren Anspruch geltend zu machen gelernt haben, ihn auch gegenüber dem Mann stellen: «Mußte es wirklich dieser sein, dachte die Frau. Vielleicht hätte es doch einen besseren gegeben, einen stärkeren, weniger kleinmütigen... Wenn du lieber umkehren willst, kannst du gehen, sagte die Frau. Du sollst freiwillig mitkommen oder gar nicht.» Lieber allein sein als zurückstecken.

Rosemarie Zeplins Frauen scheinen immer allein zu sein, für sich eingekapselt neben den Männern: «Lisa zog sich nach den ersten stürmischen Monaten ihrer Liebe in ein geheimes Reservat unbestimmter Sehnsüchte zurück, in einem Mann verkörpert, der nicht kam, sie zu erziehen, sondern zu bewundern.» Helga Königsdorf benennt ein weibliches Dilemma, das immer wieder dazu führt, daß Frauen Kompromisse machen: «Zu gegenwärtig: meine Angst. Meine Einsamkeit. Meine Sehnsucht nach Schutz. Meine egoistische Sehnsucht nach Schutz. Mein

Gefühl des Anspruchs. Meine Verletztheit, wenn mir etwas verweigert wurde.»

Helga Schütz vermittelt das Gefühl der Ohnmacht, wenn eine Beziehung zu Ende geht: «Du mußt einen Teller an die Wand schmeißen, nicht vom Goldrandservice, vielmehr einen aus der Küche oder zwei... Das Erlebnis, wenn Liebe zerbricht. Wenn Gefühle einstürzen. Wenn an einer Ruine gebessert wird.» Bei Helga Schubert schließlich die stillschweigende Übereinkunft unter Frauen, die auf den gleichen schmerzlichen Erfahrungen basiert: «Dabei sah ich neben dem trotzigen einen leisen sehnsüchtigen Ausdruck in ihren Augen... Ich erkannte auch in ihr die immer aufs neue enttäuschte und hoffende Geschlechtsgenossin.»

Beiderlei Deutsche – zweierlei Deutsche

Begegnungen, Szenen, Beobachtungen

Von Marlies Menge

«Wir haben so getan, als ob nichts wäre», sagte Nina Grunenberg nach einem Treffen mit Gesprächspartnern aus der DDR, und damit hatte sie bereits eines der ungeschriebenen Gesetze ostwestlicher Begegnungen im geteilten Deutschland erkannt. Dabei wußten wir sehr gut, daß die Reise des ZEIT-Teams so normal nicht war, wie wir taten.

Zum ersten Treffen, einem Essen, hatte uns Botschafter Wolfgang Meyer, Leiter der Hauptabteilung Presse im Ministerium für Auswärtige Angelegenheiten, ins Palasthotel gebeten, die Devisen-Enklave in Ost-Berlin. DDR-Journalisten waren dazugeladen, einer der Reisebegleiter von 1964. Die Atmosphäre war heiter, die Themen blieben unverfänglich. Wir hätten die Kollegen fragen können, warum ihre Zeitungen das eigene Land immer so ermüdend positiv darstellen. Aber das taten wir nicht. Die Jüngeren suchten nach Ähnlichkeiten in ihren Biographien; die Älteren, die schon vor 22 Jahren miteinander durch die DDR gereist waren, gedachten früherer Zeiten.

Wenn Deutsche aus Ost und West das erste Mal zusammentreffen, wirken beide Seiten meist angestrengt locker. Der Westdeutsche reist unbefangener nach Polen oder in die Sowjetunion als in die DDR. Da leben zwar auch Kommunisten, und manches ist fremd, aber das sind schließlich auch andere Länder mit anderer Sprache und anderen Sitten. Der Deutsche aus der DDR empfängt französische oder amerikanische Besucher gelassener als Leute aus der Bundesrepublik. Die können vielleicht seinem real existierenden Sozialismus noch weniger abgewinnen, doch schließlich kommen sie aus anderen Ländern mit anderer Sprache und anderen Sitten. Den Deutschen hängt ihre Geschichte an, die gemeinsame bis 1945, aber auch die danach, die getrennte, die beide Seiten, immer mit argwöhnischem Blick zum anderen, absolviert haben. Das hält Berührungsängste wach, Emotionen, die durch akute deutsch-deutsche Vorfälle immer wieder mobilisiert werden – ganz gleich, ob es um Asylanten geht oder um den mysteriösen Fall Meissner. Das alles muß überspielt werden. Vielleicht lächeln die Deutschen aus Ost und West einander deshalb so fleißig zu.

Bei der ersten Fahrt durch Ost-Berlin sagte ein Hamburger Kollege: «Man merkt gleich, daß man im Osten ist. Woran liegt das?»

Man merkt es an den Autos zum Beispiel. Eine Stadt, durch die vor allem der DDR-Kleinwagen «Trabant» rollt, sieht anders aus als eine, in der VW, Opel und Mercedes fahren. Außerdem merkt man es an den anderen Namen: Ernst-Thälmann-Park, Leninallee, Marx-Engels-Forum. Dann die Neubauten. «Aber ist das nicht wie Neue Heimat?» Noch so ein ungeschriebenes Gesetz für westdeutsche Besucher: für DDR-Negativa gleich entsprechende Sünden aus dem Westen parat zu haben, um die eigene Kritik abzuschwächen.

Westdeutsche haben ihre Probleme mit denen aus der DDR. Bis in die intimsten Ost-West-Beziehungen hinein bleibt der Westdeutsche im Zweifel, ob er um seiner selbst willen geliebt wird oder ob nur die Exotik des bundesdeutschen Passes ihn so anziehend macht. Die aus der DDR hingegen fühlen sich von denen aus der Bundesrepublik ständig mißverstanden: entweder wir beurteilen ihr Land zu positiv, oder wir tun das Gegenteil. Es ist schwer, es ihnen recht zu machen. Die Schriftstellerin Monika Maron sagte: «Hier ist mehr menschliche Wärme, behauptet ihr immer. Das kann ich schon nicht mehr hören!» Sie wehrte sich gegen das Etikett «typisch DDR»: «Ihr besichtigt uns wie die Neger im Busch, seid schnell bei der Hand mit eurem Urteil, ohne daß wir uns wehren können.» Ein junger Maler in Dresden sagte: «Ihre Zeitungen schreiben, wir dürfen nur malen, was wir dürfen. Wenn man mal solche Klischees vergißt, herrscht in der DDR große Vielfalt.»

Stimmt das? Machen wir wirklich aus der ganzen DDR eine einzige Sauce, ohne Unterschiede, ohne Widersprüche? Nehmen wir die Zeitungen. Die Ausnahmen von den üblichen Lobhudeleien sind selten, aber es gibt sie. Die Kulturzeitung *Sonntag* ist so eine Ausnahme. Zur Illustration ein kleines Beispiel: «Die Ampel schaltet auf Rot. Obwohl vormittags wenig Verkehr ist, bleiben wir stehen und warten. Warten auf ein Auto oder auf ein Grün. Der Bus, unser Ziel, steht einladend mit offenen Türen an der Endhaltestelle. Es ist Rot, kein Auto kommt. Ich renne bei Rot über die Straße zum Bus. Dem Fahrer gelingt es, noch vor mir die Türen zu schließen. Laut Fahrplan zwei Minuten zu früh.» So etwas erlebten wir auf unserer Reise nicht.

Wir reisten in Limousinen, von Luxushotel zu Luxushotel, von Essenseinladung zu Essenseinladung, ziemlich abgehoben vom Alltag der Menschen im anderen Deutschland. Eines Abends fand einer von uns den Brief eines DDR-Bürgers im Hotelpostfach. Er hatte von unserer Reise gehört, forderte uns auf, wenigstens einmal unser Abendbrot in einer Kaufhalle zu kaufen, einmal mit der Bahn zu reisen, einmal in einem Kleinstadthotel zu schlafen. Dazu kamen wir nicht.

Wir redeten mit Umweltminister Hans Reichelt und mit Professoren der Forstakademie Tharandt, aber unsere Zeit reichte nicht aus, nach Zinnwald im Erzgebirge zu fahren, wo ein großer Teil des Waldes tot ist. Eine Freundin hat kürzlich mit ihrer kleinen Tochter Urlaub dort gemacht: «Ich habe zu ihr gesagt, sieh einfach nicht hin zu den toten Bäumen, sieh dir die schönen Blumen in den Gärten an. Was soll man denn machen...»

Wir besichtigten das restaurierte Gera, doch in so kleine Orte wie Beelitz bei Potsdam, durch das ich neulich fuhr, kamen wir nicht: Es sieht aus, als ob es nur noch auf seinen Abriß wartet. Dabei kann doch hier eigentlich keine Braunkohle sein, der Grund oft, ganze Orte verschwinden zu lassen.

Zum Beispiel in der Lausitz. Die Braunkohle, erste Energiequelle der DDR, hat allemal Vorrang. Als ich das letzte Mal in Lübbenau war, weil ich westdeutschen Besuch hatte und alle Westdeutschen immer in den Spreewald wollen, gab es im «Grünen Strand der Spree» kein Essen mehr, weil es fünf Minuten nach zwei war, genau fünf Minuten zu spät. (Von 11 bis 2 Uhr darf in vielen Restaurants nicht geraucht werden; von 2 bis 5 Uhr gibt es nichts zu essen.) Wir wichen auf die Mitropa am Bahnhof aus, kamen dort mit drei jungen Männern ins Gespräch, die alle aus dem Norden waren. Von April bis Oktober arbeiten sie in Lübbenau in der Grube. Einer fährt sonst zur See, einer ist Tischler, einer LKW-Fahrer. Ihre Betriebe müssen sich darauf einstellen, daß sie zur Sommerzeit hier für die Braunkohle gebraucht werden. Das wird zentral gelenkt, und die drei schienen das ganz in Ordnung zu finden. Ja, es kämen im Sommer viele Westdeutsche hierher. Was sie von ihnen hielten? «Weil sie mehr konsumieren, denken sie, sie sind was Besseres», sagte einer von ihnen.

Daß DDR-Bürger weniger konsumieren können, liegt am System. Am System liegt es wohl auch, daß sie kein Kostenbewußtsein haben, Thema von Peter Christ, dem Wirtschaftsjournalisten. «Wie hoch müßte die Miete sein, um rentabel zu sein?» fragte er. Der Ostberliner Architekt Dr. Günter Stahn konnte es nicht sagen. Er wußte nur von der U-Bahn: «Die müßte reichlich eine Mark kosten, kostet aber nur 20 Pfennig.»

«Was kostet ein Schülerplatz?» Direktor Krüger von der EOS Bad Doberan mußte passen: «Kann ich nicht sagen. Einige tausend Mark.»

In Eisenhüttenstadt fragte Christ den Oberbürgermeister Dr. Sader: «Wie finanziert sich die Stadt, woher bekommt sie ihr Geld?» – «Vom Staat und von Steuereinnahmen, von den volkseigenen Betrieben und Handwerksbetrieben.» Auch den privaten. (Sader verriet uns die Adresse eines privaten Bäckers in Tauche bei Beeskow. Da waren die Brötchen zwar eigentlich schon ausverkauft, aber dank unserer guten Empfehlung griff die Bäckersfrau zur stillen Reserve.) «Wie hoch sind die Personalkosten?» Oberbürgermeister Sader wußte es nicht: «Weil wir keine Sorgen mit der Liquidität haben.»

Für Westdeutsche ist das nur schwer zu begreifen: die DDR

sozusagen als Gesamtkunstwerk, ein großer Topf, in den alles fließt, die Überschüsse, die Hüttenkombinat und Zeiss erarbeiten; oder was bei den überteuerten Farbfernsehern und Kleinwagen, bei Exquisit- und Delikat-Läden abfällt; die Devisen, die West-Berlin, der Handel mit der Bundesrepublik, der Mindestumtausch, Interhotels, Intershops, ja, auch die ärgerlichen Radarkontrollen auf der Autobahn einbringen. Und oben steht das Politbüro und verteilt aus dem Topf an die offenen Hände: für Investitionen, aber auch fürs Babyjahr, für billige Mieten, für verbilligte Lebensmittel, eben für das ganze Paket, das die soziale Sicherheit ausmacht, die sogar noch den jungen Künstler erreicht, der drei Jahre lang nach dem Studium monatlich 450 bis 600 Mark Förderung bekommt.

Wer die DDR nach dem Kosten-Nutzen-Prinzip betrachtet, dem erscheint sie – zu Recht – als unwirtschaftlich. Weil das importierte Fließband aus der Bundesrepublik den DDR-Arbeitern zu schnell lief, wurde es aus der Produktion genommen. «Bei uns heißt es leben *und* arbeiten, bei euch leben *oder* arbeiten», sagte der Schriftsteller Heiner Müller. Was nicht heißt, daß die Arbeiter sich nicht über Bürokratie, Schlamperei, Uneffektivität ärgerten. «Wenn wir über Versorgungsmängel meckern, dann ist das Galgenhumor, der sich an oberflächlichen Erscheinungen festmacht, der aber eigentlich die Ursache meint. Wir haben Fähigkeiten und Lust, sie zu beweisen, und das ist oft in den Betrieben und LPGs nicht möglich, weil es zu bürokratisch, zu zentralistisch, damit zu uneffektiv zugeht.»

In der DDR herrscht eine so ungebrochene Fortschrittsgläubigkeit, daß manch einer Angst hat, vor lauter Wissenschaft, Technik und Pragmatismus könnte der Kommunismus flöten gehen. Elektronik ist groß in Mode, CAD/CAM (Computer Aided Design/Computer Aided Manufacturing) das Zauberwort der Stunde, das Allheilmittel. Umweltminister Hans Reichelt will den Umweltschäden mit wissenschaftlichem Knowhow zu Leibe rücken, Werner Felfe verkündete stolz, daß 1000 Computer in der Landwirtschaft eingesetzt sind, Dr. Günter Mittag will die Betriebe mit immer mehr Mikroelektronik, immer mehr Robotern ausstatten.

Einen der Roboter kenne ich vom Hörensagen. Er steht in einem Betrieb, in dem ein Bekannter arbeitet. Eine neue Drehmaschine wurde gebraucht, der Roboter mußte dazugenommen werden: «Die Drehbank macht Zahnräder, der Roboter bestückt die Drehbank. Das hört sich gut an. Aber wir nutzen den Roboter nicht aus. Er steht viel zu oft still. Weil wir nur eine bestimmte Anzahl Zahnräder für unsere Produktion brauchen.» Das ärgert meinen Bekannten. Möchte er deshalb lieber im Westen leben? Nein, möchte er nicht: «Ich bin für diesen Staat, der sozialen Geborgenheit wegen. Aber ich wünschte mir eine effektivere DDR.»

Die Schriftsteller, von denen wir ein gutes Dutzend trafen, hatten sich vermutlich darauf eingestellt, tiefschürfende Probleme des Miteinanders beider deutschen Staaten mit uns zu erörtern. Statt dessen wurden sie zum sozialistischen Realismus befragt. Schriftstellerverbands-Präsident Hermann Kant versuchte, das Thema schnell zu erledigen, indem er es in längst vergangene Zeiten verbannte. Wolfgang Kohlhaase witzelte: «Das ist wie's Leben, und hinten wird's schön.» Günter de Bruyn: «Nach sozialistischem Realismus werde ich immer nur im Westen gefragt, in der DDR nie.» Helga Königsdorf und Rosemarie Zeplin saßen stumm dabei und wunderten sich nur. «Ihr kommt und erwartet was von uns: so, nun macht mal, nun seid mal schön lebendig», sagte Helga Schütz. «Und wir geben uns Mühe, eure Erwartungen zu erfüllen, inszenieren uns selbst.»

Am besten schnitt dabei Helga Schubert ab. Sie lieferte die meisten zitierfähigen Sätze. Sie lobte uns sogar: «Ihr seid demokratisch erzogen, könnt deshalb gut zuhören, könnt andere Meinungen ertragen.» Monika Maron war anderer Ansicht: «Ihr habt immer eure westliche Sicht. Für euch gibt es in der DDR-Kulturpolitik zum Beispiel nur Liberalisierung oder Daumenschraube. Das ist eine ganz falsche Sicht. Es gab beides nicht.» Selbst Heiner Müller, der dazu neigt, sich bei Ost-West-Diskussionen eher zu amüsieren, bemühte sich, Zusammenhänge ernsthaft zu erklären. Aber wie sollen Westdeutsche auch begreifen, daß sogar ein Schriftsteller in die Mühlen der Bürokratie gerät und sich einzurichten lernt?

Ein Professor in der Dresdner Hochschule für Bildende Künste griff das Thema noch einmal auf: «Der Funktionärsapparat hat immer Angst, etwas zu tun, was den Menschen nicht nutzt. Lieber ängstlicher sein und nichts tun als Verantwortung übernehmen. Manuskripte werden deshalb länger liegengelassen, Filme auch, oder Pläne für Ausstellungen. Anstatt sie zu zeigen, solange sie aktuell sind, bleiben sie liegen, bis jeder fragt: Was ist daran denn so schlimm? – Auch ein Betriebsleiter muß Verantwortung übernehmen. Da ist man lieber Stellvertreter.» Ein Verwandter hatte mir einmal erklärt, warum er nicht Abteilungsleiter werden will: «Da muß ich nur dauernd mehr arbeiten, ohne mehr Geld dafür zu kriegen. Und wenn was nicht klappt, bin ich schuld. Als Arbeiter kann mir keiner was anhaben.»

Wer Karriere machen will, muß sich anpassen, muß viel einstecken können. Vielleicht gibt es deshalb so viele bewußt Unehrgeizige in der DDR. Eine Freundin, die in die Bundesrepublik reisen durfte, erklärte mir, warum sie nicht bei uns leben möchte: «So wie ich hier lebe, mit schöner Altbauwohnung in Berlin, Datsche auf dem Lande, Auto – das könnte ich mir bei euch doch nur leisten, wenn ich wie eine Blöde schuften würde, so daß ich das alles gar nicht mehr genießen könnte. Außerdem sind mir die Westdeutschen zu momentan, alles ist irgendwie Mode, sogar Gefühle und politische Überzeugungen. Die Gleichaltrigen haben eine andere Geschichte: Als die ihre achtundsechziger Studentenrevolte hatten, war bei uns der Einmarsch in die ČSSR. Und noch etwas: Bei uns braucht man sich nicht immerzu zu verkaufen, nicht dauernd zu demonstrieren, wie erfolgreich man ist, da kann man sein, wie man wirklich ist.»

Auch so entsteht das Land der kleinen Leute, wie Günter Gaus die DDR eher zärtlich nannte. Gehe ich in der Bundesrepublik in eine Autobahnraststätte, habe ich das Gefühl, daß da kein einziger Arbeiter sitzt, so sehr geben sich alle Mühe, wie Angestellte zu wirken. In der DDR leben sie ungenierter. Diese Ungeniertheit ist dem westdeutschen Besucher fremd, sie ängstigt ihn. Wir hatten auf unserer Reise kaum mit ihr zu tun, erlebten eher das Gegenteil. Zum Beispiel im Haus von Professor Manfred von Ardenne im Weißen Hirsch in Dresden, der uns eindrucksvoll vorführte, wie großbürgerlich, ja grandseigneural es sich in der DDR leben läßt. Seine Villa gleicht einem Adelspalais, mit wertvollen alten Gemälden an den Wänden («einige in der Sowjetunion gekauft»), echten Teppichen auf dem Boden, Meißener Geschirr auf dem Tisch. In unmittelbarer Nachbarschaft liegt sein Institut, in dem er sich eine Sauerstoff-Mehrschritt-Therapie ausgedacht hat, die zumindest seine Frau und ihn erstaunlich jung gehalten hat. «Betrachten Sie sich als Sozialisten?» fragten wir ihn. «Darüber denke ich nicht nach.» Warum lebt er in der DDR? «Als ich mich entschied, nach Dresden zu gehen, hatte ich schon die obere Schicht in der Sowjetunion kennengelernt. Viele Menschen, die ich zu Freunden habe, die auch Sie gern zu Freunden hätten. Das hat mich menschlich stark gebunden.»

Da war es wieder: die menschlichen Erfahrungen, die einer in der Sowjetunion gemacht hat. Wir hörten das häufiger auf unserer Reise. Umweltminister Hans Reichelt und Bezirksparteisekretär Ernst Timm waren beide in sowjetischer Gefangenschaft und dort auf Antifa-Schulen gewesen; sie lesen beide heute noch sowjetische Autoren. EKO-Generaldirektor Karl Döring hatte in Moskau studiert, spricht russisch so gut wie deutsch. Doch auch sonst spielt das Russische oder Slawische bei den Deutschen in der DDR, in ihrer Lebensart, eine größere Rolle, als sie meinen – wie wir wohl mehr vom amerikanischen Lebensstil geprägt sind, als wir glauben. Im Ostberliner Maxim-Gorki-Theater sahen wir ein Stück des sowjetischen Autors Alexander Gelman. «Früher gab es Vorbehalte in der Bevölkerung gegenüber sowjetischen Stücken», sagte einer der Theaterleute. «Aber zum Beispiel die Produktionsprobleme bei Gelman, das ist den DDR-Zuschauern vertraut. In der Bundesrepublik könnten wir das Stück wohl nicht spielen.»

Manfred von Ardenne hatte kürzlich vor der Volkskammer gesagt: «Ein autoritärer Leitungsstil gehört der Vergangenheit an. Es darf kein Sand im Getriebe sein. Kooperative Leiter, welche sich nicht der Wahrheit verschließen und wünschen, daß die Probleme mit großer Offenheit sowie mit konstruktiver Kritik angesprochen werden, bringen die Sache voran.»

Mir kam freilich die DDR auf unserer Reise noch immer sehr

wie ein vom «autoritären Leitungsstil» geprägtes Land vor. Der Chef ist König. Immer mußte Theo Sommer, als unser Delegationsleiter, die Honneurs machen: Begrüßungsrede, Vorstellung, Abschlußdank. Immer bekam er die Geschenke, immer servierte man ihm zuerst das Essen. Die Mitarbeiter unserer hohen Gesprächspartner saßen meist stumm neben ihren Chefs, redeten nur, wenn sie von ihnen gefragt wurden. Eine Ausnahme war der Mitarbeiter von Politbüromitglied Hermann Axen, der sich selbstbewußt einmischte. Zwar hörten wir von Generaldirektor Biermann, daß er Leiter abgesetzt habe, aber da ging es nicht um mehr Mitbestimmung, sondern um Leistung: «Sie müssen leistungsfähig, belastbar sein. Man muß einen Schnitt machen, wo es nicht geht.»

Die häufig vorkommende Vokabel «Leistung» irritierte die Besucher. «Sie haben das Leistungsprinzip, warum sind Sie nicht gleich für die freie Marktwirtschaft?» fragte Peter Christ den Direktor des Warnemünder Hotels «Neptun», Klaus Wenzel. «Kapitalismus ist Ausbeutung, das machen wir nicht mit.» Vor 22 Jahren habe er für 20 Mark im Warnow-Hotel gewohnt, klagte Rudolf Walter Leonhardt, heute müsse er im «Neptun» 200 Mark pro Nacht hinblättern.

«Wir richten uns nach dem Markt», erklärte ihm Wenzel. Also doch auf dem Wege zum Kapitalismus? «Nein, wir setzen unseren Gewinn für soziale Gerechtigkeit ein.» Die Gäste fragten; Wenzel empfand manche Fragen offenkundig als besserwisserisch. «Die aus dem Westen wollen uns immer belehren.» – «Wir greifen Ihr System nicht an, wir verteidigen nur unseres», wurde er beschwichtigt.

Immer wieder gerieten Diskussionen zum Ost-West-Schlagabtausch, zum Beispiel mit den Mitarbeitern vom Berliner Ensemble. Es begann ganz heiter, mit Anekdoten über Ulbricht, Brecht, die Weigel. Dann wurde es theoretisch, wobei Professor Manfred Wekwerth häufig Marx bemühte. «Ist es Zufall, daß Sie immer nur den jungen Marx zitieren?», fragte Gerhard Spörl.

Die Westdeutschen fühlten sich agitiert, konterten auf ihre Weise, so mit der Frage nach der Mauer. «Wir müssen alles tun, um sie überflüssig zu machen», sagte der Schauspieler Ekkehard

Schall. «Wir sind alle dagegen.» Die Hamburger Gäste fragten weiter, nach allem, was ihnen beim Stichwort DDR für gewöhnlich einfällt, bis sich auf einmal die Schauspielerin Carmen-Maja Antoni zu Wort meldete, die bisher still dabeigesessen hatte: «Sie reden von der Mauer, vom Reisen, von Ausreisen, von Tschernobyl, immer diese Reizworte. Sie müssen auch ertragen, was die Leute bei uns sagen, so wie ich das von Ihnen ertragen muß. Auch für mich gibt es Reizworte. Oft sind es dieselben Worte, aber der Reiz ist anders.»

Schnell wurde das Thema gewechselt: «Richten Sie sich nach Peymann?» Als Heiner Müller in «Sinn und Form» schrieb: «Ein Drittel der (westdeutschen) Theaterszene, wenn nicht mehr, ist beherrscht von DDR-Regisseuren. Die Spielpläne könnten nicht existieren ohne DDR-Material», löste das bei westdeutschen Kulturexperten Entrüstung aus; allzu selbstverständlich scheint, daß die DDR immer nur dem Westen nacheifert. Dabei wurde das Provokativste an Müllers Artikel überlesen: «Bündnispolitik (mit dem Westen) bringt auf beiden Seiten auch Verluste, Verlust durch Anpassung, Unterordnung, Einebnung unterschiedlicher Interessen.»

Hermann Axen, darauf angesprochen, sagte, daß alles, was der Vernunft dient, nur gut sein könne. Für die beiden deutschen Staaten sah er einen «hellen fruchtbaren Weg, auf dem man manche Platane pflanzen» könne, wenn es im Sinne des Grundlagenvertrages geschehe, in Anerkennung zweier souveräner Staaten, die verschiedenen Gesellschaftssystemen angehören. Professor Kurt Hager: «Notwendig ist eine neue Art des Denkens. Kein Antikommunismus, keine Tüttelchen. Das ist nicht der Geist, der Mauern abbaut. Ein Miteinander ohne Preisgabe seiner selbst.» Das hört sich leichter an, als es für manche Westdeutsche ist, für die der Kommunismus immer noch das größte Schreckgespenst ist.

Bei der Entspannungspolitik gegenüber dem Westen weiß die Regierung die Bevölkerung auf ihrer Seite. Mancher in der DDR denkt, daß da der Osten im Augenblick die besseren Karten hat. Als Hermann Axen die Abrüstungsvorschläge Gorbatschows aufzählte und die zwiespältigen amerikanischen Reaktionen darauf, hatte Theo Sommer zuweilen Mühe, die Schläge angemessen zu parieren. Unsere hochrangigen Gesprächspartner blieben immer freundlich, gelassen selbst bei bohrenden Fragen wie der nach der Aufarbeitung des Stalinismus in der DDR.

Ich fragte mich, wie das wohl ist: so viel Macht zu haben. Denn das ist ja das eigentliche Privileg, nicht Villa, Datsche, Auto und Urlaub im Ausland, wonach Westdeutsche immer wieder forschen. Ist einer, nur weil er Kommunist ist, dagegen gefeit, Macht zu mißbrauchen? Diese für uns anscheinend so uneingeschränkte Macht, über den Staat, den Bezirk, den Betrieb, bis hin zum Bereich der untersten Machthaber, dem kleinen Polizisten auf der Straße, dem Mann beim Rat des Stadtbezirks, der Wohnungen zu vergeben hat, deren Selbstherrlichkeit DDR-Bürger manchmal zu spüren bekommen. Selbst wenn die, die den Staat regieren, immer nur das Beste mit ihrer Macht wollen – Kommunisten sind doch auch nur Menschen, und Menschen irren. Die Biermann-Ausbürgerung würde heute nicht mehr geschehen, wurde uns zum Beispiel gesagt, sie ist als Fehler erkannt worden. «Warum hat man sie dann nicht rückgängig gemacht?» fragten wir die Schriftsteller. «Weil Entscheidungen der Partei nicht revidierbar sind.»

Haben jene, die Macht haben, Angst, sie zu verlieren? Schließlich haben sie erlebt, wie schnell alte Genossen sie verloren haben, Genossen mit ebensolcher antifaschistischer Vergangenheit wie sie, mit ebensolchem Glauben an den Kommunismus. Männer wie Ackermann, Dahlem, Merker, Wollweber, Schirdewan, Zaisser, die Harich-Gruppe. Oder sind sie manchmal der Macht überdrüssig, sehnen sich gar nach einem stillen Platz im Staatsarchiv Potsdam, wohin so mancher Amtsenthobene gesteckt wurde? Resignieren sie manchmal, weil das, was sie sich in Emigration und Haft erträumt haben, so schwer erreichbar ist?

Eine Institution ohne Macht ist die Kirche in der DDR. Es gibt Kirchenleute, die darin eine Chance sehen. Altbischof Albrecht Schönherr sagte bei der Vierzigjahrfeier der Mecklenburgischen Kirchenzeitung: «Es sind doch gute Zeiten, wenn die Fragen nach Taufe, Konfirmation, Abendmahl und Trauung eben nicht mehr etwas Selbstverständliches sind, sondern daß diese Fragen kräftig in Gang gekommen sind. Eine kleine Gemeinde, wenn sie sich nicht abkapselt, hat Chancen, Beistandskirche zu sein, brüderliche, seelsorgerische, tragende Gemeinde. Wir sind nicht mehr auf dem Wachturm über der Stadt, von wo aus man besser raten kann, sondern wir sind mitten im Getümmel. Wir spüren die Schmerzen der Gesellschaft am eigenen Leibe.» Als wir Bischof Schönherr beim Essen trafen, war er eher still, überließ es dem Gastgeber, dem Staatssekretär für Kirchenfragen, Klaus Gysi, die westdeutschen Besucher mit Bonmots zu unterhalten. In Weimar ging ich zum Gottesdienst in die Stadtkirche St. Peter und Paul. Zwei junge Leute von 16, 17 Jahren ließen sich taufen. Die Gemeinde sang: «Geh aus, mein Herz, und suche Freud...»

Die Schüler der Doberaner Klasse sagten uns geradeheraus ihre Meinung, wie sie sie in der Schule gelernt hatten: daß in der Bundesrepublik hohe Arbeitslosigkeit herrsche, daß wir mehr Kriminalität haben, mehr Drogenabhängige auch – als ob es in der DDR keine Probleme mit Alkohol gäbe. In den oberen Etagen erfuhren wir nur Freundlichkeit und Verständnis: die DDR als Land des Lächelns. Bei den Doberaner Schülern bekamen wir eine Ahnung von dem Eiertanz, den die DDR ständig aufführt: friedliche Koexistenz mit der Bundesrepublik auf staatlicher Ebene, ideologische Abgrenzung für die Bevölkerung – Abgrenzung, wie sie auch die Kontaktsperren deutlich machen und die überängstliche Bewachung unserer Ständigen Vertretung in Ost-Berlin.

In dringenden Familienangelegenheiten darf mehr gereist werden. Der Rostocker Bezirksparteisekretär Timm behauptete sogar, daß nur wenige, die reisen wollen, nicht dürften: «Geheimdienst, Kriminelle und solche, von denen wir annehmen, daß sie sich nicht so benehmen, wie wir es schön finden.» Höchstens ein Prozent der Anträge werde abgeschlagen. Ein Rostocker Rechtsanwalt erzählte mir, daß er zum Geburtstag eines Verwandten hatte fahren wollen, aber ein Kollege, der reisen durfte, war im Westen geblieben, und jetzt gelten alle Rechtsanwälte im Bezirk als unzuverlässig und dürfen nicht fahren. Seine Frau ist schon Rentnerin. Kürzlich hat sie eine Schulfreundin im Westen besucht: «Die hat mir drei Mark geschenkt, für Bananen für den

Enkel.» Warum sie sich gegen solche Almosen nicht gewehrt habe? Ach nein, aber gekränkt habe es sie schon.

In Dresden gab es eine neue Sitzordnung, nicht das gewohnte Gegenüber, hier Bundesrepublik, dort DDR: einen runden Tisch beim Bezirksparteisekretär Hans Modrow, ebenso beim Essen mit Professor Eberhard Wächtler von der Freiberger Bergakademie im Hotel «Bellevue». Gemischte Reihe galt auch in der Hochschule für Bildende Künste. Außerdem sind Dresdner vor allem Lokalpatrioten; die Künstler zum Beispiel messen sich erst einmal an den Leipzigern, dann erst an denen aus dem Westen. Professor Gerhard Kettner: «Die Bundesrepublik sprang sehr schnell aufs Abstrakte, sie wollte international werden. Hier ist alles stabil gelaufen, ohne daß wir Moden mitmachten. Wir mußten uns gegen das Diktat des Abstrakten wehren, malten in der Spannung. Ich wünschte Ihnen und uns diese Spannung.»

Als wir den Freiberger Professor nach seinem Pendant im Westen befragten, ihm eines vorschlugen, antwortete er selbstbewußt: «Der ist mir zu klein.»

Der Bezirksparteisekretär Modrow weiß ein Lied davon zu singen, wie anspruchsvoll seine Dresdner sind. Er merkt es an den Eingaben in Wohnungsangelegenheiten. Ich kannte das Problem von meinen Dresdner Freunden, die sich furchtbar darüber aufregen, wie schöne, alte Bürgerhäuser verfallen, bis nur noch der Abriß bleibt. Tochter mit Mann und Kind haben sich zusammen mit dem Schwager ein altes Haus wieder hergerichtet, die andere Tochter hat mit ihrem Mann die Wohnung in einem alten Haus instandbesetzt und dies später legalisieren lassen.

Wenn ich die Dresdner eine Weile nicht gesehen habe, vergesse ich immer, mit wieviel sächsischer Inbrunst sie zu meckern verstehen. Der Mann war zum Familienbesuch im Westen. Nein, auch er wolle da nicht leben, es sei ihm eine zu kalte Gesellschaft. Daß sie trotzdem über die DDR meckern, ist für sie kein Widerspruch. Warum meckern sie? Vielleicht weil Sachsen so gastfreundlich sind und sie dem westlichen Besucher einen Gefallen tun wollen. Sicher ist auch ein bißchen Berechnung dabei; wie sonst soll man zu dem ersehnten Westgeld kommen, das die DDR so ganz und gar unsozialistisch in zwei Klassen teilt? Oder wie mir mal eine sagte: «Mit meinem Sohn meckere ich doch auch. Weil ich nur sein Bestes will, und er so viel verkehrt macht.»

Nie habe ich mich so heimatlos, so ohne Identität gefühlt wie auf dieser Reise, heimisch weder auf der einen noch auf der anderen Seite. Natürlich kannte ich diese Zerrissenheit schon lange, sie ist ein Stück meiner selbst geworden. Ich weiß, daß ich meine Wurzeln in dem Teil des Landes habe, der heute DDR ist, daß ich an der Landschaft hänge, in der ich aufgewachsen bin, an den Menschen. Ich weiß aber auch, daß ich inzwischen die längere Zeit meines Lebens in der Bundesrepublik lebe, dort meine Söhne geboren und großgezogen habe, auch Freunde dort habe. Doch nie zuvor ist mir so bewußt geworden, wie sehr sich die beiden Teile Deutschlands inzwischen zu zwei Welten entwickelt haben, wie fremd sie einander geworden sind. Das kann nicht mehr weggeredet werden.

Und dann ist da ja noch die andere Zerrissenheit, jene innerhalb der DDR: diese Bandbreite zwischen dem, was die Offiziellen sagen, und jenem, was die mit Ausreiseantrag über die DDR reden – und all die Töne dazwischen. Dies ist nicht leicht zu ertragen. Selbst Freunde schienen mir ihre Solidarität aufzukündigen; manche fanden, wir stellten nicht die richtigen Fragen oder fällten falsche Urteile.

Zuweilen fuhr ich deshalb während unserer Reise allein irgendwohin, in den kleinen Badeort Bansin an der Ostsee zum Beispiel, in dem ich als Kind öfter mit meinen Eltern war. Dort setzte ich mich auf eine Bank an der Strandpromenade und hörte den alten Frauen neben mir zu. Sie schimpften, daß das Tomatenmark und die Äpfel schon wieder ausverkauft waren und wie schrecklich diese sommerlichen Touristen sind; morgens um neun gebe es manchmal schon kein Brot mehr. Vom Parkwächter ließ ich mir erzählen, daß er ein Rentner aus Zeitz ist, der sich hier im Sommer etwas dazuverdient.

Später, auf der Fahrt zurück zu den anderen, die erste Anhalterin. Sie hatte ihr Auto in die Garage gebracht, 20 Kilometer von ihrem Wohnort entfernt, weil in ihrem Neubaugebiet immer die

Autos aufgebrochen werden, es dort aber keine Garage gibt. Die zweite Anhalterin war eine künftige Krippenerzieherin; wenn sie mit der Ausbildung fertig ist, bekommt sie 500 Mark im Monat. «Das ist nicht viel», sagte sie, «dafür ist es aber auch ein schöner Beruf.»

In Weimar lief ich in strömendem Regen zu Goethes Gartenhaus an der Ilm. Es war fast leer. Die Frau im Museum war 45 Jahre lang Krankenschwester gewesen, dann hatte sie sich zur Museumswärterin ausbilden lassen; sie mochte nicht zu Hause bleiben.

«Was konnte Goethe alles?», wurde sie auf deutsch von einem Mann aus Leningrad gefragt.

«Fragen Sie lieber: Was konnte er nicht?»

«Was konnte er nicht?»

«Ein Instrument spielen.»

Wenig später hörte ich den Leningrader laut deklamieren: «Über allen Gipfeln ist Ruh, in allen Wipfeln spürest du kaum einen Hauch...» Es hatte aufgehört zu regnen. Es war hell. Im Garten blühten Pfingstrosen und Iris. Es duftete, wie es nur nach kräftigem Sommerregen duftet. Versöhnliche Augenblicke. Niemand verlangte ein Urteil von mir, niemand konnte es verwerfen.

Auf Schloß Kochberg schenkte mir Direktor Dr. Jürgen Förster Buchsbaumableger aus dem Park der Frau von Stein. Beim Abendbrot diskutierten Rudolf Walter Leonhardt und die DDR-Goethe-Experten, ob Goethe und Frau Charlotte nun etwas miteinander gehabt hatten oder nicht; kein sozialistisches Problem und kein kapitalistisches, sondern ein zutiefst menschliches. Mißverständnisse, die aus östlicher oder westlicher Betrachtungsweise entstehen, kamen hier ebensowenig auf wie beim Besuch des Doberaner Klosters unter Superintendent Traugott Ohses kundiger Führung. Das Schloß, das Kloster – das ist einfach deutsch, lange vor DDR und Bundesrepublik.

Als ich nach Hause kam, lag der Brief einer Frau aus Frankfurt am Main im Briefkasten, die auch in der DDR gewesen war: «Wir haben den Eindruck, wenn nichts geschieht, werden Städte wie Leipzig, Magdeburg, Erfurt, Weimar in einigen Jahren verfallen sein.» Wir sollten darüber berichten. Ein Rentner aus der DDR schrieb, es sei ihm, obwohl er sich durch Fernsehen und Radio informiere, schwergefallen, alles im Westen zu begreifen, und er sorgte sich: «Um wieviel schwerer muß es für einen Gast aus der Bundesrepublik sein, sich bei uns zurechtzufinden.» Wichtiger noch als objektive Berichterstattung seien persönliche Kontakte: «Weil doch sonst Unwissenheit und Angst vielleicht viele von einem Besuch abhalten.» Ein Brief mit Bitte um Unterstützung stammte vom «Hilfsring Rübezahl», einem Verein, der wie ein Anhängsel der schlesischen Landsmannschaft anmutet, dessen Ziel es ist, «armen Menschen hinter dem Eisernen Vorhang zu helfen und durch Kontaktpflege ihnen das Gefühl zu geben, daß sie nicht verloren sind». Ich stellte mir vor, wie wütend derlei manche meiner DDR-Freunde machen würde.

Und dann fand sich da noch ein Gedicht von einem, der sich Adam Uklei nennt: «Oben die Schwalben, unten die Grenze. Hüben die Deutschen, drüben dieselben: Gänseblümchen beiderseits, Kränze aus Vergißmeinnicht. Hoffnung allenthalben. Aber immerhin.»

Der Buchenwald-Direktor

Von Marlies Menge

Der Direktor wartet in der Verwaltung, in einem der langgestreckten, blaßgelben Gebäude, den ehemaligen SS-Kasernen. Er heißt Klaus Trostorff und ist Direktor der Mahn- und Gedenkstätte Buchenwald. Früher war er Häftling im KZ, durch das er heute die Besucher führt. Wir gehen durch das Lagertor mit der eisengeschmiedeten Parole «Jedem das Seine». Dahinter breitet sich eine große, leere Fläche aus. Von den Baracken sind nur noch die Fundamente zu erkennen. «Was wollen Sie wissen?» fragt Klaus Trostorff. Er ist um die sechzig, ein eher schmächtiger Mann, mit grauen Haaren und braunen Augen.

Mir fällt ein, was westdeutsche Schüler erzählten, die vor zwei Jahren Buchenwald besuchten: daß sie sich über den ihrer Meinung nach tendenziösen Buchenwald-Film empörten, weil darin nur Gute vorkommen – und das sind die Kommunisten und die DDR – und nur Böse, und das sind die Nazis und die Bundesrepublik. Nach der Filmvorführung aber unterhielten sie sich mit einem ehemaligen Häftling, und der regte sie wirklich zum Nachdenken an.

Vielleicht war es Trostorff, den die jungen Leute aus Niedersachsen in so guter Erinnerung behalten haben. Er und einer seiner Mitarbeiter waren in Buchenwald inhaftiert. Der Mitarbeiter geht demnächst in Rente. Auch für Trostorff wird es eines

Tages soweit sein. Dann werden andere Buchenwald erklären, die Jüngeren, die das Leben und Sterben im KZ nur noch vom Hörensagen aus dem Munde der Älteren kennen.

So ist der Lauf der Zeit: Die Antifaschisten, wie die DDR die ersten moralischen Stützen des neuen Staates nennt, mit denen sie sich gern adelt, treten langsam ab; sie machen Jüngeren Platz, die nur noch die DDR kennen.

Was mögen die Besucher, die Jahr für Jahr nach Buchenwald pilgern, Trostorff schon alles gefragt haben! Er ist ruhig und freundlich, keiner, der sich aufdrängt, schon gar keiner, der agitiert.

Wie ist einer wie Trostorff aufgewachsen? Woher stammt er? Wie ist er ins KZ gekommen? Solche Fragen scheint der Direktor nicht sonderlich zu mögen. Er geht lieber aufs nächste Thema über, der Selbstbefreiung des Lagers. Von der offiziellen DDR wird sie mit fast religiöser Inbrunst als Beispiel kommunistischen Widerstands gefeiert; im Westen wird diese Version angezweifelt. Trostorff meint dazu: «Manche bei uns haben daraus vielleicht einen zu großen Aufstand gemacht. Die Selbstbefreiung war sicher nur möglich, weil die Machtverhältnisse außerhalb des Lagers so gut wie entschieden waren. Sonst hätte die SS das bestimmt nicht zugelassen.»

Am 1. April 1945 waren noch 50000 Häftlinge in Buchenwald. «Anfang April wurden rund 30000 weggeschafft, auch die sowjetischen Kriegsgefangenen. Von den verbliebenen 21000 haben vermutlich 19000 die Selbstbefreiung nicht gesehen. Es traute sich doch keiner mehr raus; die Vorbereitungen wurden geheimgehalten.»

Und Trostorff – wo war er damals? Er zeigt nach links: «Ich war da drüben, in Block 12, bei den sowjetischen Kriegsgefangenen.» Dorthin war er zur Strafverschärfung verlegt worden: «Wegen staatsfeindlicher Tätigkeit und sowjetfreundlicher Einstellung.»

Trostorff war allein in der Baracke. Weil er ausländische Sender mit einem kleinen, selbstgebauten Gerät abhörte, wußte er vom Vormarsch der Amerikaner auf Weimar: «Am 10. April hörte ich Geschützdonner. Es gab Feindalarm – für uns waren es ja Freunde. Am 11. April, mittags gegen eins, sah ich vom Fenster meiner Baracke aus, wie Häftlinge in dem Gelände dahinter Gewehre unter sich verteilten. Gegen 14.30 Uhr sah ich sechs bis acht Häftlinge mit Pistolen und Gewehren hier über den Weg laufen. Wenig später waren die SS-Leute im Wachturm über dem Eingang entwaffnet. Die Nazifahne wurde runtergenommen, die weiße Fahne gehißt. Das erste Mal sprach ein KZ-Häftling übers Mikrofon: ‹Kameraden, wir sind frei.› Es war schwer, die Leute im Lager zu halten, noch war Weimar ja nicht genommen; es war auch schwer, sie davon abzuhalten, die SS-Männer zu lynchen. Wir haben ihnen gesagt: ‹Es sind nicht alles Mörder. Und wir brauchen sie als Zeugen.›»

An dieser Stelle sagt Trostorff: «Wir.» Nun war er also dabei. Am 11. April fuhren Amerikaner in zwei Panzern außen am Lagerzaun vorbei. Einer fragte: «Alles in Ordnung?», und sie fuhren weiter. Am 13. April wurden das Lager und die 220 gefangengenommenen SS-Leute an die Amerikaner übergeben.

Erst jetzt war Trostorff bereit, über sich selbst zu reden: «Erzogen wurde ich vor allem von Mutter und Großmutter. Meine Großmutter war Mitglied der SPD. Sie hat zusammen mit Rosa Luxemburg Nationalökonomie gelehrt und war die erste sozialdemokratische Stadträtin in Breslau. Meine Mutter war seit 1918 in der Partei.» Klaus Trostorff lernte kaufmännischer Angestellter in Breslau, wurde dienstverpflichtet zur Reichsbahn, zum Schienenlegen. In der Freizeit traf er sich mit zwei Freunden. Sie hockten zusammen und redeten über Hitler: Wie schlimm es sei, daß ihm so viele auf den Leim gingen. Mehr war nicht. Aber das genügte für eine Anzeige. Sie wurden verhaftet. Trostorff war sechs Wochen in Untersuchungshaft bei der Gestapo. Dann kam er nach Buchenwald. Das war 1943.

Im Ausstellungsraum der Gedenkstätte erinnerte ich mich an eine Ost-West-Diskussion, Thema: Wie unterschiedlich die beiden deutschen Staaten die faschistische Vergangenheit aufarbeiten. Die aus dem Westen sagten, die DDR rede immer nur von den Kommunisten in den KZs, kaum von Juden; die aus der DDR konterten: Im Westen würde über die Judenfrage völlig die Tatsache verdrängt, daß auch Kommunisten in KZs umgekommen seien. Trostorff erklärt, warum in Buchenwald tatsächlich wenig von Juden die Rede ist: «Die ersten Juden kamen nach der Kristallnacht nach Buchenwald. Aber dann hieß es, das Lager solle judenfrei gemacht werden. Die Juden wurden von hier nach Auschwitz gebracht. Buchenwald war kein Vernichtungslager, sondern ein Arbeitslager. Nach dem Überfall auf die Sowjetunion kamen viele russische Kriegsgefangene hierher; sie sollten liquidiert werden. Aber auch für sie hieß es bald: laßt sie sich lieber zu Tode arbeiten.» Das Lager war total überfüllt. «Für 45 Pferde geplant, von 1500 Menschen genutzt», sagt eine Tafel in der Ausstellung.

Buchenwald-Häftlinge reparierten SS-Autos, Buchenwald-Häftlinge stellten in der Gewehrfabrik Karabiner für Hitlers Armee her. «1944 wurde die Gewehrfabrik bombardiert; 400 Häftlinge kamen dabei ums Leben. Die Toten wurden in Holzkarren zum Krematorium transportiert. Unter den Leichen versteckten Häftlinge Gewehre und brachten sie in Sicherheit.» Trostorff hat nichts gewußt von diesen militärischen Vorbereitungen auf die Selbstbefreiung.

Am 4. Juli 1945 übernahm dann die Rote Armee das Lager. «Im Westen hieß es, Buchenwald war bis 1949 Internierungslager für Kriegsgefangene. Das stimmt. Aber sie haben nicht geschuftet, nicht gehungert. Da standen böse Sachen in Ihren Zeitungen.»

Trostorff ging im Juni 1945 zurück nach Breslau. Er fand seine Mutter, die in Groß-Rosen inhaftiert gewesen war, und den Vater. «Eines Tages wollten wir außerhalb der Stadt Kartoffeln aus Mieten holen. Ein sowjetischer Offizier sagte: ‹Erst mal arbeiten!› Ich hatte keine Lust, ich hatte in den letzten Jahren genug gearbeitet. Plötzlich stürzte ein russischer Soldat auf mich zu, umarmt mich: ‹Nikolai!› – russische Übersetzung für Klaus. Es war einer von denen aus meiner Baracke. Ich mußte essen, trinken ... Ich weiß nicht, wie ich mit dem Rad in dieser Nacht nach Hause gekommen bin.»

Trostorff sagt: «Mir war damals schon klar, daß Breslau polnisch wird.» Ein Bus nahm ihn mit nach Erfurt, wo er noch heute wohnt. In Weimar wollte er nach den Jahren in Buchenwald auf gar keinen Fall leben. Er wurde SED-Mitglied. «Was willst du werden?» wurde er gefragt, «Polizist oder Lehrer?» – «Uniformen mochte ich nicht. Also wurde ich Neulehrer.»

Im Jahre 1948 fing er an zu studieren: Jura, sein Jugendtraum. Nach dem Studium ging der Antifaschist Trostorff in den Staatsapparat. Leuten wie ihm standen die Türen offen. Er wurde Oberbürgermeister von Erfurt. Seit dem September 1969 ist er Direktor der ersten Mahn- und Gedenkstätte in der DDR in Buchenwald.

Wie das wohl damals war, überlege ich mir. Hat die Partei gesagt: «In Buchenwald bist du wichtiger, deinen Platz in Erfurt kann auch ein anderer übernehmen?» Ist er gerne gegangen oder hat ihn der Wechsel gekränkt? Als habe er meine Gedanken erraten, sagt er: «Ich arbeite gern hier. Denn wenn ich nur ein paar von denen, die hierher kommen, davon überzeuge, wie wichtig es ist, dafür einzutreten, daß es so was nie wieder gibt, dann hat es sich gelohnt.»

Klaus Trostorff hat sich Mühe mit mir gegeben. Jetzt fährt er nach Hause zu seiner Frau, die an diesem Sonntag ihren 60. Geburtstag feiert.

Es gibt wieder Mecklenburger

Über die Wiederauferstehung der alten deutschen Länder in der DDR

Von Rudolf Walter Leonhardt

Amtlich sprechen sie, die höheren Amtsträger, immer noch vom «Bezirk» und dem, was dort vorgeht. Privat sagen sie dann manchmal, und die kleineren Leute sagen es immer, «bei uns Sachsen», «hier in Thüringen» oder sogar «wir Norddeutschen» (und damit sind in diesem Falle die Mecklenburger gemeint).

Im Artikel 1 der ersten Verfassung der Deutschen Demokratischen Republik vom 7. Oktober 1949 hatte es noch geheißen: «Deutschland ist eine unteilbare demokratische Republik; sie baut sich auf den deutschen Ländern auf.» Heute heißt dieser Artikel schlicht: «Die Deutsche Demokratische Republik ist ein sozialistischer Staat der Arbeiter und Bauern.»

Von den Ländern ist keine Rede mehr seit dem «Gesetz über die weitere Demokratisierung» vom 23. Juli 1952, in dem dekretiert worden war: «Das noch vom kaiserlichen Deutschland stammende System der administrativen Gliederung in Länder mit eigenen Landesregierungen ... gewährleistet nicht die Lösung der neuen Aufgaben unseres Staates.»

Die Länder Mecklenburg (mit der Westecke von Pommern), Sachsen und Thüringen, die Provinzen Brandenburg und Sachsen-Anhalt gab es offiziell nicht mehr, als wir vor Jahren in die DDR fuhren. Sie waren ersetzt worden durch 15 Bezirke: Cottbus, Dresden, Erfurt, Frankfurt/Oder, Gera, Halle, Karl-Marx-

Stadt, Leipzig, Magdeburg, Neubrandenburg, Potsdam, Rostock, Schwerin, Suhl und Berlin (Ost), das trotz Viermächte-Abkommen den Status eines DDR-Bezirkes zugesprochen bekam.

Natürlich blieben die Sachsen Sachsen, schon durch ihre Sprache als solche zu erkennen (obwohl nur Einheimische und Sprachgelehrte zwischen Sächsisch und Thüringisch unterscheiden können), unter Walter Ulbricht als «Staatsvolk der DDR» gehätschelt und gehänselt, unschwer in den Bezirken wiederzufinden, die in den (nächst der Hauptstadt) drei größten Städten der DDR residieren: Dresden, Leipzig und Chemnitz alias Karl-Marx-Stadt. Aber auf dem Papier gab es Sachsen eben nicht mehr.

Ganz amtlich gibt es Sachsen, Thüringen, Mecklenburg, Anhalt und Brandenburg auch heute nicht. Aber halb amtlich, will sagen: von Amts wegen geduldet, gibt es die Länder eben doch wieder. Recht deutlich zeigte sich das in dem Stolz, mit dem uns Städtebauer oder Museumsdirektoren die Baudenkmäler sächsischer, thüringischer, mecklenburgischer Geschichte zeigten, «ganz so wiederhergestellt, wie sie einmal waren»: die Semper-Oper in Dresden, die Wartburg bei Eisenach, Häuser in der Altstadt von Rostock. Und noch deutlicher vielleicht zeigte es sich im alle Länder vereinigenden Groll gegen Berlin, das Bau-Brigaden aus der Provinz abzieht, damit es zur 750-Jahr-Feier mit schöneren Fassaden prunken kann.

Ein Dresdener: «Die Partei wollte uns als ‹Hotel Bellevue› einen Hochbaukasten hinstellen; wir haben dafür gesorgt, daß der Bau um das Barock-Palais Augusts des Starken herum gruppiert wurde.» Ein Leipziger: «Nicht wahr, während der Messe ist doch Leipzig auch für jemanden aus Hamburg eine Stadt, in der sich leben läßt?» Ein Professor in Jena: «Sie werden am Weimarer Goethe-Museum nichts auszusetzen finden als allenfalls ein bißchen Größenwahn im vorletzten Raum» (der Goethe und der Weltliteratur gewidmet ist). Der Direktor von Schloß Güstrow: «Schade, daß nicht einmal Ihr ehemaliger Bundeskanzler Sie dazu bewegen konnte, länger als eine Stunde in dieser Stadt zu verbringen, die so reich ist an historischem Erbe.»

Der herausfordernde Überlegenheitsdrang in Sachsen, «wo die schönen Mädchen auf den Bäumen wachsen», ist ausreichend bekannt. Um das nicht so schöne Industrierevier von Buna und Borna schlug unsere Reiseroute einen großen Bogen. Mit Thüringen ist alles etwas komplizierter, zu vieles ist da durcheinandergegangen zwischen Gera und Gotha und Jena und Weimar und Eisenach, von Erfurt (lange Zeit preußisch) nicht zu reden. Wer sich «thüringischer Lokalpatriot» nennen will wie der vor kurzem pensionierte Leiter der Gothaer Museen, der muß sich schon gut auskennen mit Wettinern und Albertinern und all den ernestinischen Teilungen.

Jüngeren Datums ist die Wiederbelebung des Stammesstolzes in Mecklenburg. Das ruhige Selbstbewußtsein jedoch, das der Rostocker Bezirkssekretär Ernst Timm ausstrahlt, ist das eines «erdverbundenen Landesvaters» (Nina Grunenberg). Für seine Bewohner ist Mecklenburg wieder «uns plattdütsch Land» geworden, wo man «platt snackt», und wer es nicht kann, für den werden eigens Volkshochschulkurse veranstaltet. Mit ähnlicher Befriedigung wie Lothar Späth in Baden-Württemberg bemerkt Ernst Timm in Mecklenburg, «daß der Trend in unsere Richtung geht».

Dieses neue Heimatgefühl, das unterschwellig gewiß immer da war, ist wieder an die Oberfläche gekommen, ohne verordnet worden zu sein, jedoch auch ohne «von oben» mißbilligt zu werden. Professor Rolf Badstüber schreibt in dem für Schulen und Universitäten maßgeblichen Sammelwerk «Geschichte der DDR»: «Es gilt, viel stärker herauszuarbeiten, daß die DDR als Gesellschaft, Staat und Nation ... viel stärker in der Geschichte vor 1945 verwurzelt ist ... als dies bisher dargestellt wurde» – womit er sich gewiß nicht auf das Hitler-Reich berufen will, sondern auf die Autonomie der deutschen Länder.

Dresdener und Mecklenburger sind auch diejenigen gern, die sich als DDR-Bürger nicht recht verstehen können. Und darin unterscheiden sie sich wohl nicht so sehr von denjenigen unter uns, die Schwierigkeiten haben mit einer «bundesrepublikanischen Identität», die sich viel wohler fühlen, wenn sie Schwaben oder Bayern oder Hamburger sein dürfen.

Deutschland: nichts Halbes und nichts Ganzes

Ein Resümee

Von Theo Sommer

«Nach zehn Tagen im Reich der deutschen Kommunisten fällt es schwer zu leugnen, was drüben Realität ist – und sei diese Realität uns auch noch so sehr zuwider. Die DDR existiert, mit und ohne Gänsefüßchen, und sie wird auch weiter existieren. Zwar kann das System wohl nie so gut funktionieren, daß die Bevölkerung wirklich glücklich wird, doch wird es wohl auch nie mehr so schlecht funktionieren, daß sich die Menschen in purer Verzweiflung dagegen auflehnen. Nicht, daß ich die DDR für die Zukunft Deutschlands halte, wie Ulbrichts Propagandisten es auf ihren Plakaten verkünden. Aber ich habe doch das Gefühl, die beiden permanenten Provisorien – Bundesrepublik hüben, Deutsche Demokratische Republik drüben – werden auf einige Zeit Deutschlands Gegenwart bleiben.»

Das war 1964, nach der ersten ZEIT-Expedition in das andere Deutschland, mein politisches Resümee. Mein Resümee lautet 1986 kein Jota anders.

Die Realität drüben ist nicht mehr das, was sie damals war; die Wandlungen springen jedem ins Auge. Vieles hat sich gebessert. Der Führung ist nicht nur ihr zukunftsgewisser Größenwahn vergangen, sondern auch ihr gegenwartsverzagter Minderwertigkeitskomplex. Beides hat sie so lange unfähig gemacht zu selbstsicherem und sachlichem Umgang mit den westlichen Nachbarn wie mit dem eigenen Volk. Nicht, daß die kommunistische Ideologie zum bloßen liturgischen Element geworden wäre; sie hat noch immer antreibende und ahndende Funktion. Aber das Herbeten des marxistischen Breviers will nicht viel besagen; und «der Mann auf der Straße» kann sich der Hauptverwaltung Ewige Wahrheiten, wie Robert Havemann zu höhnen pflegte, weithin entziehen. An der Spitze ist Pragmatismus Trumpf, und die Honecker-Mannschaft hat sich ihm mit fast chinesischer Kühnheit verschrieben. Das Wort des Eisenhüttenstädter Kombinatschefs Döring ist dafür bezeichnend: «Allein mit Enthusiasmus war die Zukunft nicht zu fahren.» Der greise Ideologe Kurt Hager mag noch vom neuen Menschen träumen – die Macher der Partei jedoch haben längst erkannt, daß sie mit dem alten Adam, der alten Eva zurechtkommen müssen.

Die wissen es ihnen zu danken, zumal sie ja die Früchte ihres eigenen Wirtschaftswunders genießen dürfen, wie bescheiden es auch im Vergleich zu dem unseren wirken mag. Sie lassen die Partei in Ruhe, solange sie von der Partei in Ruhe gelassen werden. Sie sind nicht wunschlos glücklich, doch auch nicht hoffnungslos elend. Sie mäkeln und meckern, und ja nicht ohne reichlichen Anlaß, aber sie begehren nicht auf. Sie fühlen sich eingepfercht, da sie nicht frei reisen dürfen, nur relativ wenige jedoch möchten wirklich aus dem Pferch ausbrechen. Von 100000 Antragstellern ist die Rede, bei einer Bevölkerung von 16,6 Millionen Menschen – und ein Mann wie der Rechtsanwalt Wolfgang Vogel hält die Zahl 100000 «um mehr als die Hälfte zu hoch gegriffen». Mag sein; ein Antrag bleibt ja auch nicht ohne Folgen.

Die allermeisten richten sich ein, indem sie sich in das Unabänderliche schicken, aber sehr massiv nach dem Abänderlichen verlangen. Und man täusche sich da nicht: Die DDR ist gewiß keine Demokratie im westlichen Sinne, indes haben die Bürger vielerlei Möglichkeiten, ihre Meinung kundzutun. Dazu zählt ein hochentwickeltes Eingabewesen. Dazu zählt die lebendige Mitsprache der Werktätigen in den Betrieben. Und dazu zählen, so unwahrscheinlich sich das anhört, sogar die Versammlungen vor den gelenkten Wahlen; wir haben jedenfalls örtliche Parteifunktionäre erlebt, die vor solchen Treffen Schwitzhändchen bekamen – und manch ein Kandidat wird ja in der Tat während der «Wahlbewegung» von den Bürgern aus den ihnen vorgesetzten Listen herausgeschossen.

Das Totalitäre an der DDR ist nicht alldurchdringend. Vor «Nischen» macht es sowieso halt, sofern die Obrigkeit nicht Verschwörung wittert. Aber auch im öffentlichen Raum ist es vielfach gebrochen. Wenngleich es nicht die Montesquieusche Gewaltenteilung gibt, die allein Schutz vor Willkür gewährt, so gibt es doch selbst in dem Einheitsstaat DDR konkurrierende Gewalten: rivalisierende Machtinstanzen, deren Existenz die Härten des Systems polstert. Auch ein Gutteil Schlamperei mildert die Diktatur. Ich denke da an die Geschichte von dem Polizisten, der lieber beide Augen zudrückte, als einen Jugendlichen zu stellen, der eine Fensterscheibe eingeschmissen hatte – «die Mühe der Verhaftung war ihm zu groß, er hätte ja ein Protokoll schreiben müssen».

Am unangenehmsten macht sich das Diktatorische ganz unten bemerkbar. Überspitzt gesagt: Mit Erich Honecker läßt sich diskutieren, mit dem Parkwächter an der Wartburg nicht; auch nicht mit dem typischen Kellner, der sich vor einem aufpflanzt und in einem Speisesaal voller unbesetzter Tische verkniffen-dreist erklärt, es sei nichts mehr frei; erst recht nicht mit den Grenzern, deren Unliebenswürdigkeit manche zu spüren bekommen, die nicht privilegiert einreisen. Die DDR ist der Staat der kleinen Leute, hat Günter Gaus geschrieben; sie ist auch der Staat der kleinen Diktatoren.

«Was drüben Realität ist» – keiner von uns macht sich da etwas vor. Wir haben Freiräume wahrgenommen, sicherlich (Heiner Müller: «Es gibt einfach ganz andere mögliche Freiräume bei uns»). Wir haben von Dingen und Erscheinungen erfahren, deren Vorhandensein uns bis dahin unbekannt war: von Frauenhäusern; von Sexualberatungsstellen, an die sich auch Homosexuelle mit ihren Partnerproblemen wenden können, einer Gruppe, der die DDR – sonst absolut kein prüdes Land, weder nach der inneren Einstellung noch nach der gängigen Praxis – schamhaft-verlegen gegenübertritt; von Instandbesetzern und Studenten-Wohngemeinschaften («Die haben alle nach dem ersten Studienjahr eine Wohnung draußen»). Wir haben auch vielfältig dargelegt bekommen, daß es in der DDR erstaunliche Möglichkeiten des folgenlosen Nein-Sagens gibt: am Arbeitsplatz, in der Jungen Gemeinde («Die machen ja lauter Dinge, die eigentlich verboten sind»), sogar in der Volksarmee, wo der Sohn einer Bekannten den Dienst an der Grenze verweigerte und dennoch hinterher studieren durfte.

Aber all das ändert nicht den grundsätzlichen Charakter des Regimes. Die Menschen in der DDR mögen mehr kleine Freiheiten besitzen, als wir für vorstellbar halten – von unserer großen Freiheit können sie nur träumen. Die Macht gibt sich verschwiemelt, nicht brutal, und ist manchmal wohl auch nur ratlos, wo sie harsch wirkt; dennoch bleibt sie diktatorische Macht. Und wiewohl es stimmt, daß brachiale Herrschaftsausübung nicht mehr die Norm ist – die «Knautschzone», in der jeder versucht, im vorsichtig kalkulierten Zusammenprall mit den Herrschenden so weit vorzustoßen wie möglich, ist kein verläßlich garantiertes Experimentierfeld; «sie differiert je nach Baujahr», so sagte es der Dramatiker Heiner Müller.

Nein, keiner von uns möchte in der DDR leben. Der Staat der deutschen Kommunisten ist, was die Protokollchefin des Politbüros über das Gebäude des Zentralkomitees sagte: «ein festes Haus, kein schönes». Die zugeteilte Freiheit, die lebenslange Gängelung, der nervtötende Umgang von Partei und Ämtern mit den Bürgern, entweder agitatorisch aufputschend oder schikanös maßregelnd, der Zwang zur Anpassung, dem jeder einzelne unterliegt – das alles schreckt ab, vieles widert an. Dazu die tausend Ärgerlichkeiten des Alltags. Die Erkenntnis, daß das System überhaupt nicht funktionieren könnte, wenn es nicht das gäbe, was strenggenommen Korruption genannt werden muß: Beziehungen, Unterschleife, «Schwund» – jene schwarze Ökonomie, die allein der roten Erträglichkeit schafft. Die Niedergeschlagenheit, die sich angesichts der Erfahrung einstellt, daß die sehr lebendige DDR-Literatur entweder nur in der Bundesrepublik verlegt wird (also außer Reichweite bleibt) oder aber drüben bloß in so kleinen Auflagen erscheint, daß der normale Sterbliche kaum je in ihren Besitz gelangt. Überhaupt die kräftezehrende Bewältigung der einfachsten Lebensprobleme. Das Zwiedenken, das in der Kluft zwischen Wissen und Wort nistet. Das Gefühl des Eingesperrtseins. Die situationsbedingte Illusionslosigkeit, die Menschen zerstört, weil sie so leicht in Zynismus oder Resignation umschlägt.

Ich bezweifle eher, daß als Verallgemeinerung zulässig ist, was ein Leser uns über den «normalen DDR-Bürger» schrieb: «Er empfindet sich wie in einem Käfig im Zoo, in dem er Grundnahrungsmittel, Wohnraum und den Blick durchs Gitter gestellt bekommt.» Ganz gewiß trifft jedoch zu, was ein anderer Leser nach einer längeren Besuchsreise durch die DDR zu Papier brachte: «Es war alles sehr interessant und eindrucksvoll, und die menschlichen Begegnungen waren oft beglückend und schön, aber wir wollen doch jeden Abend ein Vaterunser extra beten, daß wir auf dieser Seite der Mauer leben dürfen.»

Freilich: Was hilft es denen drüben, die gar nicht die Wahl haben? Für sie stellt sich die Frage ganz anders. Zum einen: Leben sie heute besser in der DDR als vor zwanzig Jahren? Zum anderen: Werden sie in abermals zwanzig Jahren dort besser leben als jetzt? Auf die erste Frage gibt es nur eine einzige Antwort: Natürlich leben sie heute besser, leichter, in mancher Hinsicht sogar freier. Die Antwort auf die Zukunftsfrage jedoch hängt auch von uns ab. Was können, was müssen wir tun, um einer weiteren Verbesserung voranzuhelfen?

Vor 22 Jahren schrieb ich in meinem Resümee:

«Was wir brauchen, ist eine vernünftige Politik des Interims. Sie muß jenseits der Elbe Kräfte freisetzen helfen, die das Geteiltsein erträglicher machen können, solange die Wiedervereinigung in weiter Ferne steht; sie muß den Status quo auflockern, da er schon nicht in frontalem Ansturm zu überwinden ist. Solch eine Interimspolitik bedarf der Gelassenheit, der Geduld und der Phantasie. Sie muß darauf zielen, durch stärkere Bindungen und Verbindungen zwischen Westdeutschland und Ostdeutschland drüben Wandel zu schaffen – durch Kontakte, Zeitungsaustausch, Kredite, Passierscheine, Reisen. Sie darf nicht auf das

Mögliche verzichten, weil sie etwa nur das Unmögliche anzuvisieren vermag.»

Auch das kann so stehenbleiben; ich weiß jedenfalls bis heute kein besseres Rezept. Es hatte nach dem Bau der Berliner Mauer in der CDU/CSU ja noch lange die Meinung gegeben, man solle «abwarten, bis der Zeitpunkt der deutschen Einheit von irgendwoher kommt» (eine Meinung, die Rainer Barzel damals verurteilte), man solle darauf bauen, daß die «berechtigte Ungeduld des deutschen Volkes» eines Tages Früchte trage, ja, man solle ganz gewollt die deutsche Wunde offenhalten, damit das Deutschlandproblem stets im Bewußtsein der Öffentlichkeit hafte – so der Berliner CDU-Chef Franz Amrehn. Diese Haltung führte sich bald *ad absurdum*. Wer das Los der Menschen jenseits der Trennlinie Hof–Lübeck verbessern wollte, wer darauf ausging, die Mauer allmählich wieder durchlässig zu machen, wer die Kontakte zwischen den beiderlei Deutschen zu fördern und zu erleichtern suchte, der mußte mit den Herren der DDR sprechen. Er mußte den Alleinvertretungsanspruch der Bundesrepublik aufgeben und die Staatlichkeit der DDR anerkennen. Er mußte, da die Wiedervereinigung nicht zu erreichen war, zunächst eine Politik der Nichtwiedervereinigung entwerfen, die das Wohl der Menschen über die Einheit des Staates stellte. Und er mußte wohl oder übel nach dem Grundsatz «Menschlichkeit gegen Kasse» handeln, der 1962, in einer ersten Diskussion über Kredite für die DDR, noch verworfen, seitdem aber vielfach praktiziert wurde.

Nach diesen Maximen ist alles erreicht worden, was im vergangenen Vierteljahrhundert zwischen den beiden deutschen Staaten möglich war. Das gilt für die vertraglichen Abmachungen: Grundlagenvertrag, Viermächteabkommen und Verkehrsvertrag, Kulturabkommen. Es gilt für alle konkreten Ergebnisse: die Besucherregelungen zumal, den kleinen Grenzverkehr, die Post- und Telefonverbindungen, die Autobahn Hamburg–Berlin. Und es gilt, so abstoßend uns diese Übung auch anmuten mag, für den Freikauf vieler politischer Häftlinge aus den Gefängnissen der DDR. Nach diesen Maximen werden wir auch verfahren müssen, wenn zwischen der Bundesrepublik Deutschland und der Deutschen Demokratischen Republik noch mehr Entkrampfung, Lockerung, Zusammenarbeit möglich werden soll.

Dabei sind Illusionen nicht am Platze: über die Lage des geteilten Deutschland in einer geteilten Welt; über die Möglichkeiten des deutsch-deutschen Aneinanderrückens; über die Geschichtsmächtigkeit des Wiedervereinigungsgedankens.

Die Linie, die Deutschland seit vierzig Jahren trennt, fällt mit der internationalen Spannungslinie zusammen, die zugleich das wichtigste Ergebnis und das bedeutsamste Überbleibsel des Kalten Krieges ist. So verlockend auch der Gedanke ist, den Händeln der großen Mächte dadurch zu entfliehen, daß sich die beiderlei Deutschen zwischen den Blöcken eine Insel der Seligen schaffen – eine Chance der Verwirklichung hat er nicht, während der Ost-West-Gegensatz fortdauert. Solange der Konflikt anhält, werden die Supermächte schon aus gegenseitigem Argwohn die Entstehung einer Zwischenzone, eines Vakuums in der Mitte nicht zulassen, und ebensolange wird auch die Mehrheit der Deutschen dem Frieden einer riskanten Isolierung in der Bündnisfreiheit mißtrauen. Außerdem: Was sollte denn aus der Europäischen Gemeinschaft werden? Umgekehrt wird ein Schuh draus: Erst muß der Ost-West-Konflikt abflauen, dann lassen sich die Bündnisstrukturen abbauen. Was bis dahin an westeuropäisch-osteuropäischer, auch an westdeutsch-ostdeutscher Annäherung möglich ist, wird sich nicht in großartigen internationalen Akten vollziehen, in Konferenzen und Verträgen, sondern in der lebendigen Begegnung der Menschen, in der Selbstverständlichkeit praktischer Zusammenarbeit – in den Köpfen also und auf dem Markt. Noch einmal: Zunächst muß die globale Spannung weichen, danach erst kann die deutsche Grenze entschärft werden. Welche Umbauten dies dann im europäischen Haus ermöglichen oder erzwingen wird, läßt sich heute noch nicht einmal in Umrissen erahnen.

Zu den existentiellen Grundbedingungen beider deutscher Staaten gehört ihre Allianzzugehörigkeit. Die Bundesrepublik ist in die Nato eingebunden, die DDR in den Warschauer Pakt. Dabei wird es auf absehbare Zeit bleiben; es hätte auch wenig

Sinn, daran zu rütteln. Indessen lassen sich durchaus deutsch-deutsche Gemeinsamkeiten innerhalb gegnerischer Allianzen denken. Ansatzweise sind sie ja auch schon in jener «Koalition der Vernunft», jener «Verantwortungsgemeinschaft» zu erkennen, in der Bonn und Ost-Berlin seit einigen Jahren auf ihre jeweiligen Vormächte einwirken, um den Dialog der Großen voranzutreiben, vor allem deren Abrüstungsdialog. Da wäre noch viel zu tun. Wobei man unterstellen darf, daß zwar die beiden deutschen Staaten im Gefüge ihrer Bündnisse keinen unbegrenzten Spielraum haben (Helmut Schmidt mußte sich dem Olympia-Boykott des amerikanischen Präsidenten beugen, Honecker dem sowjetischen Einspruch gegen seine Reise in die Bundesrepublik), daß sie aber ihr beträchtliches wirtschaftliches und politisches Gewicht durchaus mit Erfolg auf die Waagschale legen können – desto erfolgreicher, je weniger im eigenen Lager ihre Allianztreue bezweifelt werden kann. Sie müssen da einen heiklen Balanceakt vollführen: Weder dürfen sie dem Rest der Welt mit der erbittert-genüßlichen Austragung der deutschen Querelen auf die Nerven fallen, noch dürfen sie durch allzu dichtes Aneinanderrücken den Verdacht wecken, sie wollten auf einen jener deutschen Sonderwege ausbrechen, die sich in der Geschichte schon so oft als tragische Irrwege erwiesen haben («*La Germania farà da sé*», hieß es im 19. Jahrhundert). Da ist Augenmaß vonnöten, hier wie dort.

Die Wiedervereinigung aber? Alle Geschichte ist nach vorn offen, logischerweise also auch die deutsche. Dies gilt jedoch in einem gleichsam philosophischen Sinn, nicht unbedingt im politischen Betracht. In den zurückliegenden vierzig Jahren – mehr als die Hälfte der Spanne schon, die der von Bismarck geschaffene deutsche Einheitsstaat gedauert hat! – sind Realitäten entstanden, die den Vollzug der Einheit enorm erschweren, wenn nicht gar vereiteln; Realitäten, die wir als Folge kriegerischen deutschen Handelns begreifen müssen. Deutschlands Wirklichkeit, wie sie seit 1945 Gestalt gewonnen hat, birgt stärkere Prägekraft als die nostalgische Erinnerung an das Gewesene und Verlorene. Daß die deutsche Frage auf das Ziel der Wiedervereinigung oder Neuvereinigung hin noch offen ist, kann *eine* Zukunftsmöglichkeit sein, aber sie ist weder die einzige noch die wahrscheinlichste.

Träumen ist erlaubt. Keiner, der sich noch ein Quentchen deutsches Zusammengehörigkeitsgefühl bewahrt hat, wird der staatlichen Einheit der Nation für alle Zeiten abschwören wollen – auch drüben nicht. Die SED-Führer fühlen sich durchaus als Deutsche. Wie es mir Hans Modrow, der Dresdener Gebietssekretär einmal erklärte: «Wenn Sie schon fragen, sind wir Deutsche oder keine, dann möchte ich mit allem Nachdruck sagen, daß man wegen des Studiums in Moskau kein Russe wird, sondern Deutscher bleibt, und daß wir alle die Geschichte auf dem Buckel haben.» Und wenn nicht die Erinnerung an die gemeinsame Geschichte das Zusammengehörigkeitsgefühl lebendig hielte, so täte es – selbst unter den Jüngeren – der Gedanke an die zerrissenen Familien. So wird denn auch jenseits von Mauer und Stacheldraht geträumt. Und tatsächlich hat Erich Honecker ja am 25. Januar 1981 gesagt: «Der Sozialismus klopft eines Tages auch an eure Tür, und wenn der Tag kommt, an dem die Werktätigen der Bundesrepublik an die sozialistische Umgestaltung der Bundesrepublik Deutschland gehen, dann steht die Frage der Vereinigung beider Staaten vollkommen neu. Wie wir uns dann entscheiden, daran dürfte wohl kein Zweifel bestehen.» Aber das war ein gefühliges Bekenntnis, nicht der Ausdruck einer Einheitskampagne. Träume? «Das ist nicht die Frage», pointierte ein Politbüromitglied. «Die Frage ist: Wie machen wir konkrete Politik?»

Wir sollten es genauso halten. «Man braucht Phantasie, braucht sie dringend, um die Dinge so zu sehen, wie sie sind», sagt der DDR-Schriftsteller Wolfgang Kohlhaase. Wer diese Phantasie des Realismus walten läßt, der kann sich nicht an der Einsicht in die Grundbedingungen deutscher Existenz vorbeimogeln.

Erstens: Ein wiedervereinigtes Deutschland wäre eine höchst «kritische Masse» – wie dies Bundeskanzler Kiesinger einmal mit einem Ausdruck aus der nuklearen Waffentechnik formuliert hat, wo das Zustandekommen der «kritischen Masse» die große Explosion auslöst. Nicht nur im Osten, auch im Westen würde solch eine kritische Masse als gefährlich betrachtet werden. Der italienische Außenminister Giulio Andreotti hat vielen aus dem Herzen gesprochen, als er freimütig bekannte, was andere lieber nicht öffentlich sagen: «Es gibt zwei deutsche Staaten, und zwei sollen es bleiben.» Wenn die Wiedervereinigung für uns ein Traum ist, für die meisten unserer Nachbarn wäre sie ein Alptraum. Sie wissen: Die Neu-Zusammenfügung der beiden deutschen Staaten wäre die größte denkbare Gleichgewichtsverschiebung zwischen Ost und West und damit die Einführung einer Unbekannten in die weltpolitische Gleichung, die den meisten Unbehagen, ja Angst bereitet.

Zweitens: Wer blindlings auf die Einheit der Nation losgeht, schafft im Verhältnis zur DDR nur neue Spannung. Damit zementiert er die Mauer und die Unfreiheit, denn Öffnung und Lockerung setzen beide Entspannung voraus. Er untergräbt die praktischen Möglichkeiten, das Geteiltsein menschlicher und erträglicher zu gestalten. Und er gefährdet mit neo-nationalistischem Bramarbasieren zugleich das exponierte, umzingelte Berlin. Wer provokativ «offenhalten» will, der bewirkt Abschließung.

Drittens: Der einheitliche Zentralstaat ist nicht das einzige Gefäß, in dem sich deutsches Schicksal erträglich vollziehen kann. Unsere über tausendjährige Geschichte hält eine Fülle anderer Modelle bereit: das aufgesplitterte Deutsche Reich, den Deutschen Bund rivalisierender Fürsten, die Deutsche Union des Joseph Maria von Radowitz, die «deutsche Trias» des sächsischen Ministers Graf Beust. Erträglichkeit herrscht ja oft trotz Abspaltung – denken wir nur an die Loslösung der Eidgenossen, den Abfall der Niederlande, die Abwanderung von Elsaß-Lothringen aus dem Reichsverband. Am Beispiel Österreichs läßt sich auch ablesen, wie einst unbeirrt angestrebte nationale Ziele im Wandel der Zeitläufe von der Entwicklung völlig überholt und überrollt werden können. Von «Anschluß» spricht heute niemand mehr. Ein ähnlicher Wandel könnte auch im Hinblick auf unser heutiges Wiedervereinigungsbegehren eintreten – wenn genug Jahre und Jahrzehnte ins geteilte Land gegangen sind; wenn die Entwicklung im anderen Teil Deutschlands auf mehr Freiheit, weniger Unfreiheit hinausläuft; und wenn die gewaltsame Abschottung entlang der Mauer und der Zonengrenze allmählich gemildert und am Ende ganz aufgehoben werden kann.

Solche Gedanken mochten Konrad Adenauer und Franz Josef Strauß bewegt haben, als sie im Frühjahr 1958 von einer «österreichischen Lösung» der deutschen Frage zu reden begannen: die DDR frei, aber separat von der Bundesrepublik. Auch Herbert Wehner dachte früh in diese Richtung; er skizzierte damals eine «jugoslawische Lösung»: die DDR kommunistisch, aber losgelöst von Moskau. Was alles beweist, daß auch das im Grundgesetz verankerte Einheitsziel nicht das letzte Wort der Bonner Politik bleiben muß: Verfassungen sind änderbar, Urteile des Verfassungsgerichts revidierbar.

Was heißt dies für die praktische Politik? Wenn «Einheit und Freiheit Deutschlands», wie es in der Präambel steht, nicht gleichzeitig zu vollenden sind, dann haben wir nicht nur das Recht umzudenken, sondern die Pflicht dazu. Einheit muß angesichts der gegebenen Umstände dann als ein Gewebe von Lebensbedingungen verstanden werden, unter dem die historische, kulturelle und menschliche Substanz der deutschen Nation überleben kann. Ob sich daraus am Ende neue staatliche Einheit entwickelt oder ob statt dessen eine tolerable Form des Geteiltseins entsteht – dies müssen wir ins Belieben der Geschichte stellen. Auf jeden Fall muß sich der Einheitsanspruch dem Freiheitsanspruch unterordnen. Es muß uns wichtiger sein, die DDR menschlicher und freier zu machen, als sie mit uns zu vereinigen. Die realpolitische Auslegung der Grundgesetzpräambel kann nur lauten: «Das gesamte Deutsche Volk bleibt aufgefordert, wenn Einheit und Freiheit Deutschlands nicht zusammen zu haben sind, Zustände herbeizuführen, in denen wir auf die Einheit verzichten können.»

Deutschland zu zweit – das könnte ein Deutschland sein, in dem und mit dem sich leben ließe: duldsam nach innen, verträglich nach außen. Ein Deutschland, dessen Staaten sich nicht gegeneinander absperren; die miteinander konkurrieren, aber auch kooperieren; die bei aller Unterschiedlichkeit der Systeme ihren Bürgern am Ende doch ein vergleichbares Maß an Entfaltungsmöglichkeiten bieten, an Lebenschancen, kurz: an Freiheiten wie an Freiheit. Ein Deutschland schließlich, dessen Stücke an verschiedenen weltpolitischen Ufern beheimatet wären, das aber in sich zugleich Brücke wäre und Verbindung.

Wie müßte ein Konzept aussehen, das den deutsch-deutschen Beziehungen über die Jahrtausendwende hinaus ein tragfähiges Fundament einziehen könnte? Es sollte auf der alten Prämisse aufbauen, daß Bundesrepublik und DDR füreinander weder Inland noch Ausland sind. Jeder ist unabhängig, eigenständig, souverän, und jeder hat die Unabhängigkeit, Eigenständigkeit, Souveränität des anderen zu achten. Aber sie stehen beide in der Gemeinsamkeit der Geschichte, der Sprache, der Kultur. Diese Gemeinsamkeit gibt ihrem Verhältnis zueinander ein ganz anderes Gepräge als den Beziehungen, die sie, jeder für sich, mit dritten Ländern pflegen. Sie sind voneinander los und doch aufeinander verwiesen: «inneres Ausland», um einen Freudschen Begriff zu verwenden, zu eigen und zugleich entäußert. In der Tat hat ja der Grundlagenvertrag Anfang der Siebziger das Verhältnis der beiden deutschen Staaten nach dem *inter se*-Prinzip geregelt, das im britischen Commonwealth Gültigkeit hat und wonach dessen Mitglieder *different but not alien* sind: verschieden, doch nicht fremd. Wie die Commonwealth-Staaten zum Beleg dessen sich beieinander nicht durch Botschafter vertreten lassen, sondern durch *High Commissioners,* so haben auch Bonn und Ost-Berlin «Ständige Vertreter» ausgetauscht – eine Symbolik, an der festgehalten werden sollte, wiewohl die SED dagegen anrennt. In dieser Form der im Grundlagenvertrag vereinbarten gegenseitigen Repräsentation dokumentiert sich wie nirgendwo sonst die Besonderheit des deutsch-deutschen Verhältnisses.

Über alles andere aber sollte sich sprechen lassen – auch über jene weiteren Forderungen an Bonn, die Erich Honecker 1980 in Gera formuliert hat. Das gilt zunächst für die Respektierung der DDR-Staatsbürgerschaft (Anerkennung verlangt der SED-Chef schon längst nicht mehr). Respektierung jedoch hat Helmut Schmidt ihm am Werbellinsee zugesichert; sie ist seitdem, von bürokratischen Pannen abgesehen, in der westdeutschen Praxis auch eingehalten worden. Warum sollte dies nicht in eine Vertragssprache zu bringen sein, die dem Grundgesetz sowenig widerspricht wie die Stipulierung einer bayerischen Staatsbürgerschaft in der Verfassung des Freistaats Bayern? Unberührt bliebe dabei auf jeden Fall das grundsätzlich verbürgte Recht eines jeden Deutschen, also auch der DDR-Staatsbürger, die sich in unseren Hoheitsbereich durchschlagen können und dieses wollen, die hierzulande geltende deutsche Staatsbürgerschaft zu erlangen.

Auch die Festlegung der Elbgrenze in der Strommitte ist nicht undenkbar. Da gehen die Rechtsstandpunkte selbst im Westen auseinander. Was die Alliierten einst mit dicken Strichen auf alten Karten wirklich dokumentieren wollten, läßt sich heute nicht mehr zweifelsfrei ausmachen. Warum sollte es da den beiderlei Deutschen verwehrt sein, die 90 Kilometer Elbgrenze ebenso einvernehmlich festzulegen wie zuvor 1000 Kilometer Landgrenze – und warum nicht in der Strommitte mit Nutzungsrecht für Bundesbürger auf dem ganzen Fluß?

Und wer schließlich hielte die Erfassungsstelle in Salzgitter, die Verstöße der DDR-Behörden gegen Menschenrecht registriert, wirklich für notwendig, um eines fernen Tages, der uns die Einheit bringen mag, unzweideutige Verbrechen verfolgen zu können? Bei aller notwendigen und oft ja auch gerechtfertigten Empörung: Es ist eine absurde Vorstellung, wir könnten im Fall einer Wiedervereinigung die DDR erst einmal mit einer Bestrafungs- und Verdammungsaktion nach dem Muster der Entnazifizierung überziehen.

Indiskutabel sind diese drei Geraer Forderungen nicht. Die einzige Frage ist: Welche Gegenleistung wäre für eine Einigung zu verlangen? Zu denken ist hier an weitere Entbrutalisierung der Grenze, an die Einbeziehung zusätzlicher Landstriche in den kleinen Grenzverkehr, an eine zu Buche schlagende Ausweitung des Reiseverkehrs in Ost-West-Richtung. Da böte die Erweiterung der Reisemöglichkeiten in dringenden Familienangelegenheiten einen Weg; er scheint Honecker vorzuschweben. Letztlich wird es jedoch ohne eine sukzessive Herabsetzung des Alters, in dem DDR-Bürger nach Westen reisen dürfen, nicht gehen.

Warum nicht die in Ungarn oder Polen geltenden Bestimmungen zum Vorbild nehmen? Gewiß haben diese Länder es leichter als die DDR; es gibt nun einmal kein zweites Ungarn oder Polen im Westen. Aber an ihrer Reise-Politik muß sich die wahre Souveränität der DDR erweisen, die Ehrlichkeit ihrer Bereitschaft zur Öffnung, der Grad des Vertrauens auch, das sie in die eigene Bevölkerung setzt. Wo wirtschaftliche Hemmnisse der Öffnung entgegenstehen, sollten wir uns vor Zugeständnissen nicht scheuen – sie wären ein Baukostenzuschuß für die deutsche Zukunft.

Der Zustand muß endlich aufhören, den die in die Wand einer Gefängniszelle zu Probstzella gekritzelte Inschrift bezeichnet, wie sie mir ein thüringischer Verwandter überliefert hat, der 1946 über die grüne Grenze nach Westen gehen wollte und dabei aufgegriffen wurde: «Hier sitz ich als Deutscher von Deutschland gefangen, weil ich von Deutschland nach Deutschland gegangen.»

Deutschland – das wird noch lange Zeit nichts Halbes und nichts Ganzes sein, vielmehr etwas Doppeltes. Günter Gaus hat uns aus dem «West-Östlichen Diwan» Goethes Gedicht über die merkwürdig zusammengewachsenen Blätter des Gingko-Baumes in Erinnerung gerufen:

> Ist es *ein* lebendig Wesen,
> Das sich in sich selbst getrennt?
> Sind es zwei, die sich erlesen,
> Daß man sie als eines kennt?
>
> Solche Frage zu erwidern,
> Fand ich wohl den rechten Sinn:
> Fühlst Du nicht an meinen Liedern,
> Daß ich *eins* und doppelt bin?

Ein ähnliches Gleichnis habe ich bei der DDR-Schriftstellerin Helga Schubert gefunden, die Beschreibung einer Weide: «Da sah ich, daß sie aus zwei Bäumen bestand. Die Stämme waren nur unten zusammengewachsen. Teilten sich schon früh, vom

Hohlweg aus nicht zu sehen, in zwei gleich starke Stämme, die beide eine gleich starke Krone bildeten. Seit über hundert Jahren sind sie auf Gedeih und Verderb verbunden. Und werden noch weiterleben, wenn wir alle schon tot sind.»

Das Geteilte und Gedoppelte wird lange der Deutschen Schicksal bleiben. Da können Maximalansprüche nur Unfrieden stiften. Eine Politik des Möglichen hingegen wird sich lieber dem Motto Wilhelm Liebknechts aus der Frühzeit der Arbeiterbewegung verschreiben: «Einigung statt Vereinigung».

Die hüben wie drüben beschworene deutsch-deutsche Verantwortungsgemeinschaft könnte nach dieser Devise am wirksamsten dazu beitragen, jenen halkyonischen Zustand heraufzuführen, den Friedrich Schiller in seiner Jenaer Antrittsvorlesung im Jahre 1789 so bewegend geschildert hat:

«Endlich unsere Staaten – mit welcher Innigkeit, mit welcher Kunst sind sie ineinander verschlungen! Wieviel dauerhafter durch den wohltätigen Zwang der Not als vormals durch die feierlichsten Verträge verbrüdert! Den Frieden hütet jetzt ein ewig geharnischter Krieg, und die Selbstliebe eines Staats setzt ihn zum Wächter über den Wohlstand des andern. Die europäische Staatengesellschaft scheint in eine große Familie verwandelt. Die Hausgenossen können einander anfeinden, aber hoffentlich nicht mehr zerfleischen.»

«Ich gehe stille Wege»

Der Vermittler zwischen hüben und drüben: Anwalt Wolfgang Vogel

Von Ben Witter

Auf dem Messingschild am Gartentor in der Reiler Straße 4 in Berlin-Friedrichsfelde wurde nicht mit Platz gespart. Da steht: «Rechtsanwalt Dr. Dr. h. c. Wolfgang Vogel», und es folgen die Sprechzeiten. Im Wartezimmer verdeckt eine schwarze lederne Sitzgarnitur jeden Zentimeter ringsherum, und die Glanztapete hat ein kränkendes Dunkelbraun mit gelblichen Einsprengseln. Über dem Lichtschalter sagt ein Spruch auf weißer Pappe: «Das Wenige, was du kannst, ist Viel.» *Viel* ist groß geschrieben. «In Ihrem Wartezimmer hat die Angst ihre Farben abgekriegt», wollte ich sagen, als Professor Vogel die Tür öffnete. Ob sein Anblick einem die Angst gleich nehmen könnte? Ich sagte «Ja» beim Händedruck, aber Wolfgang Vogel wußte ja nicht, warum ich «Ja» gesagt hatte.

Gesicht, Hände und Körpergröße, ein wohlabgerundetes Füreinander. Bräunliches Brillengestell, weißes Oberhemd und brauner Anzug, unauffällige Maßarbeit. Und das Lächeln? Beherrscht. Professor Vogel schien es gewohnt zu sein, daß seine Besucher sich langsam besinnen mußten, bevor sie zur Sache kamen, denn die Einrichtung des Arbeitszimmers, der Schrank, wuchtiges Bürger-Barock der Jahrhundertwende, der Schreibtisch, sein kolossaler Stilgefährte, und eine Sitzgarnitur mit Stoffbezug füllten fast die Hälfte des Raumes. Genauso dichtgedrängt an den Wänden und auf den Fensterbänken Stücke seiner Uhrensammlung, Fotos, Andenken, Liebhabereien. Neben seinem Schreibtisch stehen zwei Telefone, ein grünes und ein gelbes.

Ich wollte raten, von welchem Apparat aus Professor Vogel die Gespräche führt, die auch dafür sorgen, daß so viele Schicksale über seinen Schreibtisch gehen und manchmal die ganze Welt alarmieren: der Austausch von Spionen, der Freikauf von Gefangenen, die Vorbereitung zu gelegentlichen Gesprächen auf höchster Ebene. Aber unter seinen vertrauenerweckenden Blicken sagte ich herausfordernd: «Der Mensch ist gut.» Nun hätte Vogel eigentlich mit Karl Marx antworten müssen: «Nur die gesellschaftlichen Umstände machen ihn schlecht.» Er drückte sich jedoch wie in einem Plädoyer aus: «Der Mensch ist gut – und in seinen Anlagen durch die Umwelt beeinfluß- und veränderbar. An solchen Entwicklungsprozessen aktiv mitzuwirken, hat der Anwalt in seiner Tätigkeit als Strafverteidiger vielfältige Möglichkeiten.»

Wolfgang Vogel auch als Verteidiger der Kleinen und der Großen? Die Antwort kam mit Nachdruck: «Ich kenne jedes Gerichtsgebäude von Suhl bis Rostock, und das seit dem 1. März 1954. Und ich bin wie jeder Anwalt im gewissen Sinne immer mit der Robe unterwegs; die Berufsauffassung überträgt sich ja auch ins Privatleben ... Und bei Ehescheidungen –» vor dem Schreibtisch stehen drei Stühle, die Lehnen zur Wand, den Blick in den Garten – «geht es hier anständig zu. Es wird keine schmutzige Wäsche gewaschen. Die Achtung voreinander muß gewahrt bleiben.» Ich sagte, daß er wahrscheinlich nicht nur dem Anschein nach immer Hoffnungen erwecke und dadurch mit mehr Offenheit rechnen könne, bei wem auch immer.

Auf einem Klassenfoto steht er an der Seite seines Vaters, eines Lehrers in Glatz/Schlesien, bei dem er auch zur Schule ging. Hat das Elternhaus seinen Sinn für Gerechtigkeit geprägt? «Meine Eltern waren orthodoxe Katholiken. Ob ich noch praktizierender Katholik bin? Ich gehe, falls es sich ergeben sollte, gern allein in Dorfkirchen und halte vielleicht Zwiesprache auf meine Weise.»

Fotos als Belege? Er zeigte mir ein Foto, auf dem der russische Regimekritiker Schtscharanski seine rechte Hand auf Vogels Hand legt. – Warum zögerte Professor Vogel mit dem Spaziergang? Er ist den kurzen Griff nach Akten und Fotos gewöhnt und will Nachweise führen, wo er geht und steht, möglichst schwarz auf weiß.

Ich hatte mich gefragt, wie dicht gedrängt es in dem Garten erst sein würde; im Haus lag kaum ein Zentimeter bloß. Als wir hinausgingen, sagte ich mir: Hier muß ein Riesenkran das Meisterwerk eines Gärtners, ungefähr 300 Quadratmeter groß, als Park geplant, fix und fertig abgesenkt haben. In dieser guten Stube unter freiem Himmel konnte man nicht einfach hin und her gehen, man mußte bescheiden wandeln, und sie verbot, weiter nach hinten zu blicken, auf eine Bahnlinie, auf Brachland und Hochhäuser, die alles abzuweisen schienen, was für sich sein wollte.

Unauffällig zu sein – vor der Haustür die Holperstraße und hinten das gezierte Grün, ganz eng beieinander; Neider in hohen Stellungen mußten aufgeben. «Sie haben sich hochgedient und angepaßt, Sie betonen ständig Ihre Unabhängigkeit und Überparteilichkeit, Sie erwecken stets Hoffnungen, auch zwischen den beiden deutschen Staaten, wodurch der Graben zentimeterweise kleiner wird, auch einmal wieder zu überspringen ist, die Presse verwöhnt Sie, und Sie gelten für manche sogar als deutscher Patriot. Aber auch politische Naivität wird Ihnen angehängt.»

Professor Vogel blieb vor dem gemauerten Geräteschuppen stehen: «Wenn ich meine Unabhängigkeit betone, will ich damit sagen, daß ich nicht nach der Pfeife eines Chefs tanze. Und Überparteilichkeit? Jeder Anwalt muß sich darum bemühen. Und politische Naivität?» Die Antwort war ein beherrschtes Lächeln: «Um es kurz zu machen: Sagen Sie, ich sei Sozialist. Ja, ich bin Sozialist, kurz gesagt.»

Auch für seine Edeltannen hatte er eine Kennermiene. Und zur «Selbstbeherrschung» sagte er, die bestehe nicht nur aus Übung und Pflichtbewußtsein, sie käme schließlich auch vom Charakter. «Daß Sie nach meiner Frau fragen, habe ich gerade hier im

Garten erwartet. Meine erste Frau ging später mit einem Mann in den Westen, und einer meiner Söhne sucht noch einen festen politischen Standort; im Augenblick guckt er nach rechts. Meine zweite Frau ist erheblich jünger, und nachdem wir uns kennengelernt hatten, wollte sie nicht mehr in den Westen. Sie arbeitet in meiner Kanzlei mit, wir haben Lust am Leben und Denken und sorgen für Ausgleich und Hoffnung.»

Lange genug hatten wir vor dem Geräteschuppen gestanden. Die geschniegelten Wege hätten sich statt seiner glänzenden grauen Lederschuhe mit abgestepptem Braunrand eher schlichte, erdbraune aus Rauhleder gewünscht. «Mandanten als Feind oder Freund? Weder das eine noch das andere, also bleibt der Mittelwert. Natürlich, der Mensch ist gut, und das Gute soll gewinnen.» Er schnappte einen längeren Seitenblick von mir auf und überlegte: «Sagen Sie ruhig, daß Sie mich für eitel halten, und ich sage Ihnen –» er ging absichtlich einen Schritt voraus – «daß ich eitel bin. Schließlich bin ich kein schlechter Advokat.»

Und danach sagte er, zufrieden: «Ich liebe den Kompromiß. Nach dem 13. August 1961 wurde ich Erich Honeckers Beauftragter für humanitäre Probleme zwischen den beiden deutschen Staaten. Der Kompromiß reiht sich ein in die Koalition der Vernunft. Der Staatsratsvorsitzende hat erkannt, daß ich das Spektakulum zwischen der DDR und der Bundesrepublik mit entschärfen kann. Ich verehre ihn und erkenne seine Leistungen und die Verbesserungen an, die ihm zu verdanken sind. Ich gelte als sein Vertrauter, und man geht bei Ihnen davon aus, daß ein Vertrauter auch ein Freund sein muß ...»

Wolfgang Vogel legte seine Hand auf meinen Unterarm, und ich sagte, als hätte er mich um eine Antwort gebeten: «Kann man es vielleicht so sagen: Es ist eine Respektierung auf Vertrauensbasis.» Er sagte: «Bitte.»

Dann hatte ich den Eindruck, daß er Schritt für Schritt Themen erledigen wollte, die uns sonst später noch irgendwo dazwischen hätten kommen können: «Ich gehöre zu den wenigen, die ihr eigenes Grab gesehen haben. Es liegt auf einem Soldatenfriedhof in der Toskana. Da ist ein Wolfgang Vogel begraben, geboren am 30. Oktober 1925 im schlesischen Wilhelmsthal,

Grafschaft Glatz. Diese Daten sind auch meine. Ich zeige Ihnen nachher die Erkennungsmarke. Bei der Ausgabe der Erkennungsmarken ist damals ein Registrierfehler passiert, dieselbe Marke ist zweimal ausgegeben worden.»

Daß die «Gesellschaft für Menschenrechte» ihm vorgeworfen hat, hoher Offizier des Ministeriums für Staatssicherheit zu sein und in dessen Auftrag an Festnahmen von Mandanten mitgewirkt zu haben, kanzelte er mit einem Satz ab: «Der Rechtsstreit gegen diese Gesellschaft endete mit einem Vergleich vor einem Westberliner Gericht, der einer Niederlage dieser Vereinigung gleichkommt.»

Professor Vogel hätte jetzt wenigstens einmal kurz auflachen können. Nicht ganz gemäßigt fuhr er fort: «Feste drauf, so laut wie möglich, noch mit Blasmusik dazu, und Kompromisse verweigern, so tönt es aus allerlei Ecken der Bundesrepublik. Ich tue das Gegenteil. Im übrigen macht ja der kleine Casus den überwiegenden Teil meiner Tagesarbeit aus. Und die prominenten Besucher hier in der Reiler Straße 4? Ihre Namen erfährt die Öffentlichkeit nicht. Ich gehe stille Wege ... Am meisten beschäftigt mich Herbert Wehner. Wer weiß denn schon, wem alles dieser Mann in aller Stille geholfen hat. Ihm verdanke ich so manche Perspektive. Wie ich mit meinem Ärger, meiner Empfindsamkeit fertig werde? Erstens ist da meine Frau, zweitens suche ich die stillen Wege und drittens? Gleich müßten Sie fragen, wo denn die Dorfkirche bleibt ...»

«Und um eines grundsätzlich auszuschließen – vermutlich komme ich Ihnen damit zuvor –, auch für Millionen keine Memoiren! Das ginge, unter anderem, viel zu sehr ins Menschliche und Private. Und die Verschwiegenheit der anderen Seite? Häufig werden Vereinbarungen nicht eingehalten, wenn die Mandanten erst im Westen sind. Und – nicht Herren, nein, sagen wir Gentlemen, kann man von denen nicht Schweigen verlangen?»

Wir blickten in den Garten zurück, wo die Edeltannen Würde verbreiteten.

Ich durfte die Rückseite des Hauses nicht übersehen, sie war so fein säuberlich. «Warum die DDR ihre Agenten ‹Kundschafter› nennt?» Wolfgang Vogel sagte es glatt herunter: «Die sozialistischen Staaten bekennen sich zu ihnen und betreuen sie. Deshalb nennen wir sie nicht abwertend Spione. Und der Westen bekennt sich so gut wie gar nicht zu der Tatsache, daß es Spionage gegen die DDR gibt. Daran sehen Sie, wie echt der Osten ist und wie unecht der Westen.»

Es wurde Zeit, mir in seinem Arbeitszimmer vorzustellen, wer bereits vor diesem Schreibtisch gesessen hatte: der amerikanische U2-Pilot Gary Powers, der Sowjetspion Oberst Abel, die DDR-«Kundschafter» Günter Guillaume und Heinz Felfe, der russische Regimekritiker Anatolij Schtscharanski und und ... Und in die aufgepfropfte Behaglichkeit fiel Professor Vogels gründlich bedachte Anmerkung: «Oberst Abel, der in den USA die Todesstrafe zu erwarten hatte, sagte mir: ‹Nur Tote und Idioten haben keine Angst.› Und Angst ist ja nicht ehrenrührig.»

Und der Uhrensammler Wolfgang Vogel: Sollte ich von Neigung, von Eifer oder von Leidenschaft sprechen? Er entschied sich für Eifer und sprach von einem alten Uhrmacher aus Insterburg, der Ersatzteile selber anfertigte und die internationalen Preise kannte. Neben der Standuhr hingen Fotos übereinander, auf denen Wolfgang Vogel Auszeichnungen und Ehrungen entgegennimmt. Unter dem Foto des österreichischen Bundeskanzlers Sinowatz stand eine Widmung. Professor Vogel blätterte in einer Akte: «Es gibt keinen Fall, der nicht gelöst worden ist, wenn er die Beziehungen der beiden Staaten untereinander belastet hat.»

Ich fragte, ob man nicht endlich eine andere Bezeichnung für Gefangenenfreikauf finden könne. «Wer sucht sie nicht, aber Freikauf heißt ja: unter einer bestimmten Gegenleistung Entscheidungen bis hin zur Haftentlassung zu treffen, die ohne diese Gegenleistungen nicht erreichbar sind. Und wer hier gelebt hat, für den erbrachte der Staat ja auch Leistungen, die nicht billiger zu haben sind als anderswo ...» Und dann, als hätte er mit dieser Feststellung lange zurückgehalten, weil sie sich von selbst verstand: «Ich bin meinem Staat und unserem Staatsoberhaupt gegenüber hundert Prozent loyal.»

Ich sollte mir noch mal auf einem Gruppenfoto seine Frau ansehen; sie fiel da aber sowieso auf, und er sah zum Zeitvergleich auf die Standuhr. «Denken Sie öfter an Ruhestand?» Ich wartete darauf, daß er energisch den Kopf schüttelte. «Ja, ich beschäftige mich damit.» Weil ich das nicht erwartet hatte, redete ich von Altkommunisten, die fürchten, durch ihren Ruhestand der Partei zu schaden, aber er sei ja erst einundsechzig, doch von sechzig aufwärts habe jedes Jahr einen anderen Hintergrund.

«Ich bin Anwalt und werde rechtzeitig für einen exakten Nachfolger sorgen. Ich möchte gern häufiger Ski laufen und mehr Zeit für meine Frau haben und, völlig zurückgezogen, manches nachlesen oder überprüfen. Ich wohne privat am Teupitzer See. Wer bei uns in der DDR Leistungen erbringt, die allgemein Anerkennung finden, und das bezieht sich nicht allein auf Anwälte, kann gut leben.»

Weil der Gedanke an den Ruhestand zu nichts passen wollte, sagte ich: «Wenn Sacharow in diesem Sessel hier sitzt und Erich Honecker sich langsam auf seinen Ruhestand vorbereitet, dann kann es wohl sein, daß Sie endgültig beschließen, nach Hause zu gehen, wo Ihre Uhren mehr Platz haben und wo Sie dann aus Spaß manchmal etwas tun, um sich selbst zu beweisen, daß auch Sie Ihre Beherrschung verlieren können.» Professor Vogel lächelte über das ganze Gesicht, gab mir die Hand und antwortete nicht.

Ein deutscher Kommunist, ein deutscher Realist

Anmerkungen zu einem ZEIT-Gespräch mit Erich Honecker

Von Theo Sommer

Seine Titel sind lang und umständlich: «Generalsekretär des Zentralkomitees der Sozialistischen Einheitspartei Deutschlands und Vorsitzender des Staatsrates der Deutschen Demokratischen Republik». Es läßt sich auch knapper sagen: Erich Honecker ist der mächtigste Mann der DDR, seit 1971. Ab und zu geht das Gerücht um, daß seine «Zukunft in Zweifel» rücke; so hat der *Economist* Geraune über die mögliche Ablösung des SED-Chefs kolportiert. Augenschein wie Analyse sprechen dagegen.

Anfang 1986 hat Erich Honecker der ZEIT ein Interview gewährt. Es war vor drei Jahren beantragt, damals im Prinzip genehmigt und dann auf unbestimmte Zeit verschoben worden, umständehalber. Kurz vor dem Jahreswechsel wurde das Projekt aufs neue hervorgeholt. Anfang Januar übermittelte die ZEIT 25 schriftliche Fragen. Die – ebenfalls schriftlichen – Antworten wurden uns am 24. Januar ausgehändigt. Danach empfing Honecker den Chefredakteur und die DDR-Korrespondentin der ZEIT zu einem Gespräch. Es fand im großzügig dimensionierten Büro des Staatsratsvorsitzenden statt – in dem Gebäude am heutigen Marx-Engels-Platz, in dessen Fassade ein Portal des alten Schlosses eingefügt ist – und dauerte eine Stunde und 35 Minuten. Was dabei gesprochen wurde, ist zum größten

Teil in die schriftliche Version des Interviews eingearbeitet worden. Erich Honecker, der tags zuvor selber die letzten Antworten diktiert hatte, redigierte auch mit eigener Hand die ihm zur Autorisierung vorgelegte Endfassung.

Wie wirkt Honecker? Er ist 74 Jahre alt, aber er sieht um gut ein Jahrzehnt jünger aus; durch Gymnastik, Wandern, Schwimmen und Jagen hält er sich fit. Er spricht mit fester, manchmal leiser Stimme. Seine Sätze kommen ohne Schnörkel und Stanzfloskeln daher; er formuliert beredt. Er ist freundlich im Umgang, lächelt und lacht, läßt sich unterbrechen. Keine Verlegenheit, aber auch keine aufgesetzte Jovialität. Seine Fakten hat er präsent. Auf Zitate von Marx, Engels & Nachfolgern verzichtet er; er räsoniert aus der Sache, nicht aus der Ideologie.

Überhaupt kehrt er den Realisten heraus. Vernunft und Realismus – das Begriffspaar taucht in seinen Ausführungen immer wieder auf. Nicht zurück in die Schützengräben des Kalten Krieges, Bereitschaft zur Zusammenarbeit, Atmosphäre für Normalität schaffen: «Das Verhältnis der beiden deutschen Staaten darf keine zusätzlichen Belastungen der Lage in Europa hervorrufen.» Das sind nicht bloß Propaganda-Sprüche; Honecker handelt auch danach.

Im übrigen: Man ist flexibel. Man muß sich revidieren können. Auch früher einmal verworfene Ideen sollte man noch einmal überprüfen, neue Ideen ausprobieren. Bundeskanzler Kohl? Er praktiziert Kontinuität. Die Konzerne? Sie wollen Geschäfte machen, die DDR auch; so ist das Leben. Wenn sie sich aber an SDI beteiligen? Die Frage ist zweitrangig. Deutsche Einheit? Früher einmal hat Honecker gesagt, auch Kommunisten könnten träumen. Aber in sein realistisches Weltbild von heute paßt die Wiedervereinigung nicht einmal mehr unter sozialistischem Vorzeichen. Wer unter seinen Verbündeten wollte sie schon? «Wir gehen nach den Realitäten.»

Natürlich rückt Honecker nicht von seinen Grundüberzeugungen ab. Er ist und bleibt Kommunist – aber ein deutscher Kommunist. Gewiß hat er nicht «unbegrenzten Spielraum», wie er im ZEIT-Interview behauptete. Er muß seine Normalisierungspolitik vor einem schwierigen Moskauer Hintergrund entwickeln. Im Spätsommer 1984 war er gezwungen, einen Besuch in der Bundesrepublik abzusagen, nachdem ihm die *Prawda* unterstellt hatte, er lasse sich von den Westdeutschen mit «wirtschaftlichen Hebeln» erpressen. Aber auch danach blieb er bei der Parole «Schadensbegrenzung»; die Polemik gegen Bonn, die Revanchismus-Vorwürfe, das Poltern wegen SDI klangen jedenfalls auffällig gedämpft.

Er will den Draht nach Bonn intakt halten. Unter der Ägide Michail Gorbatschows müßte ihm dies leichter fallen als in der Siechtumsphase der Vorgänger, zumal die DDR die eigentliche Erfolgsstory im Ostblock liefert: Der Reformer im Kreml braucht sie. Das ZEIT-Interview ist schwerlich anders zu verstehen denn als Signal zur Fortführung des deutsch-deutschen Dialogs.

Was war Honeckers Botschaft? Sie läßt sich auf fünf Punkte verdichten.

1. Es bestehen noch viele ungenutzte Möglichkeiten, die politischen Beziehungen zu entwickeln.

2. Die wirtschaftliche Zusammenarbeit könnte noch weiter ausgebaut werden.

3. Illusionen über Reiseerleichterungen sollte sich niemand machen. Über die Einbeziehung von Großstädten wie Hamburg oder Hannover in den kleinen Grenzverkehr läßt sich reden. Jugendaustausch und Reisen in dringenden Familienangelegenheiten sollen großzügig gehandhabt und ausgebaut werden. Auf Städtepartnerschaften darf man keine übertriebene Hoffnung setzen. Einer Diskussion über allgemeine Reiseerleichterungen, vor allem eine Herabsetzung des Westreise-Alters, wich Honecker aus.

4. Die DDR ist neuerdings bereit, vereinbarte Abrüstungsmaßnahmen durch Kontrollen an Ort und Stelle überprüfen zu lassen: «Die Bundesregierung könnte unsere generelle Bereitschaft im Detail ausloten.»

5. Wenn die US-Mittelstreckenwaffen und die sowjetischen SS-20 aus Europa abgezogen werden, verschwinden auch die Atomraketen kürzerer Reichweite sofort wieder, die in der DDR gegen die Pershings und Cruise Missiles aufgestellt worden sind.

Kommt Erich Honecker in die Bundesrepublik? An Spekulationen darüber mochte sich der DDR-Staatsratsvorsitzende nicht beteiligen.

Ob er kommen will, ist eine andere Frage. Das hängt nicht zuletzt auch von Bonn ab. Führen da wieder die Betonköpfe das große Wort: Deutschlands Zukunft hänge nicht von Herrn Honeckers Besuch ab? Wird eine SDI-Absprache mit Washington so forciert und so hochstilisiert, daß eine Bonn-Visite dem SED-Chef als Bündnisverrat angelastet würde? Sendet die Bundesregierung einige richtige Signale an Moskau, auch an Warschau? Oder verderben abermals Politiker-Auftritte bei Vertriebenentreffen das Klima? Ließen sich die zaghaften Denkansätze in puncto Elbgrenze und Erfassungsstelle Salzgitter nicht politisch ausbauen?

Erich Honecker wird im nächsten Jahr 75. Es geht jetzt darum, die Weichen für die Zeit danach zu stellen – auch über Honecker hinaus, den deutschen Kommunisten, den deutschen Realisten.

«Miteinander leben, gut miteinander auskommen»

Ein ZEIT-Gespräch mit Erich Honecker

Von Marlies Menge und Theo Sommer

ZEIT: Welche Bedeutung hat die Genfer Begegnung zwischen dem sowjetischen Generalsekretär und dem amerikanischen Präsidenten für die beiden deutschen Staaten?

Honecker: Das Genfer Gipfeltreffen und seine Ergebnisse, die wir als ermutigend und positiv begrüßt haben, sind von großer Bedeutung für die gesamte Menschheit. Daraus ergeben sich günstige Bedingungen für die Lösung der Hauptfrage, eine nukleare Katastrophe zu verhindern, das Wettrüsten auf der Erde zu beenden und seine Ausdehnung auf den Weltraum nicht zuzulassen. Gerade auch für Europa, für die Deutsche Demokratische Republik und die Bundesrepublik Deutschland hängt hiervon eine friedliche Zukunft ab. Niemand würde etwas verlieren, alle würden gewinnen. Erste Schritte zur Abrüstung, wie sie den Resultaten des Genfer Gipfels entsprechen, wären geeignet, eine weitere Anhäufung von Waffen auf deutschem Boden zu stoppen, mehr Sicherheit zu erreichen, Frieden zu schaffen mit immer weniger Waffen.

Sie wissen, Herr Sommer, daß Michail Gorbatschow ein umfassendes Programm zur Befreiung der Welt von Atomwaffen bis zum Jahr 2000 unterbreitet hat. Die DDR hat ihre volle Zustimmung bekundet. In diesem Programm sehen wir eine historische Chance. An ihm beeindruckt nicht nur die Kühnheit der

Vision, sondern vor allem, daß es bei einem entsprechenden Herangehen auf beiden Seiten realisierbar ist. Wer den Frieden ernsthaft will, den kann die Vorstellung einer Welt ohne Atomwaffen nur in seiner Entschlossenheit bestärken, alles, was ihm möglich ist, zur Verwirklichung dieses großartigen Ziels beizutragen.

Die Sowjetunion hat mit dem jetzt vorgelegten Programm, man könnte es das Programm unseres Jahrhunderts nennen, erneut ihre feste Absicht bekräftigt, auf dem Wege der Friedenssicherung voranzukommen. Ich bin überzeugt, daß es möglich ist, mit dieser globalen Konzeption zur Abrüstung, verkündet zu Beginn des Internationalen UNO-Friedensjahres, jedes der kommenden Jahre zu einem Jahr des Friedens zu machen. Gewaltige Mittel würden dann für die Menschheit und ihren Fortschritt frei. Die Völker könnten tatsächlich aufatmen.

Vom Genfer Gipfel gingen wichtige Impulse aus, um die internationale Lage insgesamt zu verbessern. Jetzt kommt es darauf an, daß die Ergebnisse dieses Treffens gut genutzt werden. Alle Staaten, Regierungen, Parteien, gesellschaftlichen Kräfte sind aufgerufen, den Weg zur nuklearen Abrüstung ebnen zu helfen. Auch für beide deutsche Staaten ergeben sich vielfältige Möglichkeiten, ihrer Verantwortung für den Frieden gerecht zu werden und für eine sichere Perspektive ihrer Völker, ja der gesamten Menschheit zu wirken.

ZEIT: Die Deutsche Demokratische Republik und die Bundesrepublik Deutschland sind fest in verschiedene Bündnisse eingebettet. Aus ihrer Lage an der Trennlinie zwischen den beiden Gesellschaftssystemen und Militärkoalitionen ergibt sich jedoch eine besondere Verantwortung und auch ein spezifisches Interesse. Wie würden Sie diese Verantwortung, dieses Interesse definieren?

Honecker: In der Tat entsteht aus der Lage der beiden deutschen Staaten an der sensiblen Trennlinie zwischen Warschauer Vertrag und NATO eine besondere Verantwortung, die heute größer ist denn je. Sie ergibt sich schon aus der Geschichte. Von deutschem Boden sind die beiden furchtbarsten Kriege im Leben der Völker ausgegangen. Ein dritter Weltkrieg, ein nukleares Inferno, wäre die Selbstvernichtung der Menschheit.

Heute ist die Konzentration an todbringenden Waffen nirgendwo in der Welt so hoch wie in Mitteleuropa. Für beide deutsche Staaten heißt das, daß jede militärische Konfrontation, ob konventionell oder nuklear ausgetragen, verheerend wäre. Deshalb kann und muß das vorrangige Interesse der DDR und der BRD darin bestehen, alles, was ihnen nur irgend möglich ist, zur Festigung des Friedens, zur Abrüstung und Entspannung, zur Stabilität in diesem Teil der Welt beizutragen.

Dem stellt sich die Deutsche Demokratische Republik. Wir gehen auch bei der Gestaltung der Beziehungen zur Bundesrepublik davon aus, daß das Verhältnis der beiden deutschen Staaten keine zusätzlichen Belastungen der Lage in Europa hervorrufen darf, sondern das friedliche und vertrauensvolle Zusammenleben der Staaten und Völker unseres Kontinents befruchten muß.

Das wird um so dringender, da das «Sternenkriegs»-Programm der USA die Gefahr der Militarisierung des Weltalls heraufbeschwört, wodurch die Völker an den Rand der nuklearen Katastrophe gebracht werden. Doch der Himmel darf nicht zum Vorhof der Hölle werden. Wir sind für Frieden auf der Erde und im Kosmos.

ZEIT: Welchen Spielraum haben DDR und Bundesrepublik in ihren jeweiligen Umfeldern, um der besonderen deutsch-deutschen Verantwortung gerecht zu werden? Ist dieser Spielraum nach dem Genfer Treffen größer geworden? Wird er, auf beiden Seiten, eingeschränkt durch nachwirkende historische Erinnerungen gerade auch der kleineren Nachbarn?

Honecker: Wenn Sie schon von Spielraum sprechen, so möchte ich sagen, daß unserer unbegrenzt ist. Sie können stets davon ausgehen, daß unsere Politik, die Politik der DDR, darauf abzielt, den Frieden durch Rüstungsbegrenzung und Abrüstung sicherer zu machen. Für die DDR kann ich mit aller Bestimmtheit erklären, daß von deutschem Boden, von ihrem Territorium nie wieder Krieg, sondern nur noch Frieden ausgeht. Wir betrachten die Friedenssicherung als die wichtigste aller Aufgaben und unternehmen dazu, wie Ihnen bekannt ist, vielfältige Aktivitäten in der Weltarena, gerade auch nach dem

Genfer Gipfel. Das fand ja auch seinen Ausdruck beim Treffen der höchsten Repräsentanten der Teilnehmerstaaten des Warschauer Vertrages am 21. November 1985 in Prag.

Im Dialog mit führenden Politikern der nichtpaktgebundenen Staaten und der westlichen Hemisphäre, nicht zuletzt der NATO-Länder, sehen wir einen Beitrag, um Vertrauen und Berechenbarkeit in den internationalen Beziehungen zu fördern, um Frieden und Sicherheit zu stabilisieren. Sie werden selbst festgestellt haben, daß wir mit Vernunft und Realismus an die Dinge herangehen und Bereitschaft zu Kompromissen dort, wo sie der Gesundung der internationalen Lage förderlich sind, an den Tag legen. Das entspricht den ureigensten Interessen der DDR und dem Friedenswillen ihrer Bürger, ebenso denen unserer Nachbarn und Freunde.

ZEIT: Die Regierung Kohl hat seit dem Machtwechsel im Oktober 1982 in der Ostpolitik pragmatisch Kontinuität walten lassen. Teilen Sie diese Ansicht – oder erkennen Sie seit dem Amtsantritt der neuen Koalition eine andere Bonner Deutschland- und Ostpolitik? Haben Sie den Eindruck, daß Bonn von der gemeinsamen Erklärung abrückt, die Sie und der Bundeskanzler am 12. März 1985 in Moskau abgegeben haben?

Honecker: Tatsächlich hat die Bundesregierung unter Kanzler Kohl nach dem Regierungswechsel 1982 in ihrer Ostpolitik angesichts des gültigen europäischen Vertragswerkes Kontinuität erklärt. Wir haben dies mit Interesse registriert und bekanntlich auch positiv darauf reagiert. In diesem Sinne werten wir die gemeinsame Erklärung, die zwischen mir und Bundeskanzler Kohl am 12. März 1985 in Moskau vereinbart wurde, als sehr bedeutsam. Bekräftigt sie doch, daß die Unverletzlichkeit der bestehenden Grenzen und die Achtung der territorialen Integrität und der Souveränität aller Staaten in Europa in ihren gegenwärtigen Grenzen eine grundlegende Bedingung für den Frieden sind. Bundeskanzler Kohl hält offenkundig an dieser Erklärung von Moskau fest, was wir begrüßen. Ich möchte in diesem Zusammenhang auch betonen, daß wir die jüngste Erklärung des Bundespräsidenten von Weizsäcker auf dem Neujahrsempfang in Bonn über die Unverletzlichkeit der Grenzen und die Achtung der territorialen Integrität aller Staaten Europas positiv aufgenommen haben.

Doch sind wir nicht so naiv, das gefährliche Unterfangen jener Kräfte zu übersehen, die aus der Geschichte nichts gelernt haben, denen die ganze Richtung nicht paßt. Daraus ergibt sich viel Widersprüchliches. Großdeutsche Sprüche zu klopfen, revanchistischen Wunschträumen nachzuhängen, belastet nicht nur unsere Beziehungen, sondern kann das Gegenteil dessen bewirken, was wir erstreben.

ZEIT: Sie haben wiederholt gesagt, ein Zurück in die Schützengräben des Kalten Krieges würde niemandem nützen. Statt dessen haben Sie sich für einen breiteren Ausbau der deutsch-deutschen Beziehungen ausgesprochen. Wie könnte ein solcher breiterer Ausbau aussehen? Welche Vorhaben schweben Ihnen für die weitere Zusammenarbeit vor?

Honecker: Wenn sich beide Seiten von Realismus und gutem Willen sowie von der eigentlich selbstverständlichen Achtung der Souveränität und Nichteinmischung leiten lassen, wird es in den Beziehungen auch weiter vorangehen. Eine besondere Bedeutung messen wir dem Ausbau der politischen Beziehungen bei. Warum sollte es zum Beispiel nicht möglich sein, daß sich die Außenminister beider Staaten in der BRD oder in der DDR treffen, um über Sicherheitsfragen zu sprechen? Daß sie nur wiederholt am Rande der UN-Vollversammlung in New York oder in Madrid, Stockholm und Helsinki Gespräche miteinander führten, ist eigentlich für zwei Nachbarstaaten, wie es die DDR und die BRD sind, ungewöhnlich.

Überhaupt sind wir der Auffassung, daß noch viele ungenutzte Möglichkeiten bestehen, die politischen Beziehungen in dem Sinne zu entwickeln, daß sie dazu beitragen, im Herzen Europas eine Zone stabiler Sicherheit zu schaffen und das Risiko einer nuklearen Katastrophe zu vermindern. Möglichkeiten für den Ausbau der Beziehungen gibt es zum Beispiel auch auf den Gebieten des Umweltschutzes, der Kultur, des Verkehrs, der Wirtschaft.

ZEIT: Wie beurteilen Sie die Aussichten für die künftige Zusammenarbeit auf dem Gebiet der Kultur, im wissenschaftlich-technischen Bereich und beim Umweltschutz? Welche konkreten Probleme könnten auf der Grundlage eines Umweltschutz-Abkommens angepackt werden?

Honecker: Zwischen der DDR und der BRD wurde bereits vor einiger Zeit der Text eines Abkommens über die bilaterale kulturelle Zusammenarbeit ausgehandelt. Ich bin überzeugt, daß es ein wichtiger Schritt zur Normalisierung der Beziehungen sein und den kulturellen Austausch fördern wird. Auch dazu gibt es übrigens für die nächsten zwei Jahre schon konkrete Vorstellungen.

Im wissenschaftlich-technischen Bereich wird zur Zeit verhandelt. Eine Vereinbarung ist möglich. Ein Umweltschutz-Abkommen, über das wir gegenwärtig mit der Regierung der BRD sprechen, kann einen effektiven Beitrag zur Umweltgestaltung und zum Umweltschutz sowie zur rationellen Nutzung und zum Schutz der natürlichen Ressourcen in beiden Staaten leisten. Dazu gehört zweifellos auch der Austausch von Erfahrungen und technischen Lösungen bei der Reinhaltung der Luft und der Gewässer sowie bei der Erhaltung und dem Schutz unserer Wälder, um nur einige Aspekte zu nennen.

ZEIT: Uns interessiert neben der allgemeinen Zusammenarbeit vor allem die Zusammenarbeit bei der Säuberung von Werra und Weser, aber auch bei der Klärung der Elbe. Gibt es da Vorhaben?

Honecker: Über Werra und Weser gibt es bereits Verhandlungen, und wir können unterstellen, daß diese Verhandlungen zum Abschluß geführt werden können, ziemlich unabhängig von der Tatsache, ob man sich nun über die Feststellung der Elb-Grenze einigen kann. Auch über die Reinhaltung der Elbe befindet man sich im Kontakt. Selbstverständlich wäre es aber sehr wichtig, die Feststellung der Grenze in diesem Elbabschnitt vorzunehmen. Das würde vieles erleichtern.

ZEIT: Ist das Problem des Umweltschutzes für Ihre Bürger genauso drängend wie für die Bürger der Bundesrepublik?

Honecker: Für unsere Bürger ist das genauso drängend. Wir sind auf dem Gebiet des Umweltschutzes auch schon seit langem tätig. Wir haben spezielle Maßnahmen zur Schadstoffbeseitigung festgelegt, und wir sind generell bestrebt, in Übereinstimmung mit unserer Bevölkerung dieses Problem stärker in die Hand zu bekommen.

Den Begriff «sterbende Wälder» können wir bei uns allerdings nicht prägen. Wir haben – ich habe mir diese Woche noch einmal eine Karte unseres Umweltministers geben lassen – große Schädigungen des Waldes am Fichtelberg und in dem ganzen Raum zur ČSSR hin. Es gibt Vereinbarungen zwischen der DDR und der ČSSR, um die Voraussetzungen dafür zu schaffen, daß die Wälder wiederaufgeforstet werden können, daß dort auch wieder gesunde Bäume wachsen. Ansonsten können wir jedoch sagen: Unsere Wälder sind gesund.

Auch mit dem «sauren Regen» ist es bei uns nicht so. Ich hatte mit dem schwedischen Ministerpräsidenten Olof Palme eine lange Fahrt bis Stralsund. Das ging von Wald zu Wald, und er fragte mich: «Was macht bei Ihnen der saure Regen?» Darauf sagte ich: «Ich bedaure, Herr Ministerpräsident, mit saurem Regen haben wir keine Erfahrung.»

ZEIT: Wissenschaftler meinen, daß ein Teil der Luftverunreinigung von den Zweitaktern kommt. Wann fährt denn der erste «Trabant» mit VW-Motor? Dies einmal unabhängig davon, ob der VW-Motor für die Wälder gesünder ist.

Honecker: Einige behaupten, daß er gesünder ist, andere behaupten, das sei nicht der Fall. Fahren wird er wahrscheinlich 1988. Ich möchte Ihnen aber sagen, daß es natürlich auch sehr viele Freunde des Zweitaktmotors vom «Trabi» und vom «Wartburg» gibt. Die sind sehr beliebt. Nicht jeder hat eine Garage, und man kann das Ding hinstellen und braucht im Winter keine große Sorge zu haben. Wir werden da noch eine große Diskussion haben.

ZEIT: Wie lassen sich künftig bei der praktischen Einbeziehung West-Berlins in vertraglich fundierte Zusammenarbeit ärgerliche Auslegungsstreitigkeiten vermeiden?

Honecker: Zunächst möchte ich Ihre Aufmerksamkeit darauf lenken, daß mit dem Vierseitigen Abkommen vom 3. September 1971 eine Lösung gefunden wurde, die den Interessen aller Seiten entspricht. Ärgerliche Auslegungsstreitigkeiten bei der praktischen Einbeziehung von Berlin (West) lassen sich dadurch vermeiden, daß man seine Handlungen an Geist und Buchstaben dieses Abkommens mißt. Wir sind für seine strikte Einhaltung und volle Anwendung. Vor allem geht es darum, die Bestimmung zu wahren, daß Berlin (West) nicht zur BRD gehört und nicht von ihr regiert wird.

ZEIT: Gilt dies auch für den Kulturaustausch?

Honecker: Die bei Ihnen sehr viel diskutierte Frage der Einbeziehung von Berlin (West) in das Kulturabkommen spielt für uns überhaupt keine Rolle, weil Berlin (West) entsprechend dem Vierseitigen Abkommen vom 3. September 1971 in die gesamten Regelungen mit einbezogen wird.

ZEIT: Auf der Grundlage dieses Abkommens einbezogen?

Honecker: Eine solche Klausel ist da drin, da gibt es überhaupt keine Probleme.

ZEIT: Es kam aus West-Berlin eine Menge Skepsis, als das Abkommen ausgehandelt worden war.

Honecker: Ja, da kamen Bedenken. Man wird sich freuen, wenn es abgeschlossen ist. *[Es ist inzwischen abgeschlossen worden. Anm. d. Red.]*

ZEIT: Bisher reisen viel mehr westdeutsche Jugendliche in die DDR als umgekehrt DDR-Jugendliche in die Bundesrepublik. Unter welchen Voraussetzungen ließe sich dies ändern?

Honecker: Daran, daß mehr Jugendliche aus der BRD in die DDR reisen als umgekehrt, kann ich nichts Unnormales entdecken. Das ergibt sich schon aus den Bevölkerungszahlen. Außerdem bestehen für das derzeitige Verhältnis auch noch kommerzielle Gründe, die auf das unterschiedliche Preisniveau in der DDR und der BRD zurückzuführen sind. Auf Grund der niedrigen Preise in der DDR, denken Sie nur an die geringen Kosten für Verpflegung und Transport, müssen mehrere Reisen in die DDR erfolgen, um den finanziellen Aufwand für eine Reise in die BRD auszugleichen. Auch das muß berücksichtigt werden.

Insgesamt möchte ich aber betonen, daß sich der Jugendtourismus gut entwickelt. Jetzt sollte es darauf ankommen, die Möglichkeiten der bestehenden Vereinbarungen zwischen den

Jugendorganisationen in beiden deutschen Staaten voll auszuschöpfen. Ich wünschte, daß dies reibungslos verliefe.

ZEIT: Was kann die nächste Etappe den Menschen in beiden deutschen Staaten an Erleichterungen, an mehr Zueinander und Miteinander bringen? Halten Sie es für denkbar, daß grenznahe westdeutsche Großstädte wie Hamburg in den kleinen Grenzverkehr einbezogen werden? Daß Ihre Behörden mehr Westreisen in dringenden Familienangelegenheiten erlauben? Daß Sie in souveräner Entscheidung das Reisealter für DDR-Bürger herabsetzen? Daß endgültig in die Bundesrepublik ausgereiste Leute, die ihre DDR-Staatsbürgerschaft abgegeben haben und denen heute Besuche in der alten Heimat oft verwehrt werden, wie alle anderen in die DDR reisen dürfen?

Honecker: Wissen Sie, man kann vieles für denkbar halten. Allerdings sollte man mit beiden Beinen auf der Erde bleiben. Der Reiseverkehr zwischen der Deutschen Demokratischen Republik und der Bundesrepublik Deutschland ist nicht so klein, wie er leider in einigen westlichen Medien dargestellt wird. Er ist sogar ziemlich groß. Jährlich besuchen sechs bis acht Millionen Bürger der Bundesrepublik Deutschland die Deutsche Demokratische Republik und über anderthalb Millionen Bürger der DDR die Bundesrepublik Deutschland. Das ist angesichts des hohen Verwandtschaftsgrades von Bürgern der DDR und Bürgern der BRD verständlich.

Bei Reisen zwischen der DDR und der BRD handelt es sich um einen Reiseverkehr zwischen zwei Staaten nicht nur mit verschiedenen Gesellschaftsordnungen, sondern auch mit unterschiedlichen Währungssystemen, eine Tatsache, die man bei Ihnen oft unterschätzt. So ist im Handel zwischen der DDR und der BRD eine Mark eben eine Mark, im Reiseverkehr jedoch wird die Mark der DDR weit unter ihrem Wert gehandelt. Hinzu kommt noch eine Reihe von Fragen, auf die ich hier im einzelnen nicht eingehen möchte, zum Beispiel die Verbindung zwischen Ihrer Polizei und den Geheimdiensten.

Wenn man dies alles im besten Sinne des Wortes in Rechnung stellt, dann kann man sich nicht über mangelnde Bereitschaft der DDR beklagen, den Reiseverkehr zu entwickeln. Das Gegenteil ist der Fall. Die DDR hat viel unternommen, um ihn zu fördern, und wird das auch in Zukunft fortsetzen. Wichtig ist der Wille der BRD, einige Relikte aus der Zeit des Kalten Krieges abzubauen. Es geht nicht an, auf der einen Seite Erwartungen auszusprechen, auf der anderen sich aber schwer damit zu tun, die DDR-Bürger als das zu behandeln, was sie sind, nämlich Staatsbürger des ersten sozialistischen Arbeiter-und-Bauern-Staates auf deutschem Boden. Über die Einbeziehung dieser oder jener Stadt in den grenznahen Verkehr kann man immer sprechen.

Man muß bei dieser ganzen Frage aber davon ausgehen, daß für den Reiseverkehr selbstverständlich günstigere Bedingungen vorhanden wären, würde die Bundesrepublik Deutschland endlich das respektieren, was vorhanden ist: die Staatsbürgerschaft der Deutschen Demokratischen Republik.

ZEIT: Tun wir das nicht, Herr Vorsitzender? Es hat doch am Werbellinsee eine Absprache zwischen Ihnen und dem damaligen Bundeskanzler Schmidt gegeben, wonach die DDR-Staatsbürgerschaft von uns faktisch respektiert wird. Im bürokratischen Vollzug kann wohl einmal eine Panne passieren, die Respektierung ist aber an sich für uns kein Problem mehr.

Honecker: Das sagen Sie, Herr Sommer. Diese Vereinbarung wurde damals zwischen mir und Bundeskanzler Helmut Schmidt getroffen, und sie bezog sich zum Beispiel auf die Rückführung von Minderjährigen, die irgendwie die Grenze überschritten haben. Wir machen das laufend. In der Bundesrepublik aber werden die Gerichte eingeschaltet – wegen der Fürsorgepflicht und so weiter. Ich habe Bundeskanzler Kohl gesagt, daß wir unsere Staatsorgane beauftragen könnten, das gleiche zu veranlassen, wenn ein zehnjähriges Kind die Grenze überschreitet. Das möchte ich nur einmal als Beispiel nehmen.

Die zweite Frage, über die ich mit Bundeskanzler Helmut Schmidt eine Vereinbarung getroffen habe, waren die Einberufungsbefehle zur Bundeswehr für DDR-Bürger, die sich zeitweise in der Bundesrepublik aufhalten. Auf diesem Gebiet aber gibt es nach wie vor Schwierigkeiten.

ZEIT: Hat das nicht nachgelassen?

Honecker: Nein, es gibt nach wie vor die Versendung von Einberufungsbefehlen. Unser Botschafter Moldt mußte in letzter Zeit dazu Stellung nehmen.

Das nächste Problem ist die Aktivität der Botschaften und Konsulate der Regierung der Bundesrepublik Deutschland in den verschiedensten Ländern. Der Anspruch der Bundesregierung, daß sie die Obhutspflicht über alle Deutschen hat, besteht nach wie vor weiter und verletzt selbstverständlich die Personalhoheit der DDR, das ist ganz klar. Wir sind weiterhin daran interessiert, zu einer endgültigen Lösung dieser Frage zu kommen.

ZEIT: Nun gibt es da ja auch ein Urteil des Bundesverfassungsgerichts, das fürs erste einfach steht. Die Frage wäre: Könnte Ihre Absprache mit Bundeskanzler Schmidt nicht in eine schriftliche Form gebracht werden? Es müßte Ihren und unseren Räten doch möglich sein, die Dinge so zu formulieren, daß dabei die grundsätzliche Frage der Staatsbürgerschaft ausgeklammert bleibt. Hier ist uns auch unklar, was Sie eigentlich fordern: In Gera hieß es noch «Anerkennung», später hieß es «Respektierung». Gibt es da einen Unterschied?

Honecker: Ich sehe in dieser Frage keinen Unterschied. Man kann respektieren, man kann anerkennen.

Die Änderung des Grundgesetzes ist nicht die Frage – obwohl man das auch mit Zweidrittelmehrheit ändern könnte, das weiß ich ganz genau. Die Frage ist einfach, daß man respektiert, daß es die Deutsche Demokratische Republik gibt und daß diese Republik Staatsbürger hat. Und man kann nicht für sich beanspruchen, auf Grund eines Gesetzes aus der Zeit Wilhelms II., daß Bürger der DDR gleichzeitig Bürger der Bundesrepublik Deutschland sind, zumal ja laut Verfassungsgrundsatz die Gesetze der Bundesrepublik nur für den Geltungsbereich der Bundesrepublik bestimmt sind.

ZEIT: Die Frage ist nicht, ob wir ihnen Staatsbürger zuerkennen oder aberkennen, sondern die Frage ist, daß wir, wenn DDR-Bürger in die Bundesrepublik kommen, in den Geltungsbereich des Grundgesetzes, und dann unsere deutsche Staatsbürgerschaft haben wollen, sie ihnen nicht verweigern.

Honecker: Wir richten uns in dieser Frage nach dem internationalen Recht. Das Problem besteht darin, daß die Bundesregierung – auch die gegenwärtige in ihren offiziellen Erklärungen – sich direkt an die Bürger Leipzigs, Dresdens und so weiter wendet. Ich könnte mich auch an die Bürger Bonns, Münchens und so weiter wenden.

Schauen Sie, wir haben nicht die Bundesrepublik geschaffen. Die Bundesrepublik wurde fünf Monate vor Gründung der Deutschen Demokratischen Republik aus der Taufe gehoben. Also muß man doch davon ausgehen, muß man respektieren, daß inzwischen ein anderer deutscher Staat entstanden ist. Er ist ja formell anerkannt worden, und da muß man sich dementsprechend verhalten. Das heißt: Die Bundesregierung ist zuständig für die Bürger der Bundesrepublik, und die Regierung der Deutschen Demokratischen Republik ist zuständig für die Bürger der Deutschen Demokratischen Republik. Würde man den Obhutsanspruch fallenlassen, würde man damit einen großen Beitrag für die Verbesserung der Beziehungen zwischen beiden deutschen Staaten leisten. Darum geht es im Prinzip.

ZEIT: Bei den Reisen in dringenden Familienangelegenheiten wollen Sie Großzügigkeit walten lassen. Es haben schon Verwandte zweiten Grades reisen dürfen – und auch zu anderen als den festgelegten Anlässen. Da gibt es aber noch Unsicherheiten. Spielt dabei auch so eine Frage eine Rolle wie der Streit um die protokollarische Behandlung von Volkskammerpräsident Horst Sindermann in Bonn?

Honecker: Diese Frage scheint mir inzwischen erledigt zu sein. Soweit ich im Bilde bin, wird dieser Besuch in Kürze stattfinden *[er fand im Februar '86 statt. Anm. d. Red.]* unter Beachtung der Tatsache, daß der Präsident der Volkskammer der Deutschen Demokratischen Republik die Deutsche Demokratische Republik vertritt und man ihn auch entsprechend korrekt behandelt. So bin ich informiert. Das ist also keine Frage mehr.

Bei den Besuchen in dringenden Familienangelegenheiten gibt es selbstverständlich Fortschritte. Hemmnisse gibt es immer in einem Staatswesen. Wir sind nicht ohne Bürokratie, und auch die BRD nicht. Ich möchte das aber nicht auf die Bürokratie schieben. Es ist überhaupt keine Frage, daß man in dringenden

Familienangelegenheiten reisen kann. Natürlich wird da nicht gerade der Chef des Geheimdienstes reisen.

ZEIT: Der will vielleicht auch nicht.

Honecker: Das weiß ich nicht.

ZEIT: Der Besuch aus Eisenhüttenstadt in Saarlouis, die Verabredung einer Städtepartnerschaft, die Aussicht, daß auf diese Weise ein Austausch von Gruppenreisenden in Gang kommt – all dies hat bei uns große Aufmerksamkeit gefunden. Sehen Sie das Vorhaben als einen «Modellfall» an? Ist das ein Anfang für ähnliche, für viele Partnerschaften?

Honecker: In dieser Frage gibt es widerspruchsvolle Meldungen. Eine Städtepartnerschaft ist natürlich eine Städtepartnerschaft, und man wird vereinbaren, was der Inhalt dieser Partnerschaft ist. Die Stadtverordneten von Eisenhüttenstadt und von Saarlouis werden vereinbaren müssen, was sie unter Städtepartnerschaft verstehen und durchführen. Jedenfalls glaube ich, daß es sehr gut wäre, wenn man an das Schaffen der ersten Städtepartnerschaft nicht gleich eine ganze Kampagne dranhängt.

ZEIT: Sie können sich aber vorstellen, daß noch andere Städtepartnerschaften mit Städten der Bundesrepublik entstehen – auch mit Städten außerhalb des Saarlandes?

Honecker: Wissen Sie, es kommt darauf an, daß man in diesen Dingen korrekt verfährt. Ich glaube nicht, daß man damit gleichzeitig alle Probleme lösen kann. Und hier gibt es bei Ihnen korrekte Meldungen. Es gibt aber auch andere Meldungen.

ZEIT: Was ist denn die korrekte Version?

Honecker: Die korrekte Version ist die, daß man eine Städtepartnerschaft macht, wie das in aller Welt üblich und gebräuchlich ist. Die Städtepartnerschaft kann natürlich nicht die Regierung der DDR und die Regierung des Bundesrepublik Deutschland ersetzen. Aber sie kann sehr vieles tun zur Begegnung der Menschen auf den verschiedensten Gebieten.

ZEIT: Das ist das Problem, das uns am meisten plagt: Wie können mehr Ihrer Bürger zu uns reisen? Warum sind Westreisen für DDR-Bürger eigentlich in der Selbstverständlichkeit des Alltags auf Rentner beschränkt? Warum kann man diese Kategorie nicht nach und nach entweder im Alter herunterstufen oder ganz auflösen? Manch einer fragt sich bei uns in diesem Zusammenhang: Was ist für die DDR eigentlich stabilisierender oder destabilisierender – eine Öffnungspolitik oder eine Abschottungspolitik?

Honecker: Wir betreiben weder eine Öffnungspolitik noch eine Abschottungspolitik. Diese Frage des Reisens ist sehr vielschichtig. Sie berührt das grundlegende Verhältnis zwischen den beiden deutschen Staaten. Dabei kann man nicht leugnen, daß wir vorwärtsgekommen sind. Wir sind insbesondere vorwärtsgekommen durch den damaligen ersten Besuch des Bundeskanzlers Helmut Schmidt in der Deutschen Demokratischen Republik. Die gegenwärtig tätige CDU/CSU-Regierung mit der FDP konnte dann sozusagen die Früchte dieses Besuchs ernten. Ich erinnere an die Eröffnung der Autobahn nach Hamburg; ich erinnere an die Begegnung der Bauminister; ich erinnere an die Schinkel-Ausstellung in Hamburg; ich erinnere an die Erweiterung des Besuchs in dringenden Familienangelegenheiten. Diese Politik wurde dann von uns weitergeführt, nachdem Helmut Kohl erklärt hatte, die neue Bundesregierung führe die Politik weiter. Sie hat dies auch so gemacht.

Aber es kommen doch auch Dinge vor, die nicht so in diesem Geist sind, auf dessen Grundlage damals die Vereinbarungen getroffen wurden. Ich denke zum Beispiel an die schroffe Zuspitzung des Verhältnisses zwischen der Bundesrepublik Deutschland und Volkspolen im Zusammenhang mit dem Motto des großen Vertriebenentreffens «Schlesien ist unser». Das ist doch ganz klar: Wir sind im Bündnis genauso, wie die Bundesrepublik Deutschland im Bündnis ist, und wir stehen in dieser Frage selbstverständlich an der Seite Volkspolens. Außerdem, was heißt «Schlesien ist unser»? Zwischen Volkspolen und der Bundesrepublik Deutschland liegt die Deutsche Demokratische Republik. Das sind Ansprüche, die nicht nur unreal sind, sondern die Unruhe schaffen. Man kam ja nachher sehr schnell von dieser Losung ab. Aber das hat natürlich Aufmerksamkeit erregt.

Von diesem Gesichtspunkt aus möchte ich deshalb sagen, daß vieles sehr gut läuft, anderes nicht so gut läuft und daß man sich selbstverständlich bemühen muß, eine Atmosphäre zu schaffen, in der die Zusammenarbeit zwischen beiden deutschen Staaten etwas Normales wird. Nehmen Sie nur noch einmal die Diskussion darüber, ob der Volkskammerpräsident kommen darf oder nicht kommen darf. Das gibt es in keinem Land. Der Volkskammerpräsident war Gast des französischen Präsidenten, des spanischen Königs, des österreichischen Bundespräsidenten, des finnischen Präsidenten, und wo er überall war. Da gab es diese ganzen Fragen überhaupt nicht. In der Bundesrepublik Deutschland macht man darüber eine Riesendiskussion.

Entweder entwickeln sich die Beziehungen zwischen der Bundesrepublik Deutschland und der Deutschen Demokratischen Republik auf gleichberechtigter Basis, dann ist das gut für beide deutsche Staaten und die Atmosphäre in Europa. Oder es gibt solche – sagen wir: Wellenbewegungen, dann muß man nicht erstaunt sein, daß auch verschiedene Dinge sich ändern.

ZEIT: In Gera haben Sie vor einigen Jahren von der Bundesrepublik viererlei gefordert: Anerkennung der DDR-Staatsbürgerschaft, Umwandlung der beiderseitigen Ständigen Vertretungen in Botschaften, Festlegung der Elbgrenze in der Strommitte, Schließung der Erfassungsstelle in Salzgitter. Welche Dringlichkeit messen Sie diesen Forderungen heute bei? Visieren Sie damit langfristige Ziele an, oder arbeiten Sie auf ihre Realisierung in kurzer Zeit hin?

Honecker: Bei alledem geht es um Grundfragen der Beziehungen zwischen der DDR und der BRD. Wer ehrlich an wirksamen Schritten zur Normalisierung der Beziehungen interessiert ist, der muß auch Schritt für Schritt dazu beitragen, diese Grundfragen zu lösen. Das steht auf der Tagesordnung, wie auch die gegenwärtige Diskussion in der BRD beweist. So verhält es sich mit der Weigerung der Bundesregierung, die Staatsbürgerschaft der DDR zu respektieren, wozu ich mich schon geäußert habe.

Auch die Feststellung des Grenzverlaufs auf der Elbe wäre gar kein Problem, wenn man es nicht dazu machen würde. Es gibt eine über vierzigjährige Praxis. Keine Seite müßte irgend etwas aufgeben. Aber die Feststellung würde das Gesamtklima der Beziehungen und solche Probleme wie den Schiffsverkehr auf diesem wichtigen Verkehrsweg und die Verbesserung der Wasserqualität des Flusses günstig beeinflussen.

Inzwischen hat auch in der BRD die Zahl derer zugenommen, die in der sogenannten Erfassungsstelle Salzgitter ein Relikt des Kalten Krieges, eine, wie gesagt wurde, die Souveränität der DDR anfechtende Institution, ein Instrument der Einmischung in unsere inneren Angelegenheiten sehen und deshalb ihre Beseitigung fordern.

Mit der Umwandlung der Ständigen Vertretungen in Botschaften befände man sich lediglich auf der Höhe der Zeit.

ZEIT: Der deutsch-deutsche Handel hat 1985 ein Rekordvolumen von über 15 Milliarden D-Mark erreicht. Welche Bedeutung haben die Wirtschaftsbeziehungen zwischen DDR und Bundesrepublik für Sie?

Honecker: Der Handel zwischen der DDR und der BRD erreichte nach vorläufigen Unterlagen sogar ein Volumen von 17 Milliarden Mark. Er hat sich also gut entwickelt, und wir sind dafür, ihn zum gegenseitigen Nutzen auszubauen. Wir betrachten ihn als wichtigen stabilisierenden Faktor für die Gesamtbeziehungen. Solide Handels- und Wirtschaftsbeziehungen liegen im beiderseitigen Interesse. Deshalb sollten beide Seiten alles Notwendige tun, um die Bedingungen für ihre Erweiterung zu schaffen. Dazu sind wir bereit.

Im übrigen möchte ich hinzufügen, daß die DDR ein in aller Welt geschätzter Handelspartner ist, mit einer Wirtschaft, die sich dynamisch entwickelt. Dafür sprechen auch die Ergebnisse des Jahres 1985 mit einem Wachstum des Nationaleinkommens von 4,8 Prozent, einer Entwicklung, die auch in Fachkreisen als beachtlich eingeschätzt wird. Wir haben unseren Fünfjahrplan gut abgeschlossen, und die DDR bereitet sich mit sichtbaren Leistungen in Wissenschaft, Technik und Produktion darauf vor, qualitativ neue Anforderungen an die Erzeugnisse und Technologien erfolgreich zu meistern.

ZEIT: Welche Neuigkeiten wird der Parteitag im April für die DDR-Bürger bringen?

Honecker: Im Brennpunkt des Parteitages wird selbstverständlich stehen: erstens unser Beitrag zur Friedenssicherung, zweitens die weitere dynamische Entwicklung der Volkswirtschaft der DDR und drittens die Fortführung unseres Sozialprogramms für die Jahre 1986 bis 1990.

In diesen Plänen sehen wir eine jährliche Steigerung des produzierten Nationaleinkommens um vier bis fünf Prozent vor – ich sage vier bis fünf Prozent, weil es noch keine Beschlüsse dazu gibt –, wobei die Steigerung zu 90 Prozent getragen werden soll durch die Erhöhung der Arbeitsproduktivität. Eine solche jährliche Erhöhung der Arbeitsproduktivität kann man natürlich nur erreichen durch die Einführung neuer technologischer Prozesse, durch Mikroelektronik, Optoelektronik, Sensorentechnik und so weiter.

In Verbindung damit vollzieht sich selbstverständlich in bestimmtem Maße eine Umgestaltung der Produktivkräfte. Es ist bei uns gegenwärtig schon so, daß wir jährlich ungefähr 500 Millionen Stunden Arbeitszeit einsparen. Das ist ein Arbeitskräftevolumen von zirka 300 000 Arbeitern oder Werktätigen, wie wir sagen.

Diesen Prozeß wollen wir fortführen. Das bedeutet, daß wir im nächsten Fünfjahrplan von 1986 bis 1990, der auf dem XI. Parteitag zur Beratung stehen wird, ein produziertes Nationaleinkommen von 1,3 Billionen Mark haben werden. Das ist eine gewaltige Summe, kaum vorstellbar. Aber in diese Richtung werden sich unsere Industrie und die Landwirtschaft entwickeln.

In diesem Zusammenhang muß sich dann selbstverständlich die weitere Entwicklung unserer Sozialpolitik vollziehen. Wir sehen im Entwurf dieses Plans eine jährliche Steigerung der Nettogeldeinkommen um vier Prozent vor, bei gleichzeitig stabilen Preisen von Waren des Grundbedarfs, die ungefähr 80 Prozent des Umsatzes des Einzelhandels ausmachen; bei den restlichen 20 Prozent regeln sich die Preise nach Angebot und Nachfrage. Natürlich wächst auch der Einzelhandel um vier bis fünf Prozent.

Weiter haben wir, nachdem wir seit 1971 schon 2,4 Millionen neue Wohnungen gebaut oder modernisiert haben, die Absicht, in den Jahren 1986 bis 1990 über eine Million Wohnungen neu zu bauen und zu modernisieren. Damit hoffen wir, in der Zeitspanne bis 1990 das Wohnungsproblem als soziales Problem gelöst zu haben, wobei die Mieten aber nach wie vor so billig bleiben wie bisher. Ich erwähne das deshalb, weil ich gerade gestern gelesen habe, wie die Mieten in der Bundesrepublik Deutschland steigen. Bei uns beträgt die Quadratmetermiete 80 Pfennig bis 1,20 Mark – an der Leipziger Straße wahrscheinlich 1,20 Mark. Das ist im Verhältnis zum Einkommen ein geringer Satz.

ZEIT: Wie hilfreich, wie wichtig ist bei alledem der Handel zwischen den beiden deutschen Staaten?

Honecker: 70 Prozent unseres Außenhandels wickeln wir mit den sozialistischen Ländern ab. Der jährliche Umsatz allein unseres Außenhandels mit der Sowjetunion beträgt 15 Milliarden Rubel. Der Außenhandel mit den nichtsozialistischen Ländern macht insgesamt 30 Prozent aus. Wir wollen bei diesem Verhältnis bleiben, wobei selbstverständlich das gesamte Volumen größer wird.

ZEIT: Auf welchen Gebieten ließe sich die wirtschaftliche Zusammenarbeit erweitern?

Honecker: Es gibt noch genügend Möglichkeiten, um die wirtschaftliche Zusammenarbeit zu erweitern. So ist die Struktur des Handels verbesserungsbedürftig. Dem Handel wäre es auch dienlich, wenn in der BRD bestimmte Behinderungen und Hemmnisse, die teilweise noch aus der Besatzungszeit stammen, beseitigt würden.

ZEIT: Welche Hemmnisse und Behinderungen meinen Sie?

Honecker: Das ist erstens die Kontingentierung der Waren, die wir in die Bundesrepublik liefern. Es werden Ausschreibungen vorgenommen. Es gibt keinen freien Handel, sondern eine Kontingentierung: soundso viel Mineralölerzeugnisse, soundso viel Konsumgüter, soundso viel davon.

Zweitens gibt es keinen freien Zahlungsverkehr zwischen der DDR und der Bundesrepublik Deutschland. Hier wird das Militärregierungsgesetz Nr. 53 vom 1. November 1949 wieder angewandt. Es gibt Milliardenguthaben von Bürgern der DDR bei Banken in der Bundesrepublik Deutschland, die sind gesperrt.

ZEIT: Können Sie sich *joint ventures* – gemeinsame Vorhaben – in dritten Ländern vorstellen?

Honecker: Wir sind dafür, effektive Formen einer auf längere Sicht angelegten Zusammenarbeit auf dritten Märkten zu entwickeln. Da gibt es schon einzelne Projekte in Äthiopien, in Algerien und teilweise schon eine gute Zusammenarbeit zwischen den Firmen, das möchte ich ausdrücklich betonen.

ZEIT: Wie soll und kann nach Ihrer Meinung das Wettrüsten in Europa, überhaupt das Wettrüsten zwischen den beiden Bündnissystemen begrenzt werden?

Honecker: Am besten ist es, sich an einen Tisch zu setzen und über die Vorschläge Michail Gorbatschows zur Befreiung der Welt von Atomwaffen bis zum Jahr 2000 zu sprechen. Der von ihm dargelegte Drei-Etappen-Plan weist einen gangbaren Weg. In der ersten Etappe, so sein Vorschlag, beginnen die UdSSR und die USA mit der Reduzierung der nuklearen Rüstungen; in der zweiten Etappe, nicht später als 1990, schließen sich die übrigen Nuklearmächte dem Abrüstungsprozeß an, und in der dritten Etappe bis Ende 1999 wird die Beseitigung aller Kernwaffen vollendet. Gegenseitig akzeptable und streng kontrollierbare Vereinbarungen würden gewährleisten, daß sie nicht wieder auftauchen. Das bedeutet, die Menschheit würde in das dritte Jahrtausend ohne Kernwaffen eintreten.

Dringend ist, die Rüstungsspirale zunächst einmal anzuhalten. Das könnte vor allem durch einen Kernwaffenteststopp geschehen, weil damit die qualitative Weiterentwicklung der Kernwaffen «eingetrocknet» wird. Das wäre ein Anfang, ein weiter Weg beginnt nun einmal mit dem ersten Schritt. Die Sowjetunion hat mit ihrem einseitig verkündeten und jetzt bis zum 31. März 1986 verlängerten Moratorium für alle nuklearen Explosionen diesen ersten Schritt praktisch schon getan. Es ist zu hoffen, daß sich die USA dem nicht verschließen.

Andere Möglichkeiten zur Verminderung der militärischen Konfrontation und zur Reduzierung der Streitkräfte und Rüstungen bieten die Stockholmer Konferenz und die Wiener Verhandlungen. Dazu gibt es im Programm Michail Gorbatschows ebenfalls sehr weitgehende Vorschläge, die auch westliche Überlegungen aufgreifen.

Die neue sowjetische Initiative findet in der Weltöffentlichkeit einen starken Widerhall. Erst vor wenigen Tagen hat die Palme-Kommission für Abrüstungs- und Sicherheitsfragen auf ihrer Tagung in Delhi den Drei-Etappen-Plan Gorbatschows als weitreichend und konstruktiv gewürdigt. Das Dokument müsse mit größter Aufmerksamkeit betrachtet werden. Befürwortet wurde eine schnelle Vereinbarung zwischen der Sowjetunion und den USA über das umfassende Verbot von Kernwaffentests sowie zur Erleichterung der Verhandlungen darüber ein gemeinsames und kontrollierbares Moratorium für Kernexplosionen. Zugleich sprach sich die Kommission für einen Vertrag zwischen der Sowjetunion und den USA über das Verbot der Entwicklung, Erprobung und Stationierung von Weltraumwaffen und von Waffen aus, die Weltraumobjekte bedrohen.

Diesem Gremium gehören bekanntlich namhafte Persönlichkeiten aus 17 Staaten an, deren Sachverstand und Urteil Gewicht haben. Ich nenne hier nur den SPD-Politiker Egon Bahr, den sowjetischen Wissenschaftler Georgi Arbatow, den ehemaligen Außenminister der USA Cyrus Vance, den Vorsitzenden der niederländischen Partei der Arbeit, Joop den Uyl, die ehemalige norwegische Ministerpräsidentin Gro Harlem Brundtland. Im nuklearen Zeitalter, so betonte die Kommission, gibt es zu Verhandlungen und zur Zusammenarbeit keine vernünftige Alternative. Auf die Erlangung militärischer Überlegenheit müsse verzichtet werden. Damit stimmen wir voll und ganz überein.

Heute ist jeder Staat, ob groß oder klein, sind alle politischen Kräfte gefordert, Überlegungen anzustellen und eigene Anstrengungen zu unternehmen, um die für alle gefährliche Situation zu überwinden. Manche Idee, die früher verworfen wurde, sollte erneut überprüft, auch Neues sollte versucht werden, um die Probleme im Interesse aller Völker zu lösen. Statt in einem Atomkrieg miteinander unterzugehen, sollten wir lernen, miteinander zu leben. Aber nicht nur das. Wir sollten auch lernen, gut miteinander auszukommen.

ZEIT: Sie plädieren für eine chemiewaffenfreie Zone in Europa, desgleichen für die von Olof Palme vorgeschlagene atomwaffenfreie Zone. Welche Möglichkeiten der Kontrolle und Verifikation wären Sie in diesem Zusammenhange einzuräumen bereit?

Honecker: Wer abrüsten will, der muß auch zur Kontrolle bereit sein. Sowohl im Programm Michail Gorbatschows als auch in unserem Vorschlag zur Schaffung einer chemiewaffenfreien Zone in Europa wird eine Kontrolle, bis hin zur Kontrolle vor Ort, ins Auge gefaßt. Was für die Kontrolle der Einhaltung von Vertragsverpflichtungen zur Abrüstung notwendig ist, werden wir akzeptieren. Selbstverständlich hängen Art und Umfang der Kontrolle vom Vertragszweck ab. Wir werden solche Kontrollen bei uns zulassen, die auch die anderen Vertragspartner bereit sind zu übernehmen. Auch hier gilt das Prinzip der Gleichheit und gleichen Sicherheit. Die Bundesregierung könnte unsere generelle Bereitschaft im Detail ausloten, wenn sie auf den Vorschlag der DDR und der ČSSR einginge, Verhandlungen über eine von chemischen Waffen freie Zone aufzunehmen.

ZEIT: Deutet Ihre Bereitschaft zu Kontrollmaßnahmen auch «vor Ort» auf eine grundsätzlich neue Haltung?

Honecker: Hier haben wir uns den westlichen Vorschlägen genähert, denn die Kontrollfrage spielte immer eine große Rolle. So hat die Sowjetunion den Vorschlag aufgegriffen, der von westlicher Seite kam, daß man auch an Ort und Stelle kontrollieren kann, ob ein Atomtest vorgenommen wurde. Wir haben beim Thema chemiewaffenfreie Zone ebenfalls den Vorschlag der Kontrolle an Ort und Stelle gemacht, ob eine Fabrik chemische Waffen produziert, ob chemische Waffen vernichtet werden und so weiter. Das wäre ein großer Fortschritt. Unsere Position wurde hier also etwas verändert. Wir sind den Vorschlägen des Westens entgegengekommen, um Chancen zu eröffnen, daß man in den Verhandlungen, sei es in Wien, sei es in Stockholm und sei es in Genf, zu Fortschritten kommt.

ZEIT: Was versprechen Sie sich von Verhandlungen zwischen SED und SPD über diese Fragen? Müßte der Adressat Ihrer Bemühungen nicht die Bundesregierung sein?

Honecker: Ich möchte Sie daran erinnern, daß die DDR Ihrer Regierung schon vor drei Jahren vorgeschlagen hat, auf der Grundlage schwedischer Überlegungen Verhandlungen zur Bildung eines von nuklearen Gefechtsfeldwaffen freien Korridors aufzunehmen. Der, wie Sie sagen, «Adressat» erklärte jedoch, das sei für ihn kein Thema. Damals habe ich betont, daß dieser Vorschlag nicht vom Tisch ist. Nach wie vor gehen wir davon aus, daß der schwedische «Korridorvorschlag» verdient, beachtet und realisiert zu werden. Das liegt im Interesse beider deutscher Staaten, und nicht nur dieser, es wäre ein wichtiger Schritt zu Vertrauensbildung und Rüstungsbegrenzung.

Wenn die Regierung der Bundesrepublik negativ reagiert, dann ist es nicht verwunderlich, daß sich andere politische Kräfte dieses Themas annehmen. Wir führen die Gespräche mit der SPD, um ähnlich wie bei C-Waffen-freien Zonen in lebenswichtigen Fragen gemeinsame Ansatzpunkte für Lösungen zu finden, einen politischen Impuls für staatliche Verhandlungen zu geben und schließlich auch Vereinbarungen zur Bildung kernwaffenfreier Zonen zu erreichen.

ZEIT: Die beiden deutschen Staaten sind die Hauptleidtragenden dessen, was – in unterschiedlicher Definition – Nachrüstung und Nach-Nachrüstung genannt wird. Was können sie tun, einzeln und gemeinsam, um die Großmächte USA und UdSSR zu einem Abbau der atomaren Mittelstreckenwaffen auf ihrem Gebiet zu bewegen?

Honecker: Leidtragende der durch den Brüsseler Raketenbeschluß eingeleiteten Entwicklung sind im Grunde genommen alle europäischen Völker. Auch die USA haben damit nichts gewonnen, weil in der Welt von heute für alle Staaten gilt, daß mehr Waffen nicht mehr, sondern weniger Sicherheit bedeuten. Diese Auffassung vertritt auch die sowjetische Führung. Niemand muß sie deshalb von der Notwendigkeit der Beendigung des Wettrüstens auf der Erde und dessen Verhinderung im Weltall überzeugen.

Das gilt auch für den Abbau der operativ-taktischen Raketen, die als Gegenmaßnahme zu den USA-Mittelstreckenraketen in Westeuropa in der DDR stationiert wurden. Es ist abgemacht, daß diese abgezogen werden, wenn die Gründe für ihre Stationierung entfallen. Mit anderen Worten, wenn die Bundesrepublik die USA zu einem Abbau der Mittelstreckenwaffen bewegen könnte, dann würden auch die entsprechenden Raketen bei uns abgebaut. Ich verweise darauf, daß die Sowjetunion bereits für die erste Etappe ihres Abrüstungsprogramms eine Entscheidung über die vollständige Beseitigung der Mittelstreckenraketen der UdSSR und der USA in der europäischen Zone, sowohl der ballistischen als auch der Flügelraketen, als ersten Schritt der Befreiung unseres Kontinents von Kernwaffen vorgesehen hat.

Auf alle Fälle sollten beide deutsche Staaten darauf drängen, daß gültige Verträge zur Rüstungsbeschränkung eingehalten werden, und ihrerseits alles unterlassen, was zu einem Weiterdrehen der Rüstungsspirale führen könnte.

ZEIT: Wenn die Vereinigten Staaten und die Sowjetunion sich über eine «Null-Option» bei Mittelstreckenwaffen einigen, werden auch die Raketen, die auf Ihrem Territorium nach dem Beginn der Nachrüstung postiert wurden, zurückgezogen?

Honecker: Verschwinden.

ZEIT: Es würden also nicht nur die SS-20-Raketen verschwinden, sondern auch die in der DDR stationierten Atomraketen kürzerer Reichweite?

Honecker: Die würden verschwinden, wenn die Gründe für ihre Aufstellung wegfallen.

ZEIT: So daß man den Abbau dieser Waffen dem Gorbatschow-Angebot, in dem sie nicht erwähnt sind, noch hinzurechnen kann?

Honecker: Ja, das kann man.

ZEIT: Sie weisen immer wieder auf die Gefahren hin, die mit der amerikanischen SDI-Forschung und einer Beteiligung westdeutscher Firmen daran verbunden sind. Ähnliche Forschungen betreiben jedoch auch die Sowjets. Wie begründen Sie Ihre Gegnerschaft zu dem Weltraumvorhaben der Amerikaner? Befürchten Sie eine Veränderung des Verteidigungskonzepts der NATO?

Honecker: Die Behauptung, daß die Sowjetunion ähnliche Forschungen betreibt, verfolgt den eindeutigen Zweck, ein Alibi für das «Sternenkriegs»-Programm der USA hervorzuzaubern. Nehmen Sie die sowjetischen Vorschläge, wie sie sind, so kommen Sie zu dem Ergebnis, daß nicht nur die Bundesdeutschen, sondern die Menschheit am besten fahren, wenn man mit der Abrüstung auf der Erde beginnt und darauf verzichtet, die Rüstungen auf den Weltraum auszudehnen.

SDI steigert die heute schon bedrohliche Gefahr eines atomaren Holocaust in die kosmische Dimension, führt letztlich zur Eröffnung eines Wettrüstens in allen Richtungen. Übrigens sehen nicht nur wir das so. Zahlreiche ehemalige Präsidenten, Verteidigungsminister und andere Repräsentanten der USA selbst, vor allem auch Wissenschaftler, haben ernste Warnungen ausgesprochen und ihre eindeutige Ablehnung bekundet. Auch in der BRD zeigen Meinungsumfragen, daß die Mehrzahl der Bundesbürger gegen eine Beteiligung an diesen aberwitzigen Rüstungsplänen ist, mit denen der Illusion von Überlegenheit nachgejagt und dabei die Welt immer dichter an den Rand eines nuklearen Infernos gebracht wird.

Das Beharren der USA auf ihrem kosmischen Rüstungsprogramm behindert schon heute Fortschritte in Abrüstungsverhandlungen. Hingegen wird das Wettrüsten stimuliert, die Waffenberge wachsen weiter. Größere Sicherheit ist, wie gesagt, auf diesem Wege nicht zu erreichen, im Gegenteil, die Welt wird unsicherer, die internationale Situation unberechenbarer. Negative Auswirkungen auf die wirtschaftliche und wissenschaftlich-technische Ost-West-Zusammenarbeit sind bereits spürbar. Um wieviel schlimmer würde die Lage sein, wenn es nicht gelingt, den verhängnisvollen Gang der Dinge zu stoppen.

Wir hoffen, daß auch in der BRD das letzte Wort noch nicht gesprochen ist, ob einer solchen Entwicklung in die Hände gearbeitet werden soll. Noch gibt es keine Unterschrift unter ein Dokument, das die Einbeziehung der Bundesrepublik in das «Sternenkriegs»-Programm der USA festschreibt.

Natürlich erfüllt uns mit Sorge, daß gewisse Kräfte in der NATO den gefährlichen Kurs der USA mittragen, daß man auch dort anstrebt, unter dem Deckmantel der Verteidigung neue Waffenpotentiale anzuhäufen. Doch wir hoffen, daß sich immer mehr realistisch denkende Kräfte diesem Wahnsinn entgegenstellen. Unsere Anstrengungen werden auch weiterhin darauf gerichtet sein, daß Vernunft und Realismus die Oberhand gewinnen.

ZEIT: Sie warnen – die Bundesregierung oder wen – vor der Einbeziehung der Bundesrepublik in das «Sternenkriegs»-Programm der USA. Gilt das auch, wenn sich einige Firmen an zwei Dutzend Forschungsaufträgen zwischen 2,5 und 25 Millionen Dollar im Laufe von sechs Jahren beteiligen? Das wäre ja keine Beteiligung der Bundesregierung an irgendeinem «Sternenkriegs»-Programm, sondern der Versuch, sich einzuklinken in ein technologisches Abenteuer, bei dem man vielleicht einiges lernen kann.

Honecker: Ich habe mit Bundeskanzler Kohl rechtzeitig darüber gesprochen, daß eine Teilnahme der Bundesrepublik an SDI die Spannungen in der Welt nicht mindern, sondern eher erhöhen würde. Nichts gegen Forschung zu friedlichen Zwecken. Wir haben der Bundesrepublik vorgeschlagen, sich aktiver an der Forschung zu friedlichen Zwecken zu beteiligen und nicht am SDI-Programm. Dieses SDI-Programm wurde ja auch zuerst als ein «Sternenkriegs»-Programm deklariert, und zwar von Mister Reagan persönlich. Dann wollte man das «Reich des Bösen» vernichten, und das war die Sowjetunion. Dann wollte man damit den «Enthauptungsschlag» führen. Später hat man es in «Strategische Verteidigungs-Initiative» umbenannt. Aber das ist eine Tarnung; denn das ist ein Vorhaben, mit dem man doch auf den Erstschlag spekuliert, und der Erstschlag hätte tödliche Folgen für die ganze Menschheit. Die USA haben sich ja bisher immer noch geweigert zu erklären, nicht als erster Atomwaffen einzusetzen.

Was die Firmen angeht, wissen wir natürlich ganz genau, daß es multinationale Konzerne gibt, daß verschiedene Firmen auf diesem und jenem Gebiet forschen. Es kommt aber immer darauf an, mit welcher Zielsetzung geforscht wird. Forscht man für die Verwendung zu friedlichen Zwecken oder forscht man für die Verwendung zu kriegerischen Zwecken? Und warum muß man zum Beispiel in Amerika unbedingt an der Vorbereitung eines Krieges teilnehmen, wenn man die Möglichkeit der Forschung zu friedlichen Zwecken wie mit Eureka oder durch die Zusammenarbeit auch mit Interkosmos hat? Wir beteiligen uns ja an der Weltraumforschung, einschließlich der Laserforschung, und wir haben Kapazitäten auf diesem Gebiet.

ZEIT: Aus unserer Sicht ist es natürlich keine Beteiligung an der Vorbereitung eines Krieges, sondern allenfalls die Teilnahme an Forschungen, die einen Krieg abwenden sollen. Überhaupt: Man kann verstehen, daß Sie über die Stationierung der neuen Mittelstreckenwaffen in Westeuropa, vor allem in der Bundesrepublik, ungeheuer beunruhigt waren.

Honecker: Vor allen Dingen, weil wir danach zum erstenmal Atomwaffen auf unser Gebiet bekamen.

ZEIT: Eine Beteiligung an SDI aber ist doch etwas ganz anderes. Wenn sich sieben Firmen an irgendwelchen Laborprogrammen beteiligen, verschiebt sich das Gleichgewicht nicht.

Honecker: Wir sind gegen die Schaffung von Voraussetzungen für die Führung eines sogenannten Sternenkriegs. Warum? Hauptinhalt der gemeinsamen sowjetisch-amerikanischen Erklärung ist die Abrüstungsfrage. Es wäre doch viel vernünftiger, in dieser Periode erst einmal verhandeln zu lassen und dann die Frage der Teilnahme oder Nichtteilnahme der Bundesregierung zu klären, also die ganze Autorität der Bundesrepublik – wie auch die Autorität der DDR – auf Ergebnisse in Verhandlungen zu lenken und dann die Entscheidungen zu treffen und sich nicht einfach wie ein Blinder in die Flut zu stürzen, ohne zu wissen, wie man nachher wieder herauskommt.

ZEIT: Würden Sie westdeutsche Firmen, die sich an der SDI-Forschung beteiligen, vom Handel zwischen der Bundesrepublik und der DDR ausschließen wollen?

Honecker: Wir gehen nach den Realitäten. Man forscht in den verschiedenen Labors, und die multinationalen Konzerne forschen sehr stark. Was nun aber diese Konzerne angeht, möchte ich folgendes Beispiel erwähnen: Ich habe eine Delegation der Metallarbeiter von Saarlouis empfangen. In Saarlouis wird ein Ford-Wagen produziert. Es ist aber ein amerikanischer Wagen. Wir wollten dort 10000 Stück kaufen. Das war aber nicht möglich, weil der Vertrieb der Firma in Köln und nicht in Saarlouis sitzt. Das haben wir dem Betriebsrat dann auch mitgeteilt. Das heißt: Unter den Bedingungen der wirtschaftlichen Situation der BRD kann man also sowieso nicht entscheiden, ob das deutsches Kapital oder amerikanisches Kapital ist. Diese Frage ist daher meines Erachtens zweitrangig.

Entscheidend ist die Haltung der Bundesregierung zum SDI-Programm, und die Bundesregierung gehört gegenwärtig zu den wenigen, die dieses Programm bejahen, während die Mehrheit der westeuropäischen Länder, auch der NATO-Länder, das SDI-Programm ablehnt beziehungsweise sich jetzt zurückhält und erst die Verhandlungen zwischen den USA und der Sowjetunion in Genf zum Tragen kommen läßt.

Sie werden auch in meinem Brief, den ich schon im vorigen Jahr an Bundeskanzler Helmut Kohl geschrieben habe, keine Drohungen finden, sondern nur den Hinweis darauf, daß wir nichts tun, um die Situation zu belasten, sondern im Gegenteil alles fördern, was zum Abbau der Konfrontation führt, hin zu Zusammenarbeit. Das scheint uns das entscheidende zu sein.

ZEIT: Wenn man Ihre Biographie liest, fällt einem auf, wie sehnsüchtig Sie in Ihrer Jugend eine antifaschistische Einheitsfront herbeigewünscht haben. Diese Einheitsfront richtete sich damals gegen den Faschismus. Heute fragt man sich, da es gegen einen Nuklearkrieg geht, ob Sie an diese Jugendsehnsüchte anknüpfen. In dieser Aktionseinheit, die Sie damals gesucht haben, waren ja nicht nur Kommunisten, Sozialisten und Sozialdemokraten, sondern auch Christen. Sind die Christen in der DDR für Sie Verbündete in Sachen Frieden?

Honecker: Auf alle Fälle, und zwar nicht nur in der DDR, sondern in der ganzen Welt. Aber was Sie sagen, Sehnsüchte – ja, bei mir ist es so, da paart sich der Verstand mit dem Gefühl. Und nach Kalinin muß man von der Sache auch begeistert sein; es ist nicht genug, wenn man davon überzeugt ist, man muß auch begeistert sein.

Beim Kampf um die Gewährleistung des Friedens sind wir für eine Koalition der Vernunft und des Realismus.

ZEIT: «Auflösung der Blöcke» hieß einmal Ihre Losung. Halten Sie solch eine Auflösung der Militärpakte für realistisch – oder auch nur ein Auseinanderrücken der Blöcke, wie es vor 30 Jahren der Pole Rapacki und der Amerikaner Kennan vorgeschlagen haben?

Honecker: Der Warschauer Vertrag enthält ein Klausel über seine Auflösung im Falle der Schaffung eines gesamteuropäischen Systems kollektiver Sicherheit. Bekanntlich wurde dieser Vertrag im vorigen Jahr ohne Änderungen verlängert. Wir halten weiterhin eine gleichzeitige Auflösung von Warschauer Vertrag und NATO beziehungsweise als erste Maßnahme die ihrer Militärorganisationen für möglich. Gleichzeitig sind wir bereit, auch kleinere Schritte zu tun. Die Schaffung von Zonen, die frei von chemischen und nuklearen Waffen sind, könnte ein Beitrag dazu sein. Entscheidend ist der politische Wille, sich in dieser Richtung voranzubewegen. Auf der Grundlage der Respektierung der Gleichheit und gleichen Sicherheit sollte es keine Frage geben, die nicht lösbar wäre.

ZEIT: Sie sind im Westen Deutschlands geboren, zu einer Zeit, als es noch keine Teilung gab. Vor einem Jahr haben Sie einmal in einem Brief «im Namen des deutschen Volkes» an Bundeskanzler Kohl appelliert. Was schwingt in Ihrem Denken mit, wenn Sie «deutsches Volk» sagen, wenn Sie «Deutschland» hören, wenn Sie den Begriff «Nation» benutzen?

Honecker: Natürlich verstehe ich darunter etwas anderes als Ihre Sportreporter. Wenn Sie sich bei uns umsehen, so können Sie leicht feststellen, daß wir großen Wert auf Geschichtsbewußtsein legen. Das unterscheidet sich selbstverständlich wesentlich vom Geschichtsunterricht zu «Kaisers Zeiten», auch von dem in der Weimarer Republik. Früher gehörte es zum Wesen des Geschichtsunterrichts, bestimmte Daten auswendig zu lernen. Die Periodisierung erfolgte in der Hauptsache für die Zeit von einem Krieg zum anderen. Das ist bei uns anders und führt bei Ihnen zu Irritationen, die es nicht zu geben brauchte. Bei uns existiert nicht nur ein Museum für Deutsche Geschichte, auch unsere Historiker arbeiten an der Geschichte des deutschen Volkes und gewinnen neue Erkenntnisse. Niemand kommt um die Realitäten herum, daß auf deutschem Boden zwei Staaten existieren, die Deutsche Demokratische Republik und die Bundesrepublik Deutschland. Daraus ergibt sich alles andere.

ZEIT: Die DDR hat die deutsche Geschichte wiederentdeckt, über die Geschichte der deutschen Revolutionsbewegungen hinaus. Das Reiterdenkmal des Preußenkönigs Friedrich II. steht wieder Unter den Linden, im Lutherjahr wurde der Reformator groß gewürdigt, eine neue Biographie entwirft ein faszinierend objektives Bild Otto von Bismarcks. Warum schließen Sie da eigentlich jede Zusammenarbeit für die 750-Jahr-Feier zwischen den beiden Teilen Berlins aus?

Honecker: Streichen Sie das Wort «wiederentdeckt». Sie können die DDR nicht für das mangelnde Geschichtsbewußtsein in verschiedenen Ihrer Medien verantwortlich machen. 1945 und in den Jahren danach ging es zunächst um die Überwindung der erdrückenden materiellen und ideellen Hinterlassenschaft des Faschismus, um die konsequente Abrechnung mit der unheilvollen Vergangenheit und ihren Vertretern, ich denke insbesondere an die Enteignung der Nazi- und Kriegsverbrecher, um die demokratische Erneuerung des Lebens. Dabei stützten wir uns auf die revolutionären, progressiven Traditionen des deutschen Volkes und stellten uns gleichzeitig der Gesamtheit des historischen Erbes. Das können Sie aus dem Aufruf des Zentralkomitees der KPD vom 11. Juni 1945 und dem ihn unterstützenden Aufruf des Zentralausschusses der SPD vom 15. Juni 1945 entnehmen.

Daß wir jede Zusammenarbeit für die 750-Jahr-Feier Berlins ausschließen, ist mir neu. Sehen Sie sich hier im Zentrum Berlins um, so werden Sie feststellen, daß im Ergebnis der Gespräche zwischen der Regierung der DDR und den zuständigen Stellen in Berlin (West) die Figuren an der ehemaligen Schloßbrücke auf ihren alten Standort zurückgekehrt sind. Dafür wurde von der Regierung der DDR das Archiv der Königlich Preußischen Porzellanmanufaktur an die Behörden in Berlin (West) zurückgegeben, da es sich früher dort befand.

Gegenwärtig sind weitere Bemühungen im Gange, sich gegenseitig die Dinge zurückzugeben, die sich früher entweder auf dem Territorium der Hauptstadt der DDR oder von Berlin (West) befanden. Zu einer Verständigung kam es bis jetzt aber noch nicht über jene Kulturschätze unserer Nationalgalerie, die widerrechtlich der sogenannten Stiftung Preußischer Kulturbesitz zugeschlagen wurden. Wir wären froh, wenn diese Gemälde und Skulpturen zur 750-Jahr-Feier an ihren ehemaligen Standort in der Hauptstadt der DDR zurückkehren würden.

Wie Sie sehen, sind die Dinge anders, als sie manchmal dargestellt werden.

Bei uns wurde bekanntlich ein repräsentatives Komitee zur Vorbereitung der 750-Jahr-Feier gebildet, dessen Vorsitz ich übernommen habe. Eine Gruppe unserer Historiker arbeitete Thesen zur 750-Jahr-Feier aus, die veröffentlicht worden sind. Aus alledem geht hervor, daß wir die Geschichte Berlins so zu würdigen wissen, wie sie ist.

Selbstverständlich haben die ständigen Einwohner von Berlin (West) die Möglichkeit, zur 750-Jahr-Feier in die Hauptstadt der DDR zu kommen und auch an verschiedenen Veranstaltungen teilzunehmen beziehungsweise Ausstellungen zu besuchen. Berlin wird für Besucher aus der ganzen Welt offen sein.

Das berechtigt uns jedoch nicht, anläßlich der 750-Jahr-Feier die Augen vor den Realitäten zu verschließen, wie sie sich historisch entwickelt haben und heute bestehen. Es gibt Berlin, die Hauptstadt der DDR, es gibt Berlin (West) und die Regelung der Fragen, die im Zusammenhang mit dem Vierseitigen Abkommen über Berlin (West) vom 3. September 1971 getroffen wurde. Dabei können wir nicht außer acht lassen, daß Berlin (West) im Unterschied zur Hauptstadt der DDR unter Besatzungsrecht steht.

ZEIT: In letzter Zeit war in der Bundesrepublik viel vom «Offenhalten der deutschen Frage» die Rede. Was sagen Sie zu dieser Diskussion?

Honecker: Ich betrachte diese Diskussion als überflüssig. Wenn man unvoreingenommen an den Problemkomplex, der damit gemeint ist, herangeht, so möchte ich sagen, es ist geradezu ein Glück für die Menschheit, daß es zwei deutsche Staaten gibt. Der Pangermanismus war immer ein Unglück für die Völker Europas, und nicht nur für sie.

ZEIT: Betrachten Sie die deutsche Einheit noch als eine geschichtliche Möglichkeit? Ist sie ein Endzustand, auf den Sie unter sozialistischen Vorzeichen hinzuarbeiten suchen? Oder sehen Sie in der Teilung das unvermeidliche Schicksal unseres Vaterlandes?

Honecker: Ihre Fragestellung ist zweideutig. Sie wissen ganz genau, daß wir 1945 und später für einen einheitlichen, demokratischen Staat eingetreten sind. Das konnte jedoch nicht verhindern, daß, entgegen dem Potsdamer Abkommen, auf Befehl der westlichen Alliierten im Mai 1949 die Bundesrepublik Deutschland aus der Taufe gehoben wurde. Fünf Monate danach erfolgte die Gründung der Deutschen Demokratischen Republik. Damals wurden die Weichen in die Zukunft gestellt. Heute ist die Existenz von zwei deutschen Staaten ein wesentliches Element der Stabilität in Europa und des internationalen Kräftegleichgewichts. Wer daran rüttelt, gefährdet den Frieden.

ZEIT: Ist ein Friedensvertrag für die Deutschen in Ihren Augen noch ein erstrebenswertes Ziel? Könnte er die Grenzfragen endgültig lösen?

Honecker: Ich glaube, kein seriöser Politiker, ob in Ost oder West, hält einen Friedensvertrag noch für ein ernsthaftes Thema. Bekanntlich hat die Sowjetunion in den fünfziger Jahren mehr als einen Vorschlag für einen Friedensvertrag gemacht. Die damalige Regierung der BRD sowie die drei Westmächte haben diese Vorschläge, die mancher in der BRD heute als verpaßte Gelegenheit betrachtet, abgelehnt. Die Zeit ist also schon lange über dieses Problem hinweggegangen.

Was sollte denn ein Friedensvertrag noch regeln? Alle entscheidenden Dinge sind doch geregelt. Inzwischen gibt es das europäische Vertragswerk, einschließlich des Vierseitigen Abkommens über Berlin (West). Dieses europäische Vertragswerk ist ein Grundelement der europäischen Sicherheit und Friedensordnung. Die Schlußakte von Helsinki hat den territorialen Status quo multilateral bekräftigt. Damit wurden verbindliche und dauerhafte Rechtsgrundlagen und Verhaltensnormen geschaffen. Seither sind die Grenzfragen endgültig gelöst, ganz abgesehen davon, daß das Deutsche Reich in den Grenzen von 1937 in den Flammen des Zweiten Weltkriegs untergegangen ist. Heute noch von einem sogenannten Friedensvertragsvorbehalt zu sprechen heißt, die Realitäten zu negieren und revanchistische Wunschträume zu fördern.

ZEIT: Sie sind nach Umfragen in der Bundesrepublik erstaunlich populär. Wie erklären Sie sich dies?

Honecker: Ich betrachte das als einen Ausdruck eines bestimmten Umdenkens in der Bundesrepublik im Verhältnis zur Deutschen Demokratischen Republik. Ich habe das bei meinen Reisen, zum Beispiel in Italien, auch in Griechenland, unmittelbar erlebt. Die Menschen haben mich sehr herzlich empfangen.
ZEIT: Sie meinen westdeutsche Touristen?
Honecker: Ich meine die Begegnung mit bundesdeutschen Touristen aus Osnabrück, aus Frankfurt, aus München, aus Stuttgart, und woher sie alle waren. Es war auf Kreta, die Leute haben zwei Stunden lang in der Hitze gewartet, nachdem sie gehört hatten, daß wir kurz am Strand sein würden. Es herrschte großes Gedränge. Ich habe mich mit ihnen unterhalten und muß sagen, das waren sehr aufgeschlossene Menschen, die ja bestimmt verschiedenen Parteien angehörten.
ZEIT: Zeigt das nicht, daß doch noch ein Gemeinsamkeitsgefühl da ist, ein Gefühl dafür, daß wir zwar zwei Staaten, aber doch ein Volk sind? Und würde Ihnen das nicht auch die Berechtigung geben, in Ihrer Neujahrsansprache an die Menschen in Stuttgart, Mannheim, Wiebelskirchen und Dortmund ein Grußwort zu richten?
Honecker: Da ist die Frage, wie man das bewertet. Ich bewerte das als eine sich bei den Bürgern der Bundesrepublik immer stärker verbreitende Überzeugung, daß es auf deutschem Boden doch zwei Staaten gibt und daß man die Existenz der DDR einfach akzeptiert und unsere Politik, die auf Zusammenarbeit hin orientiert ist, unterstützt.
ZEIT: Berührt Sie die menschliche Nähe, die Sie da gespürt haben? Und werden Sie davon vielleicht mehr berührt als die nächste Generation, die in der DDR allmählich in die Kommandohöhen einrückt?
Honecker: Das glaube ich nicht. Wissen Sie, der Geburtsort ist nicht entscheidend für die politische Überzeugung. Noch nicht einmal die Familie ist entscheidend für die politische Überzeugung. Sie haben in der Bundesrepublik das beste Beispiel: Ein Vogel in der SPD, ein Vogel in der CDU, einer ist Ministerpräsident, der andere ist Fraktionsvorsitzender. Ich bin der Meinung, das hat nichts mit dem Geburtsort zu tun. Nun muß ich

allerdings hinzufügen, daß unsere Familie immer kommunistisch gewesen war und es auch heute noch in der Bundesrepublik Deutschland ist.

Was wollte ich damit sagen? Mich berührt bei diesen ganzen Begegnungen, daß ich glaube, bei Bürgern der Bundesrepublik Deutschland einen bestimmten Umschwung feststellen zu können, daß man nämlich die Existenz der Deutschen Demokratischen Republik akzeptiert. Die Deutsche Demokratische Republik ist der erste sozialistische Staat auf deutschem Boden, und wenn Sie sich in der Deutschen Demokratischen Republik etwas umschauen, werden Sie feststellen, daß ein großes Vertrauensverhältnis besteht zwischen der Partei- und Staatsführung der DDR und den Bürgern.

ZEIT: Wenn die Teilung weiterhin das Schicksal unseres Volkes bleibt – sollte sie sich dann nicht erträglicher, menschlicher, kooperativer gestalten lassen? Können Sie sich vorstellen, daß eines Tages die Mauern und Sperranlagen fallen – wie ja in den beiden letzten Jahren auch schon die Selbstschußanlagen und die Minenfelder abgebaut worden sind?

Honecker: Ich bin durchaus dafür, die Beziehungen zwischen der DDR und der BRD kooperativer zu gestalten. Das ist auch in unseren verschiedenen Vorschlägen an die Regierung der BRD enthalten. Bei alledem hat es sich als nützlich erwiesen, sich in den Beziehungen zwischen beiden deutschen Staaten von den Normen des Völkerrechts leiten zu lassen. Die Mauern und Sperranlagen, das habe ich unlängst Kongreßabgeordneten der USA gesagt, werden nur so lange bestehen, wie die Bedingungen existieren, die sie notwendig gemacht haben.

ZEIT: Herr Staatsratsvorsitzender, zum Schluß die unvermeidliche Frage: Werden Sie in diesem Jahr die Bundesrepublik besuchen?

Honecker: Dazu kann ich nur bekräftigen, was wiederholt gesagt worden ist. Der Besuch wird zu einem Zeitpunkt stattfinden, den beide Seiten für zweckdienlich halten. Es hat keinen Sinn, darüber immer wieder alle möglichen Spekulationen anzustellen.

Deutsch-deutsches Diktionär

Abkindern: Ehekredit durch Kinderkriegen abzahlen (bei der Geburt des ersten Kindes werden 1000 Mark vom Kredit erlassen, beim zweiten 1600 Mark, beim dritten 2500 Mark)
ABF: Arbeiter-und-Bauern-Fakultät
AFG: Alkoholfreies Getränk
Bergeraum: Scheune
Blauhemd: FDJler
Broiler: Brathähnchen, Flattermann, Gummiadler
Bückware: Mangelware, die der Verkäufer unter dem Ladentisch hervorholt
Datscha; Datsche: Sommerhaus
Delikat-Läden: Geschäfte, in denen westliche Lebensmittel zu erhöhten Preisen verkauft werden
EOS: Erweiterte Oberschule (die zum Abitur führt)
Exquisit: Pendant zu Delikat, für Kleidung
Fußläufig: Zu Fuß erreichbar
Freunde: Sowjets
Gastronomische Einrichtung: Restaurant, Kneipe
Handelseinrichtung: Geschäft, Laden
Havarie: Jede Art von Defekt
Kader: Funktionär
Kaderwelsch: Der dazugehörige Jargon
Kaufhalle: Supermarkt
Komplex-Annahmestelle: Annahmestelle für Reparaturen aller Art, vom Regenschirm bis zum Kragen

Komplexe Versorgung: Läden, Schulen, Kindergärten in Neubaugebieten
Mandatsträger: Die Partei oder Massenorganisation, die einen Abgeordneten nominiert, nicht der Abgeordnete selber
Murks: Marx ist die Theorie und Murks die Praxis
Nebenwirtschaft: Des Genossenschaftsbauern eigenes Vieh und Land
Organisieren: Beschaffen, am besten über Beziehungen
Orientieren: Bestimmen, anordnen (wird nicht reflexiv gebraucht)
POS: Polytechnische Oberschule
Reisekader: Einer, der in den Westen reisen darf
Reko: Rekonstruktion, Altbausanierung
Rostlaube: Moskwitsch
Rote Socke: Funktionär
Sero: Sekundärrohstoffe: Altpapier, Altglas, Altmetall
Sozialistische Wartegemeinschaft: Schlange
Stinos: Stinknormale
Valuta: Devisen
Veteran: Rentner
Wahlbewegung: Wahlkampf
Wanja: Iwan, Sowjetsoldat
Westis: Westdeutsche
Zielstellung: Zielsetzung
Zootechniker: Einer, der in der LPG-Tierproduktion arbeitet